普通高等教育规划教材
PUTONG GAODENG JIAOYU GUIHUA JIAOCAI



SHENGYA FAZHAN
YU GUIHUA

# 职业生涯发展与规划

王德胜 主编

北京邮电大学出版社
·北 京·

**图书在版编目(CIP)数据**

职业生涯发展与规划 / 王德胜主编. —北京：北京邮电大学出版社，2010.6

ISBN 978-7-5635-1944-6

Ⅰ.①职… Ⅱ.①王… Ⅲ.①职业选择—高等学校—教材 Ⅳ.①C913.2

中国版本图书馆 CIP 数据核字(2010)第 096136 号

| | |
|---|---|
| 书　　名 | 职业生涯发展与规划 |
| 主　　编 | 王德胜 |
| 责任编辑 | 佘　洁 |
| 出版发行 | 北京邮电大学出版社 |
| 社　　址 | 北京市海淀区西土城路 10 号　邮编 100876 |
| 经　　销 | 各地新华书店 |
| 印　　刷 | 三河市恒彩印务有限公司 |
| 开　　本 | 787 mm×1092 mm　1/16 |
| 印　　张 | 16 |
| 字　　数 | 421 千字 |
| 印　　次 | 2018 年 8 月第 5 次印刷 |
| 书　　号 | ISBN 978-7-5635-1944-6 |
| 定　　价 | 40.00 元 |

如有印刷问题请与北京邮电大学出版社联系 电话:(010)62283578

E-mail:publish@bupt.edu.cn　Http://www.buptpress.com

# 前　言

大学生是国家宝贵的人才资源，是充满活力、勇于创新的群体，是建设国家、实现中华民族伟大复兴的主力军。大学毕业生的就业问题始终是重要的民生问题之一，是关系到经济发展、政治稳定、社会和谐和实现人民群众根本利益的重大全局性问题。切实解决好大学生就业问题，将是我国当前和今后相当长时期内面临的艰巨任务。

职业生涯规划是一个全程、全体、全方位的教育过程。它通过科学、行之有效的途径，形成合理的职业生涯规划，帮助大学生充分发挥其天赋条件，同时弥补和完善原本不具备的或者心理和能力上的不足之处，最终达到个人职业生涯发展目标，并满足社会的需要。职业生涯规划启发、帮助大学生从自身的愿望和特点出发，采取最佳的途径服务社会，并逐渐实现自我发展的最优化。

大学生的职业生涯规划可以分为两步：

首先，大学生在进校后应根据自己的职业倾向和个性特征尽快确立大学阶段的努力目标，提高自己适应社会和职业发展所需要的综合能力，为最终实现自己的职业目标奠定良好的基础。

其次，大学生在初步了解社会需求和各行业发展前景的基础上，通过自我评估、环境评估等确定自己的职业方向，寻找一份能够施展自己才华和抱负、实现自身价值的理想工作。

虽然，目前我国高校的职业生涯教育已经引起各部门、各高校极大的重视，但仍有诸多误区存在。大学职业生涯规划教育面对的是没有职业经验的在校学生，如何让他们学习和掌握职业生涯规划的知识和能力，已成为职业生涯规划教育的关键所在。

基于此，我们编写和出版了此书。本书以提高大学生的职业发展能力为核心，帮助他们了解职业发展的机遇与挑战，学习职业生涯规划的有关知识和方法，树立科学、理性的职业发展观，提高职业素质，增强求职就业的竞争力，使他们能顺利就业，融入社会，实现人生职业理想，走向成功。本书体系结构合理，内容全面，重点突出，具有较强的理论指导性、针对性和实用性，是大学生进行职业生涯规划的好帮手。同时，对于从事毕业生职业生涯规划和就业指导的老师来说，也是一本很有价值的参考书。

在撰写本书的过程中，我们参阅了国内外许多学者的相关文献和论著，在此谨向他们表示衷心的感谢。

编　者

# 目　　录

# 1 第一章　当代大学生现状

## 本章概述

改革开放以来，我们的国家发生了巨大的变化，这些变化不仅反映在社会结构、经济体制等方面，人们的思想意识也正在发生改变。大学生的年龄一般处于18～24岁，思维活跃，接受能力强，他们的价值观、思想意识以及行为等方面具有自己的特点。当代大学生应坚定自己的理想和信念，担负起对家庭、对自我、对职业、对集体、对他人、对社会的责任感，努力克服学习和生活中的各种困惑，为自己未来职业生涯的成功做好充分的准备。

## 内容点击

- 当代大学生的一般特点
- 大学生的理想与责任
- 当代大学生存在的困惑

## 案例导读

### 先留学还是先就业？

小张是上海某财经大学毕业生，专业是国际会计，22岁。同学对她的评价是：刻苦，有上进心，性格坚强，学习能力强。她自己的愿望是成为一位高级财务经理。她在毕业的时候却面临了一个问题：在收到英国某大学行政管理专业的offer的同时，收到四大会计师事务所之一的普华永道的offer，职位是审计师。小张必须做出选择：先留学还是先就业？

为此，她去求助专业的职业顾问。职业顾问给了小张职业设计意见：先就业，去普华任审计师，然后再选择合适的机会出国深造。其理由是小张原本希望出国进修工商管理类课程，但国外大学对申请工商管理类专业的学生都有工作经验要求，所以最后只收到了行政管理专业的offer。小张是学会计的，喜欢商务，对行政工作兴趣不大，若为出国而放弃原有兴趣并不明智，先工作或先出国其目的都应该是为了将来有更好的职业发展前景，违背个人兴趣和职业理想而求得一时出国，为出国而出国，从个人职业发展上看并不可取。

从职业发展考虑，普华永道位列国际四大会计师事务所之一，有完善的培训计划、良好的工作氛围、规范的工作机制，对职业技能发展大有好处。出国学习行政管理硕士一年课程之所获专业资质资历和在普华永道工作一年之经历技能积累相比，前者在职业市场上的价值未必比后者高。同时，普华永道是专业的国际性会计师事务所，审计工作与小张大学所学基本对口，且小张勤奋刻苦，事业心强，意志坚定，加上名牌大学毕业生的综合素质，保证了小张在工作中必会表现不错。

从小张的职业目标来看，小张具备会计专业学历资质和专业技能，但缺乏作为高级财务经理所必须具备的专业管理知识。小张希望学工商管理类课程的想法是正确的，为一时出国而放弃原本计划并不合乎长远的职业发展。国外工商管理类硕士课程要求申请者具备工作经历，小张先工作后出国，正合乎要求。且高级财务经理必须具备的另一重大要素就是丰富的专业工作经历，所以，先工作，积累工作经历，也是在为职业理想做铺垫。

**思考：**你同意职业顾问给出的意见吗？如果你是小张，你会怎么办？如果你认为职业顾问提出的建议不合理，你能给出一个更好的建议吗？

# 第一节　当代大学生的一般特点

## 一、当代大学生的行为特点

大学生的行为特点常常是在对立统一当中得以体现的，在他们的行为中，既能看到这样一种特点，又能发现与之对立的另一种特点。这种行为活动中所表现出的显著矛盾性正是大学生行为特点的总概括。这也是受其特定条件——生理的迅速发育和不成熟的心理发育、高层次的理性思维和浅薄的社会阅历、理想化的社会需求和低水平的实践能力等矛盾所决定的。

### 1. 目的性与随意性

行为的目的性是人类行为的重要标志之一。大学生的价值观决定了他们具有较高层次和较为明确的行为目标和生活目标。这种目的性作为他们的需求指向和动机归结，引导和规定了大学生的行为方向。大学生所追求的目标，比较一致地集中到“成才”上来。可以说，大学生的主要行为都是围绕实现这一根本目标而进行的。同时，在大学生明确的目的性行动中，还伴随着许多随意性行为，它包括漫无目的的盲动、摇摆不定的变动和一反常态的逆动。这些随意性行为是与大学生目的性行为相对立的。尽管仅就某一种行为来讲，它也可能有某种具体目的，但从总体上看，它与大学生价值观指导下的行为目标相背离，是一种不正常、不负责任的低层次行为目的。如迟到、旷课、酗酒、吸烟、网恋等反映出部分大学生目的性行为的不稳定、不成熟。

### 2. 自主性与他律性

人作为行为的主体是受价值观支配的，价值观是人对什么是适当的、合理的、有益的行为所持的标准观念，它规定了人的行为特征，确立了人的行为方向。从整体上看，大学生的知识水平、文化修养和思想觉悟居同时代青年的高层。他们大多能确立一个正确的价值观念，他们的行为在其价值观主导下也表现出较强的自主性特点。这种自主行为使他们在事业的执著追求中具有更大的主动性和积极性。但是,他们在自主性上也往往显得有些自以为是,不愿意听从别人的劝告,因而,大学生行为的自主性也有着消极盲目的倾向。

与自主性特点相对立,大学生行为又常表现出自制性差、自律性低的特点。这也是他们不健全的自主意识逆向发展的结果。这种特点常常表现为他们对社会化集体生活中行为规范的不适应、违背甚至是破坏。这种自制性差的特点还来自大学生的行为困惑,这种现象在低年级时表现得较为突出。“大错不犯,小错不断”的现象就是个别学生放弃自律、依赖他律的心态写照。

**3. 沉稳性与突发性**

大学生的思想文化素质和道德水平,决定了他们对自己的行为具有较强的责任意识。他们能较为慎重地决定自己的行为方向和行为方式,对行为产生的效果和达到的目标有一定的预见能力。这种沉稳性还包括了大学生行为的持续稳定性。大学生的主要任务是学习,其主体行为也就是学习行为。同时,大学生行为又存在着浓重的突发、偶发的情绪色彩,许多行为往往和他们的一贯行为表现没有必然联系,常常是不知不觉发生的。这一类行为往往是大学生不满情绪的宣泄和激烈感情的表露,其后果也是消极的,甚至是破坏性的。这类行为在年龄小、阅历浅的低年级学生和不满情绪大的牢骚型学生以及感情抑郁、遭受挫折的学生身上体现得尤为明显。

**4. 有序性与多变性**

大学生行为与其相对稳定的生活形式、生活节律相适应,带有明确的有序性特点。大学生行为常常按照固定化模式出现和延续,显得单一、简捷。有的学生把这种生活戏称为“教室—食堂—宿舍”三点一线的生活轨道,学期初松散、期中充实、期末绷紧的生活节律。行为的有序性还表现为规范性,它要求大学生的客观行为必须服从于社会制度、法规校纪。这也是协调集体生活、培养良好待业习惯的强有力的外部因素。

大学生行为又是多变、易变的。求变意识促使他们在行为中勇于探索、勇于创新。但是这种多变性也常常把他们的行为引向反面,既可表现为对集体生活中固定的规律、条例和约束的厌恶、抵制和违抗,也可表现为自己行为中的随意起伏。这种行为的多变是与大学生思想上的不稳定相联系的,是其心理不成熟的外部写照。

## ☞ 二、当代大学生的思维特点

当代大学生的思维已达到较高和较成熟的程度。

**1. 发展辩证思维的初级阶段**

随着大学阶段知识量的急剧增加,理论型的抽象逻辑思维取代经验型思维占据了主导地位。他们通过学习和广泛接触社会,在对外界各种信息的分析、综合、判断、推理、归纳、演绎之后,由感性认识上升为理性认识,对事物内部本质和发展规律有了更深刻的认识。这种系统的论证思维活动发展了青年的抽象思维与理论思维能力,辩证思维也随即发展起来了。辩证思维要求在对立统一中把握矛盾的各个方面,从矛盾的必然性上去考察对象,从系统结构中发现事物的内在联系,这是一种以辩证法为核心的科学思维方式。大学生用辩证思维去认识事物发展规律,对事物进行分析时就能因时而异、因人而异,从不同角度、不同侧面、不同层面把握事物的因果关系,深刻地认识事物的本质及其发展规律。

**2. 思维的独立性和批判性增强**

大学生喜欢探求事物的根源，常以“小群体”形式争论事物。在思考和解决问题时，不愿沿袭现成方法，也不愿依赖别人，希望独立探索新的途径，获得新的结论，求得自己的独创性见解。他们在学习、掌握知识过程中不“唯书”、不“唯上”，不断探索，锐意求新。

**3. 创造性思维逐渐确立**

大学生思维具有敢于刻意求新、富有创造精神的重要特征。创造性思维是一种极为复杂的心理过程，我们将其理解为一个人在强烈的创造动机(需要)的推动下，将个体的认识能力(或称智慧能力)进行发散性思维和集中性思维，从而产生具有一定社会意义的复杂思维过程。创造性思维的逐渐确立是大学生发现、认识、利用规律的一条重要渠道，也是他们思维能力日趋成熟的重要标志。

## 三、当代大学生自我意识的特点

**1. 自我评价日趋完善**

一方面，大学生自我认识更具主动性。大学生总是对“我为什么是这样一个人?”、“我应该成为怎样的人?”、“我的前途究竟如何?”这些问题十分感兴趣而又急切地期待一个满意的答案。他们常独立思考，努力将社会的期望内化为自我的品质，参照身边的老师和同学进行自我评价，设想自己的发展或进行自我设计。

另一方面，自我评价更符合实际情况。他们善于根据社会、学校、集体和同学对自己的要求，不断地评价自己的思想和行为，并且这时的评价更符合实际情况，自我评价与他人评价没有太大差异。

当然，大学生的自我评价仍存在着一定的片面性：一是“高估自我”，有着很强的优越感、自尊心和自信心，思维发展尚有水平不高的一面；二是“低估自我”，这是因为自我期望水平偏高，引起学生对现实的不满，对学习与生活缺乏科学的调节，适应能力差，易积累一定的挫折感，产生过强的自尊心等。

**2. 独立意向从个体性向社会性过渡，向高一级水平发展**

过去的独立是个体性的独立，现在的独立是社会性的独立，即自立于家庭、自立于伙伴向自立于社会过渡，渴望成为有益于社会的专业人才。过去的自尊心表现为以个人内心的感受为标准，进一步认识到群体生活的社会意义，懂得人与人之间要相互尊重，要取得别人的尊重首先要自尊与尊重别人，要明确与人协作的道理，从而使原始的自尊心提高到一个更自觉的水平。大学时期的人际关系由父子、师生、伙伴关系发展成复杂的、范围更广的人际关系。过去的自信心来自力量的大小和分数的高低，而此时期的自信心的确定依据多维标准，如才华、学识、风度、能力、观念等。过去的自控能力限于听话和不违反纪律，现在这种他律性自控能力显得很弱，而是需要自觉地按照社会道德原则、道德规范来调节控制自己的行为，他律性在向自律性过渡。

上中学时的奋斗目标是得到一张大学录取通知书，一旦实现后，其内驱力不再发挥作用，确定新的前进目标已成为大学生的当务之急。这时他们多从社会需要的角度来考虑自己的理想及实现的途径。

社会性的发展交友圈扩大，密友圈缩小。对同性朋友的兴趣开始转向异性朋友。选择朋友时考虑理想、兴趣、价值观上接近的。社交能力逐渐增强，而且在交往中注意较温和的方式，比如不再粗暴地自夸自大，而是以基本观点表示。对社会、对同性和异性的鉴赏力增强，能适应各种各样的人，能接受朋友的不同意见，不试图硬性改变他们，因而争吵减少。社会性成熟的青年对家里人相敬如宾，尽到子女的义务，因而家庭的摩擦减少。社会生活使他们感到很快乐，即使在特殊情况下也能自得其乐。

## ☞ 四、当代大学生的情绪特点

大学生有着丰富、复杂而又强烈的情感世界。虽然他们的情绪体验来得快而强烈，但他们有一定的调节和克制自己情绪的能力，使情绪表现具有文饰的、内隐的、曲折的性质，但较之成人还显得动荡多变，具有不稳定性，既想控制、隐藏自己的情绪，又很难控制情绪高昂时的外部表现。

随着年龄增加，担忧及种种想象中的恐惧增多，担忧的内容与青年前期有点类似，主要是事业、前途、经济、人事关系、婚姻、恋爱等。忧虑过度会变成焦虑。焦虑主要有两种：一种是神经质的焦虑，来源于自感能力的不足；一种是社会性焦虑，来源于社会不能满足他们的需要。焦虑过度可变为极度紧张与神经质，对什么事都做出过度反应，也可变为极度淡漠，对什么事都不做反应。

所以，此时期容易出现心理问题，尤其应当引起注意。但总的来说，大学生的情绪日趋稳定，对事物不再做表面价值的反应，情感趋向成熟，不再见异思迁或走极端。

## ☞ 五、当代大学生意志品质的特点

大学生的意志品质已呈现出较高的水平，但发展不平衡，从总体来看，呈现出以下特点：

### 1. 自觉性有很大提高但惰性不同程度地存在

随着身心发展、自我意识的增强，大学生行为的目的性、自觉性有了较明显的提高，大多数大学生能自觉地提出自己的行动目标，制订学习、生活计划，并努力朝着既定目标行动。但惰性仍在相当一部分大学生身上存在，离开了父母的督促和中学老师的严格管理，有的同学放松了自我要求，学习上消极应付，能拖则拖，实在不能拖就敷衍了事。

### 2. 理智感大大增强但自制力仍显薄弱

知识和经验的增加丰富了大学生的理智感，他们已能较理性地思考和行动，努力地控制自己的冲动，但仍有不少大学生常常为自己的自制力弱而深感苦恼。他们感觉自己常常容易受内在情绪和外界环境的干扰。自己想做的事做不到，制订的计划往往没能兑现，难以控制强烈的情绪等。

### 3. 有勇敢精神但毅力相对不足

大学生血气方刚，富有正义感，敢想敢说敢干，内心充满了为真理而勇于赴汤蹈火甚至牺牲自己的大无畏气概。他们积极地模仿英雄人物，锻炼自己的勇敢顽强。然而，比起他们的勇敢精神，他们的毅力则显不足。他们的热情与勇气缺乏韧性，持久力不够，容易随时间推移和困难增多而失去信心，做事往往虎头蛇尾。

### 4. 独立性明显提高但伴有依赖性、逆反性

大学生有强烈的独立欲望，大学生活为他们创造了条件。一方面，他们希望自强、独

立，成为一个有独立见解、能决定自己命运的人；另一方面，又明显地感觉到自己难以自立，经济上无收入，心理上没完全成熟，社会地位还未确立。有不少大学生仍处在家长的遥控之下，依赖性较强。在独立性增强的同时，一些大学生还表现出对传统、长辈等的逆反心理。

**5. 果断性增强但带有冲动性**

由于独立性的提高、能力的增长，多数大学生的果断品质有较大发展，他们愿自己选择，对自己负责，因而一般情况下，他们喜欢自己做决定，采取行动，表现得自信、果断。但有时这种果断带有轻率、冲动的特点，情绪色彩较重，容易事后后悔。

总的来说，大学生的意志品质已较中学时期有明显的提高，主要的意志品质特征在多数大学生身上已基本形成，并逐渐趋于成熟。但大学生意志品质的发展呈现出差异性、不平衡性。有的大学生发展得较好，已表现出很强的意志力，有的则较弱。就意志的总体水平而言，高年级比低年级好，男大学生比女大学生好。

就某一个体而言，其意志品质的诸方面也存在差异，并且在不同情境下也会有不同的意志，但在克服生活习惯上的弱点时，则决心不大，自制力不强。在克服物质困难和肉体痛苦时意志水平较高，但在克服情绪波动和抵抗精神压力方面，则显得意志水平较低。此外，如果意志行为是本人感兴趣的，本人主动选择的，本人愿意承担责任的或者本人意识到具有重要意义、目标明确的，可以在不太长的时间内见到效果的，以及心境良好时，那么意志水平就显得较高；反之，就容易意志力不足。因此，尽管大学生的意志品质正在逐渐趋于成熟、稳定，但仍然会随个体的内外条件而起伏波动，这也是大学生意志品质的一大特点。

如上所述，大学生意志品质的诸方面中既有坚强、健康的方面，也有软弱、不健康的方面。就某一意志品质而言，多数大学生往往处于优劣之间的连接线上的某一点，既不是绝对的好，也不是绝对的差，而且常常处于意志的冲突、选择中。冲突的结果，若优良品质占优势，则有利于巩固、发展意志品质；反之，则会阻碍和破坏意志的发展。因而，加强意志的调节是非常必要的。

**知识库**

**当代大学生的价值观特点**

扫码阅读

## 第二节　大学生的理想与责任

### 一、当代大学生的理想状态

理想信念是人们对未来的向往和追求，是一个人世界观和政治立场在奋斗目标上的集中体现。当代大学生理想的主流是积极、健康、向上的，但也存在着淡化现象。

目前，我国正经历着错综复杂的社会转型，它从根本上引起青年的行为习惯、心理状态、思维方式、价值观念和生活态度等方面的重大变化，并出现了不同程度的淡化理想信念现象。其具体表现是：政治理想上，政治淡化倾向明显，主张以自我发展的观点来看待政治问题，对政治理论课教育普遍持冷漠态度，不同程度地存在对马克思主义信仰、对社会主义的信心和对共产党的信任危机；生活理想上，一味讲究吃穿，追求物质享受，艰苦奋斗精神淡化；择偶理想上，标准世俗化；道德理想上，从注重奉献的理想主义转向注重实惠、实用和物质享受，受拜金主义的影响，一些青年以赚钱得利为目的，只向"钱"看，提倡合理的利己主义，诚信意识淡薄；职业理想上，更偏重经济价值和权利价值，认为社会只是作为个人发展的现实条件存在的，社会责任感缺乏，团队合作观念较差等。总之，普遍存在一种"过客心理"，他们不愿主动选择，因为选择太耗费精力，不愿积极承诺，因为承诺太冒风险，对生活持等待、观望的消极态度。

大学生理想信念淡化现象愈来愈普遍，在某种程度上已成为严重的社会问题。女大学生"傍大款"并不可怕，怕就怕这种享乐主义思潮在社会人群尤其是青少年中间形成定势。人们无法面对社会竞争和压力，无所不用其极地追求物质生活和声色享受，当这样的风气弥漫在年轻群体中时，我们的社会就是危险的，一个物欲横流、理想和信念淡化的社会的未来也是危险的。

### 知识库

#### 当代大学生理想信念淡化的主要原因

**1. 教育体制不完善**

由于我国中学的教育体制存在着片面追求升学率的弊端，使许多学生以上大学作为人生奋斗的惟一目标。一旦上了大学，目标得以实现，就失去了前进的动力和奋斗方向，感觉不知所措。加上大学生活又不如想象得那么好，特别是有些高校的办学条件、师资力量、校园环境及其他各方面条件都与理想有很大差距，部分青年缺乏思想准备，面对现实，感到十分失望或理想破灭后的空虚、无聊，觉得做什么都没劲。

**2. 社会环境的突变**

社会环境的突变导致大学生理想信念淡化，社会责任突减。社会环境的急剧变化，使处在竞争环境中的大学生，不得不经常考虑个人未来的工作、住房、医疗、婚姻……这一切都想在极短的时期内得以实现，而现实情况又是不可能的，所以使他们逐渐形成一种对社会的疏离，一种非正常的社会心理——“社会焦虑”的产生。比如，有些大学生总有一种莫名的担忧，有一种对未来的潜在风险不可预期而又随时降临的恐惧和忧虑，形成一种无形的压力。高焦虑者往往过多关注自身的低层次、世俗化的目标，而胸中无远大理想和坚定的信念。

**3. 新旧价值观念的交错**

当今世界进入了一个空前的大变动时期，世界政治的分化与组合，经济的竞争与合作，文明的冲突与融合，其变化之巨、之广、之深、之快令人眼花缭乱。改革开放以来，西方各种思潮扑面而来，致使部分青年大学生头脑产生了混乱，思想认识陷入误区。现阶段我国青年思想活动的独立性、选择性、多变性和差异性日益增强，加之改革开放的理论滞后于实践的发展，使大学生对一些是非辨别不清，尤其缺乏中华民族传统优秀文化积淀和远大理想信念等思想基础，对传统的思想教育的说教厌烦了，他们失去了传统的价值观，但又找不到新的价值观，因而大有失落、困惑之感。

## 二、当代大学生应坚定自己的理想和信念

理想信念的形成需要一个过程，科学的理想信念只有在不断调整、实践中才能变得更加完善、更加坚定。每个人可能都有自己的理想，或平凡或伟大。我们不是缺少理想，而是缺少切合实际的、适合自身发展的理想。作为大学生而言，我们应该树立崇高、远大的理想，但同时一定要注意将理想与自身发展和现实相联系，关键是有了理想之后能否将其与自己所应承担的责任统一起来，理想的树立和责任的能动作用是密切联系的。

如今大学生所面临的处境很尴尬，随着我国高等教育体制改革步伐的加快，开放办学、扩大招生、自主择业等一系列改革措施的出台，使得高等教育由往日的精英教育逐步过渡到平民教育，使得大学生往日的优越感逐渐淡化。市场经济大潮在极短的时间内就把大学这座“象牙塔”推向了竞争的舞台，由此产生的就业压力让有些大学生感到茫然和困惑，有些甚至开始产生了“顺其自然”的心态，甚至停止了前进的脚步……在这种形势下，大学生更应树立自己的人生理想，同时明确自己身上的责任，将二者紧密联系起来并为之付出努力，才能适应现在的社会趋势，进而在更大空间和层次上发展自己，最终实现自己的理想和人生的价值。

大学生应该有自己的人生理想并为之努力奋斗，也应该知道自己的学习机会来之不易，自己的身后有父母甚至是祖祖辈辈的期盼，经济上也背负着很大压力，这些都是所谓的责任。经济的压力、社会需求的压力使大学生对自己没有了自信，就业的形势更使他们茫然；自身理论知识的不足，加之没有社会实践经验使得大学生就业和进一步发展难上加难；在学校期间的学习不扎实和缺乏对自身责任的明确，不知道究竟是因为什么而走进大学，更不知道该学习什么和怎样去学习，没有真正地去学习知识和增长自己的能力和才干，也导致了他们的茫然、困惑和不知所措。

大学生要从自身的实际情况出发，结合自己的能力和社会的需求，紧密联系理想与责任，为切合实际的理想而奋斗，最终定能取得很大的收获。

理想是动力的源泉，责任是前进的动力基础。人是整个社会的个体，人的理想只有在社会中才可能得以实现，从一定的程度来讲是对社会的索取，为了这一索取，即人生理想的实现，人就要为此付出劳动，这就是一种责任，理想与责任是辩证统一的关系。理想

是我们不断坚持努力的理由，责任是我们做出努力行为的动力。只有树立切实的理想，明确自己的责任，并将其作为实现理想的动力不断努力和进取才是大学生最好的出路，也是通往成功的根本。

## 三、当代大学生的责任现状

大学生的责任感包括家庭责任感、自我责任感、职业责任感、集体责任感、他人责任感、社会责任感。从现状看，大学生的自我责任感、家庭责任感、职业责任感明显增强但尚需引导，他人责任感、集体责任感、社会责任感相对弱化，急需培养。全面提升大学生的责任感应着重从提高责任自觉，创设比较自由的社会环境，升华道德境界，提供制度保障四个方面努力。从个体发生的角度分析，责任感在每个人身上都要经过他律和自律两个阶段。

他律阶段的责任感有三个显著特点：

- 一是责任本质上是受外界支配的，服从规则才是好的；
- 二是要求遵守规则的行为，而不是它的精神；
- 三是评价其行为不是根据激起行为的动机，而是根据行为是否符合现有规则。

自律阶段责任感的特点是自觉能动性，即责任主体依据一定原则和规范自觉选择和决定行为，从内心感到自己完全自由，自己是自身的主体，那种似乎曾压抑人、束缚人的外在力量反而成为其尽职尽责的巨大推动力。

下面是大学生责任感的现状：

### 1. 家庭责任感心理准备充分

每个人从出生那天起，就与父母长辈以及家庭其他成员产生关系，在长期的家庭生活中形成了对自己与家庭关系的感性认识，进而萌发出对家庭的责任感。特别是在高考的激烈竞争中，家长和家庭其他成员对他们呵护备至，因此，他们在希望报答父母养育之恩的同时，产生对家庭的强烈责任感。正如有些大学生所说："父母很辛苦，在高中阶段我学习的动力来自对父母的责任，只有考上大学才对得起他们的养育之恩，才不辜负他们的期望。"大多数大学生会主动承担或分担家庭责任。对未来家庭责任的承担方面，大学生也有较为充分的心理准备。

### 2. 自我责任感明显强化

由于人首先是作为个体而存在的，因此一个对自己不负责任的人是根本无力承担其他责任的。市场经济的发展、利益主体的多元化，使个人的独立性、自主性地位逐渐得以现实地确立，而大学生的个体意识和主体意识同样也在日益增强。越来越多的大学生已在逐渐正视并积极追求个人的价值尊严和利益需要，其进取精神、成就欲望及自我责任明显强化。在升学、就业、爱情等重大问题上，他们力争做出深思熟虑的选择，并为此负责。这较之传统的偏重依附和顺从而言，无疑是巨大的进步。越来越多的大学生将努力学习、不懈追求、珍爱生命、勇于负责等作为对自我负责的主要例证。他们对自我责任的认知是清晰的、符合社会主导价值取向的。但值得注意的是，少数大学生对个人爱好的偏执和对个人利益的过度敏感，使得他们的自我责任感呈现出明显的情绪化和功利化倾向。对此，教育者应当及时引导，否则，这些大学生的自我责任感容易走向处处以个人为中心的极端。

**3. 职业责任感总体是向上的**

大学生的职业责任感从总体上是积极向上的。对于责任心在事业成功中的重要作用,他们有很高的认同率。尽管大学生处于职业责任豁免期,但这种认知状况有助于他们将来对职业责任的承担。利益和情感都是影响大学生职业责任感的重要因素,但在职业选择上,对个人兴趣和爱好的关注度明显高于利益,这从另一个侧面反映了大学生个体意识的增强,他们有着强烈的充分发展个性的愿望。未来职业的定位是双向选择的结果,当个人选择与社会需要之间产生冲突,个人不得不放弃兴趣和爱好而服从社会需要的时候,由于工作情感的缺失,极易降低他们对工作的尽责程度。要克服这种情绪化倾向,建议在工作过程中对他们的工作成绩予以及时肯定,从而激发他们的成就感,满足其对自我实现的需要。这将使他们的职业责任感逐步趋于稳定。

**4. 集体责任感淡化**

对大学生而言,集体主要指校、系、班以及大学生社团、宿舍等。就目前而言,大学生对集体的认同率较低,热爱自己所在的班级的风气并不浓。对于校、系、班开展的各种集体活动,能踊跃报名、积极参加的并不多,少数学生甚至对此毫无兴趣。虽然他们也承认要兼顾集体、个人利益,但在内心深处更注重个人利益的保障和实现。有些大学生表面上关心集体,但他是建立在一定外力强迫的基础之上的,而不是完全出于内心的自觉自愿。大学生集体责任感淡化的主要原因之一是情感缺失。因此,培养集体认同感和集体归属感对增强大学生集体责任感尤为重要。

**5. 社会责任感有待增强**

社会责任反映的是个体与社会的关系,其价值取向是社会的整体利益。当社会需要和个人利益发生矛盾时,具有强烈社会责任感的人会自觉放弃个人利益服从社会需要。而当今不少大学生的社会责任感表现出明显的向个人利益倾斜的特点。他们并不否认承担社会责任,可一旦涉及具体利益时,又往往首先考虑个人得失。他们多数会在履行社会责任的过程中注重方式方法,讲究策略技巧,力求在社会和个人之间找到折中点,既承担社会责任,同时又使个人利益不受损害,或者是将这种损害降到最低。对这种情况,我们不能简单地予以否定。虽然大学生的社会责任感是建立在这种责任认知的基础之上,而社会是以无私奉献的忘我精神作为衡量标准的,但这两种责任认知是可以调和的。当无法在个人利益和社会需要之间找到折中点而必须舍弃其一的时候,如何适时地提升大学生的社会责任感,使其自觉放弃个人利益,主动服从社会需要,是摆在教育者面前亟待解决的问题。

**6. 他人责任感多被忽略**

广泛地承担对他人的责任,这是当代人必须具备的品质之一。大学生由于个人自主性的增强、个人自由度的扩大和个人自我意识的发展,往往倾向于夸大个人与他人之间的对立和冲突,而对个人和他人之间的相互依存、密切联系的认识却相对不足。因此,在追求实现个人目标的过程中,他们往往忽略甚至排斥他人的存在,不关心他人,而且对他人的要求十分苛刻。受市场经济实用主义的影响,人际关系处理中利益的地位和作用随着年级的升高而提高与增强。与此同时,由于竞争加剧,人际关系又受到了一定程度的磨损。所以,大学生的利他责任感亟待培养和加强。

## 小锦囊

**大学生责任感提升办法**

扫码阅读

# 第三节 当代大学生存在的困惑

大学生正处在青年时期，是一生中心理变化最明显的时期。心理发展不平衡，情绪不稳定，使其面临一系列问题，心理矛盾冲突时有发生。“大一新生”又是大学生群体中特殊的一族，他们从竞争激烈的高中时代走过来，更有的从偏远的地方走出来。他们走得并不稳健、并不踏实。聚焦大一新生的烦恼，究其产生的原因，有社会的因素、家庭的因素，也有学校及学生自身因素。21 世纪需要综合素质的人才，良好的心理素质是其中的重要方面。重视、加强和改进大学生心理健康教育，培养大学生良好的心理素质是每一名在校大学生健康成长的需要，也是大学培养社会有用之才的需要。

## 一、当代大学生困惑的形态

### 1. 人际交往的封闭

在大一新生中一半以上的学生有人际交往方面的心理困惑，这是大一学生最大的心理问题。有些学生表现为人际敏感。在大学校园，来自五湖四海的学生汇集成一个社会的群体，由于他们原来各自的生活习惯、性格、兴趣等方面的不同，在这个大家庭的人际交往过程中，不可避免地会发生一些摩擦、冲突和情感损伤，这一切难免引起一部分心胸狭窄的学生不快。本来他们远离父母就有一种孤独感，一旦出现人际关系不和谐或发生其他冲突，这种孤独感就会进一步加剧，从而产生压抑和焦虑。有些学生表现为人际交往心理障碍。因为语言表达能力较差，使得他们害怕与他人沟通思想感情，把自己的内心情感世界封闭起来。这种人经常处于一种要求交往而又害怕交往的矛盾之中，很容易导致孤独、抑郁或自卑。还有些大学生是因为性格上的不合群，他们在学生中不被理解而被排斥，其中一部分人便独来独往，不与他人接触，久而久之就产生一种受冷落或性格孤僻、脾气粗暴等心理倾向。新生人际交往的困惑主要体现为对交往技巧、交往原则、交往心理品质的迷惘与困惑，他们总认为身边的人不太可靠，不能深交。有时与人交往缺少了应有的真诚。

### 2. 渴望沟通和理解

师生间需要加强沟通和对话。师生间总有道过不去的坎，一道似厚似薄的心墙，为什么会这样呢？到底是老师的错还是学生的错呢？其实，问题本身并不是谁对谁错，只是在于老师与学生之间的想法不同。老师希望学生按照他们的想法来做，让他们教出来的每一个学生都是有用之才；学生们希望老师尊重他们的决定，尊重他们的意见，让他们自由地飞翔，闯出属于自己的一片天空。有的同学发出这样的心声：“老师应多听听我们的意见和想法，不要动不动告诉我们不准做这个，不准做那个。”有些学生是做任何事比较有主张的人，可是很多时候得不到老师的理解。

### 3. 难以适应新环境

由于环境的改变，部分大一新生在入校后出现了矛盾、困惑心理。其中一部分学生表现出对现实的失落感。由于中学时老师为了激励学生刻苦学习、考出好成绩，把大学描绘成“人间天堂”，学生也将考大学作为惟一和最终的目标来激励自己在高中埋首苦读。但当跨入大学校园后，突然发现事实并非如此，进而怀念起过去的中学生活。大部分学生表现出对专业学习的困惑。与中学相比，大学学习具有更多的自主性、灵活性和探索性，进入大学后，他们一时无所适从。有些学生感觉一下子从中学的严格管教中“松了绑”，但又不知如何安排时间，管理好自己的学习，心中充满忧郁、焦虑。还有一部分学生表现出对生活及环境的不适应。进入大学后，由原来依赖父母的小家庭过渡到相对独立的大学集体生活，心理上产生一种孤独感。

### 4. 自我认知失调

一个人对自己的评价是通过与他人的能力和条件的比较而得到的。在高中时代，由于学习基础较差，学习兴趣淡或者没有很好地发挥应有水平，高考成绩不理想，没有实现当初自己定的目标。而平常和自己成绩不相上下的同学反而正常发挥，考上了理想院校。面对现实，他们感到自卑，不如别人，进而不断怀疑自己，自信心下降，意志消沉，缺乏进取心。有这样一位理科生，他把所有的时间都花在学习上，成绩却只是勉强及格，而他的同学在高中时成绩一直比他差，现在又成为他大学的同班同学，不但能轻松获得好成绩，还经常在学院组织的文体活动中获奖。面对现实情况，他感到有些自卑并怀疑自己。有一部分学生对如何发挥自己的优点和克服缺点感到迷茫，相比班上那些多才多艺、能力较强的同学，他们觉得自己一无是处，事事不如人，产生自卑心理。有些学生知道自己不足，但又不知道如何突破自己。学院有许多学生组织、社团活动，班上有各种活动，新生对这些既新奇又困惑，满怀信心地去参加一些社团，由于缺乏经验，遭受挫折，从而陷入痛苦的自我否定的深渊。

在大学阶段，个体的自我意识逐步增强，但在相当长的时间内，他们并没有形成关于自己的稳固形象，自我意识还不够稳定，看问题往往片面主观，加上心理的易损性，一旦遇上暂时的挫折和失败，往往灰心丧气、怯懦自卑。而且他们对于周围人给予的评价非常敏感和关注，哪怕一句随便的评价，都会引起内心很大的情绪波动和应激反应，以致对自我评价产生动摇。

### 5. 承受生活挫折的能力受到考验

一些偶然因素带给部分大学生的生活挫折，影响他们心理情绪的稳定，诸如失恋、失去朋友、家庭的重大变故、经济困难等。由于绝大多数大学生是在家长和教师的保护下一帆风顺地成长起来的，很少遭受严重的挫折，更缺乏独立面对挫折的心理能力，因而，遇到挫折就束手无策，耐受性比较差，从而造成他们焦虑、烦恼、自卑、痛苦、嫉妒、失望、逆反等不良心理。

## ☞ 二、大学生未来职业发展失败原因的探究

并不是每个人的职业生涯都是成功的，许多人都会感到困惑，不明白为什么自己达不到理想的效果。职业发展失利的原因一般有以下几点：

**1. 不明职业自我，难以找到匹配职业**

事后控制不如事中控制，事中控制不如事前控制，可惜很多大学生均未体会到这一点，等到错误的决策造成了重大的损失才寻求弥补。既然在职场犯下的错误都是我们自己造成的，那为什么你不早些有意识地认识自己呢？大学生在找工作时不知道自己喜欢什么工作？适合什么工作？能做什么工作？这些都是因为大学生对职业自我的认识不清。职业上的所有成功都是由内而外的成功。职业自我是个人谋求职业发展的出发点和落脚点。人在职业上的抉择缘于其对职业自我的不满与期望，职业自我直接决定了人的职业兴趣、职业能力(潜能)、职业理想等职业发展因素。对职业自我进行深刻分析才可能找到与己匹配的职业，而开发职业自我的程度则决定了职业理想的实现程度。先天与后天的综合因素决定了人只可能最适合一类职业，分析职业自我的目的就是在主观上找到这个职业，并且最大化地发挥自己的优势。

**2. 缺乏谋业意识，没有职业生涯规划**

谋业意识就是大学生在大学时树立一种职业是要谋划、是要提前规划准备的意识，也就是说，大学生在毕业时所找到的工作并不是大学生在大四所付出的努力，而是大学生在整个大学阶段所付出的努力。毕业时的成果更多的是你大学整个阶段的收获，而不是你单纯哪一年的所得。这个道理大学生都懂，但又有多少大学生在大一或大二就为就业做准备呢？大学生没有树立谋业意识就不会提前为就业、职业做准备，从而也就影响了大学生在毕业时的就业抉择和未来的职业发展前程。

**3. 少有职业理想，不明职业实现通路**

职业理想是个人在深刻、准确地分析职业自我并在充分明确职业环境的基础上形成的源于自我而又超越自我的切己的职业期望。职业理想不是职业幻想，更不是职业空想。因为职业理想是可实现的、可操作的，是自我在职业上的合理期望，是职业自我的追求，是达成自我实现的主观因素。一旦职业理想确定了，实现职业理想的职业通路和职业方式就都确定了。如你要成为人力资源总监，怎么可以及如何才能实现当人力资源总监的因素就都确定了。大学生很少有职业理想，他们将职业理想视为职业空想，在混淆概念的同时还不知道如何致力于职业理想的实现，最终在不明职业通路的短暂而混乱的职业经历中就把职业理想摒弃了。

**4. 没有职业自救意识，过度依赖外在人脉**

在职场上，人们难免遇到各种各样的困难，但很多人在遇到困难时，首先想到的是求助于别人，却忘记了自身。每个人都有巨大的潜力，我们的潜力足可以解决我们所遇到的任何困难，遗憾的是，很多人并没有去开发。请记住：自己的事情自己做，别人的事情帮着做，大家的事情一起做。大学生没有职业自救意识体现在：一是在职业能力的积累上过多地重视人脉关系，将营造丰富广泛的人脉视为个人职业能力增强的主要方面，从而忽略了个人内在能力的培养。一时的人脉可以助你成功，但长久的成就还是要依靠你的内在能力。二是在职业生涯发展上过多地依赖于人脉，这也是导致上一点的重要原

因。如在毕业找工作时，个人职业晋升时，过多地去打通人际关系，过多地依赖亲朋好友的帮助，从而把最应该为职业发展负责的自我放在了后面，这将直接导致职业事业发展阶段的断层与乏力。简单地说，要找到一份糊口的工作你可以依赖于别人，但要想在职业上有所作为就必须要靠自己了。

**5. 轻视职业道德，影响职业生涯的持续发展**

在职业素养的五大因素中，职业道德是大学生最轻视的因素。职业道德更多的是一种职业态度和职业规范，是保证职业行为有效进行的必要保证，是职业常青的重要保证，在职业事业发展和立业实现阶段做人比做事更重要，职业道德的最高境界是立信，即说到做到。职业道德的低下在就业生存阶段还是可以勉强维持的，但大学生要谋求更大的职业发展，职业道德必不可少。概括地说，你的职业态度决定你的职业高度。

**6. 不明专业出路，无法与职业理想相匹配**

没有人不知道南辕北辙的故事，宝驹和高超的骑术也不能让骑士直奔目的，因为他选错了方向。做正确的事，远比把事做正确更重要。在职业发展上，我们只有弄清楚发展方向后，才能发挥自己的有利条件。如果方向错了，那么你的条件越好，错得就越远。更多的大学生在还不知道此专业学些什么及日后毕业可以做什么工作的情况下选择了现在所学的专业，我们不去分析造成这种后果的因素，要说的是，上大学后你就应该了解你所学专业的毕业出路了，但很多大学生缺乏这个了解过程，盲目地形成了职业理想，从而导致专业与职业的错位，不能产生相关性的支持，造成学非所用、用非所学的尴尬局面。大学生要做的就是把专业正推，职业反推，如果可以找到两者的相关或匹配，就说明专业可对职业理想产生直接或相关的支持。

**7. 不明职位要求，难以融入职业生活方式**

一个人要发挥其专长，就必须适合社会环境需要。如果脱离社会环境的需要，其专长也就失去了价值。我们要根据社会的需要，决定自己的行动，更好地发挥自己的专长。大学生尤其是毕业生在找工作时，根本不明确所要应聘或实践的职位要求，甚至也不衡量职业自我与职位要求间的匹配因素就盲目地去应聘目标职位，导致两种结果：一是大量的应聘失败；二是即使勉强进入到了目标职位，也很难融入目标职业的生活方式。

**8. 没有掌握职业技能，缺乏职业核心竞争力**

大学生都有学习职业知识的观念，但还没有形成掌握职业技能的观念，职业技能是需要一定的练习才能掌握的职业能力，是衡量个人职业素质的重要因素，而这也非一日之功可以打造的。观念、知识、经验、技能、道德是职业素质的五大因素，而职业技能是职业核心竞争力的核心部分。没有掌握职业技能，就很难达到职业上的不可替代性，从而很难成为企业的核心员工，并且这种状况会持续广泛地影响个人职业生涯发展。大学生职业技能的缺失会导致职业社会化过程中的职业投机行为，即大学生只有两份力，但却在寻找三份钱的工作，导致大学生的职业不良跨越发展，为日后职业心理和职业跳槽埋下了隐患。

**9. 盲目考取职业资格认证，抹杀职业自我和分散职业核心竞争力**

当代大学生思想上存在一个误区，以为考取更多的职业资格认证就代表职业能力的增强，即使目前用不上，但学了总会有用得上的地方。这种学习的心态是对的，但大学生这种学习行为忽略了职业自我的适合性和职业核心能力的专注性。每个人都可以做很多事，但只要你可以做好一件事，那就完全可以安身立命，建功立业。大学生在职业发展上追求的不是什么都可以做，而是在一点上只有我可以做并且只有我做得最好。

**10. 缺少职业见习，没有职业经历和经验**

大学生在大学期间缺少相应的职业见习，从而导致没有职业经历和经验。大学生职业见习的目的：一是检验理论所做的职业选择；二是在实践中进一步学习职业知识；三是积累职业经验，为毕业就业做准备。职业见习是大学生在待业准备阶段的成功性标志，是大学生职业生涯阶段的第一个尝试期。

## 思考题

1. 当代大学生的行为特点有哪些？
2. 你的理想是什么？如何才能实现？
3. 在大学的学习期间，你在哪些方面还存在困惑？
4. 谈谈当代大学生的责任现状。

# 2 第二章　当前大学生就业指导综述

## 本章概述

社会的职业随着社会生产和社会需求发展的日趋多样化，经过无数次的分化和组合，形成了现代社会数以千计的职业类别。也正是这些数以千计的职业，为人们提供了生存的基本条件，而且也为每个人提供了施展才能的舞台和体现自身价值的途径。求职择业，是人生必经的一个门槛。走进求职门槛的大学生，首先应了解社会职业的一些基础知识。

## 内容点击

- 认识职业
- 职业划分及热门职业
- 就业准入和职业证书
- 就业环境

## 案例导读

### 宁可跪街行乞，也不工作养家

某日下午，老王偶遇一名正在街边乞讨的男孩。行乞男孩低着头跪在街边，引得路人驻足观看，还有个别好心人递给男孩一些零钱。在男孩面前，摊着一张"学生为父求医"的求助信。信中称，男孩名叫小强，今年17岁，父亲在一次大火中被烧成重伤，母亲不久也离开人世。"我们已经花去家里所有的钱……求大家伸出援助之手，拉我一把……"男孩告诉老王，父亲被烧伤好长时间了，家中还有年幼的弟妹需要照顾，自己不得已才到省会乞讨。在老王看了"求助信"后，当详细问及其父目前伤情、所需治疗费用以及家中的具体情况时，男孩却始终闭口不答，并不时流露出不耐烦的表情。当老王表示，只要他把困难说出来，就可以帮他渡过难关时，男孩竟利索地收起求助信和照片，转身离去。此时，一位围观群众说："今早有一位大娘说要给男孩找个工作，待遇挺好的，可他不愿去，他不是需要钱给父亲治病么？有份工作总比行乞强吧，为什么会拒绝呢？说不定是个骗子。"

**思考：**上述故事中的男孩选择乞讨是否是一种职业活动，这种行为对社会有何影响？

## 第一节 认识职业

每一个人在求职就业的时候，可能都会问：职业是什么？它有哪些特征？目前职业的发展形势又是如何？带着这一连串的问题，让我们走进职业世界。

### 一、职业的概念

我们日常所说的“职业”与“工作”两个概念，其实是具有一定区别的，职业问题并不是简单的工作问题。在德语中，职业一词为 Beruf，有“天职”之意，它意味着职业是个人从毕业起就应当为之不懈奋斗的目标。因此，职业本身已经包含了职业精神和职业道德的内容，它是一种高尚的事业。

职业是现实经济运行和社会生活中客观存在的社会现象。职业的产生与发展，是社会分工的必然结果。人们从不同的角度出发，对职业的概念有不同的论述。

美国社会学家塞尔兹认为，职业是一个人为了不断取得收入而连续从事的特殊活动，这种活动决定着从事该活动者的社会地位。教育家、哲学家杜威把职业概括为可以从中得到利益的一种活动。日本职业专家保谷六郎认为，职业是有劳动能力的人为了生活所得而发挥个人能力，向社会贡献而连续从事的活动。从社会的角度而言，职业是劳动者能够稳定从事有报酬的工作，是劳动者足够稳定地从事某项有酬工作而获得的劳动角色，是一种社会劳动岗位。这个定义有三层含义：

- 它表明并不是任何工作都能成为职业的，某项工作只有变得足够重要、足够丰富，以至能吸引劳动者长期稳定地投入其中，才能够成为职业。并且，劳动者从事这项工作时还能够取得一定的经济收入，取得合理的劳动报酬，满足劳动者的物质需求。
- 职业是劳动者获得的劳动角色，这个角色使劳动者获得了一种社会角色，劳动者必须要按照社会结构中这一社会角色规定的规范去行事。
- 职业给劳动者一个体现个人价值的机会，职业使劳动者能进入一个成功的组织。

职业无论对于个人还是对于社会的生存和发展，都具有十分重要的作用。这对大学生来说，有三层启示：一是对个人自身来说是一种生存；二是发展个性，或者说是发挥个人才能；三是参与社会劳动，承担社会义务，为他人提供服务。

### 二、职业的构成要素

职业不可能脱离社会、经济和技术条件而独立存在，它们之间有着相互依存的关系。没有社会的进步、经济的发展，就不会产生相应的职业，而社会因众多的职业分工和从业者的工作及对社会的贡献，才构成了人类共同生活的基本结构，成为推动历史前进的力量。职业的社会性，还体现在社会对该职业的需求及其法律地位上。技术条件主要指每一种职业所要求的职业素质和技术标准。职业主要由以下几个要素构成：

**1. 职业名称**

职业名称指的是职业的符号特征，通常用社会通用的名称来命名。随着社会的发展，一些过时的职业将会逐渐退出历史舞台，与此同时，也会有更多新的、符合时代发展的职业产生，出现许多新的职业名称。

**2. 职业主体和职业客体**

职业主体是从事一定社会分工活动，具有承担该职业活动所需要的资格和能力的劳动者。职业活动的工作对象、内容、劳动方式和场所等被称为职业客体。

**3. 职业技术**

职业技术是劳动者在从事职业活动中所运用的自然技术、社会技术与思维技术的总和，它体现在人们从事职业活动时使用工具、材料、工艺的方法，也包括尚未形成系统的经验。

**4. 职业要求**

职业要求是从事职业活动的最基本的条件，如教师必须有丰富的知识、正常的语言表达能力等。

**5. 职业报酬**

报酬是人们从事职业工作所应该得到的经济回报。

## 三、职业要求

职业要求指一定职业对于任职者受教育程度、技能技巧、工作能力、道德品质、身体状况等各项素质的综合要求。职业要求主要包含技能和非技能两方面的内容。技能方面包括能力、技术、知识、思维、判断和决策等；非技能方面包括职业道德、心理、智商、情商、职业观、学历和资格证书等。任何一种职业的职业要求都具有独特性，同一职业又因职位不同、组织不同而有一定的差别。

虽然不同的职业对从业者的需求不同，但大体上对从业者的一般要求还是具有共性的。一般职业要求主要包括沟通能力、专业能力、表达能力、动手能力、组织管理能力、创新能力和情感能力。

**1. 专业能力**

专业能力指从事职业和创业活动所必需的知识和技能，以及运用已经掌握的知识和技能解决工作中实际问题的能力。专业能力是人们从事某一特定社会职业所必须具备的能力和本领，是大学生能力培养中最为基础、最为重要的能力，是影响大学生就业的最重要因素之一。精通专业知识和技能是大学生适应社会生活，对社会有所贡献所必须具备的素质。一般地说，毕业生就业后能否很快适应专业工作要求，取得工作单位中上司和同事的认同，首先与其掌握的专业能力和技能密切相关。专业知识技能的水平越高，就越有利于其开展工作，也越有利于工作中各种关系的处理，有利于形成良好的职业发展循环。

**2. 表达能力**

表达能力指应用语言或文字阐明自己的观点、意见或抒发自己思想的能力。它包括口头表达能力、文字表达能力、图示表达能力等几种形式。表达能力的重要性不仅在毕业生参加工作走向社会后会强烈意识到，而且在求职择业时就会有深切的感受，如求职自荐信的撰写、个人材料的准备、回答招聘人员的问题、接受用人单位的面试等，每个环节都需要较强的表达能力。一个表达能力很差的人难以在工作中处理好各种各样的关系，适应力自然较低。

**3. 沟通能力**

人际沟通泛指通过某种媒介，将一种观念或信息由一个人传达到另一个人的过程。人类通过沟通和用以沟通的各种媒介互相传播着各种信息，为自己提供生存和人生发展必须的资源和条件。良好的人际交往和沟通能力已经成为现代社会衡量人才质量的重要参数之一。

**4. 动手能力**

动手能力也就是实际操作能力。它是人的智力转化为物质力量的关键，是专业工作者必须具有的基本实践能力。毕业生实际水平的高低，主要是看其操作的速度、准确度和灵活度三个方面。

**5. 组织管理能力**

每个人在未来工作中都会不同程度地需要组织管理才能，这是现代社会对人才的要求。

大学生培养自己的组织管理能力，就要积极主动地抓住机遇和锻炼的机会，在生活中拥有一颗为他人服务的爱心，善于观察，善于取人之长补己之短，这样，组织管理能力会逐步得到锻炼和提高。

**6. 情感智力**

情感智力指人们识别自己和他人的情绪，鞭策自己进取，并驾驭自己情绪以及把握人际关系的能力。具体包括以下几点：

- 自我觉察。自我觉察是了解自己内心想法和倾向的能力，如准确地自我评估、自信心等。
- 自我调控。自我调控是控制自己内心世界的活动及冲动的能力，如自制力、诚信、适应力、创新精神等。
- 成就动机。成就动机是引导或推动人达到目的的情绪倾向，如责任感、主动性、乐观态度等。
- 移情。移情是觉察他人的感情与需求及关心他人事情的能力，如善解人意、服务定位、助人发展、政治敏锐力等。
- 社交技巧。社交技巧是善于使他人产生自己期待的反应，如感召力、领导能力、合作与配合能力、团队协调能力等。

**7. 创新能力**

创新能力是各种智力因素和能力品质在新的层面上融为一体，相互作用形成的一种合力，它是在多种能力发展的基础上，利用已知信息，创造新颖独特的具有社会价值的新思维、新产品的能力，它是一种综合性的、高层次的思维和行动能力。大学生要培养强烈的好奇心，细微的观察力、深刻的洞察力和大胆设想、勇于探索的精神及提出、解决问题的能力，以便为走上工作岗位后创造性地工作打下扎实的基础。

## 相关联接

**特殊职业要求**

扫码阅读

## 四、职业的特性

职业从产生的那一刻起，便有了自己的特性，具体表现为以下几个方面：

**1. 时代特性**

近几十年，人类的生产力发展水平得到了极大提高，伴随着科学技术的发展和广泛应用、社会制度和管理制度的变革以及人类物质文化生活水平的提高，社会分工结构进一步调整。

旧有的、不符合社会发展需求的职业正逐步消失，如印刷厂的铅字工、打铁匠、卖货郎等；新生职业不断地产生，如网络编辑员、理财策划师、健康管理师、芳香保健师等，这些新生的职业按以前的眼光来看，很不可思议，但它们却实实在在地存在，并且随着时代的变迁，成为人们现代生活中不可缺少的一部分。

**2. 社会特性**

职业充分体现了社会分工，是社会发展的必然产物，每一个职业都体现了社会分工的细化，体现了对社会生产和社会进步的积极作用。

**3. 经济特性**

人们通过从事某种职业获得稳定的经济收入，而不是断断续续的，这是人们生存和发展的基本保障，也是人们参与社会劳动的回报。正是因为职业具有明显的连续性和经济性，职业才能与人们的日常活动和社会活动紧密地联系在一起，成为人们生活中非常重要的一部分。

**4. 多样特性**

随着社会经济的发展和科技的进步，社会分工越来越细，职业种类也越来越多，呈现出多样化的特点。在知识经济的推动下，我国的产业结构必将发生重大的变化，随之会产生许多新行业，增加许多新职业。

**5. 发展特性**

职业是随着生产力的发展而不断变化的，有的职业将逐渐退出历史舞台，代之以新职业；同一职业，随着知识和技术的创新，其基本职业要求也会发生变化。比如，汽车生产厂家的焊工，已被智能化的机械手所取代，IT 产业的生产、销售、维修服务等一系列相关职业的出现，都是伴随着计算机的出现而产生的。互联网的出现，为社会创造了诸如网络管理、系统维护、网站建设、网络信息服务、信息开发等大量的相关职业。在我国，目前有些旧职业正在不断消失，新职业还在不断产生，职业仍在剧烈变化中。

**6. 技术特性**

现代社会，每一种职业都有一定的技术含量或技术规范要求。人类社会不断发展，科技水平日益提升，职业的科学技术含量越来越高。即使是在劳动密集型产业中，对于某一种职业，也必须要求从业者具备一定的技术能力或操控能力。职业的技术特性要求从业者必须进行特定的职业知识学习，进行专门的技术技能或操作规程训练。这一点也正是职业教育兴起和得到认可的根本原因。目前，社会发展日新月异，随着科技水平的快速提升，职业的发展必定由劳动密集型向高科技型转变，提高职业从业者的技术水平和学习能力是适应社会发展的必要准备。

## 五、职业的形成和发展

职业从其产生开始，随着生产力和社会分工的发展，一直处在不断分化中，有的兴起，有的衰落，有的繁荣发达，有的凋零衰败，各自经历着不同的命运。任何行业都要经历一个从产生、发展、成熟到衰退的生命周期。作为大学毕业生，要想成为社会的强者、胜者，就要抓住发展的机遇，转变就业观念，提高自身素质，使自己适应社会和时代发展的要求，成为一个有胆识、有魄力、有能力的新时代弄潮儿。

### 1. 职业的形成

职业是人类社会发展到一定阶段的产物。在原始社会初期，并无职业可言。虽然在氏族成员中有自然分工，但还没有形成专门的职业。随着社会生产力的发展，社会分工开始逐渐形成，在氏族公社里，产生了按性别和年龄进行的不稳定分工，可以说是职业的萌芽。随着生产力的发展，人类征服自然的能力不断提高，畜牧业从农业中分离出来，出现了人类社会第一次大分工。随着生产力的进一步发展，手工业又从农业中分离出来，且出现了专门经营交换产品的商业。随着私有制的产生和阶级的出现，又有了体力劳动和脑力劳动的分工与对立。就这样，人类社会中各种各样的职业随着生产力的逐步发展而产生了。从职业形成的历史可知：社会分工是人类社会生产和社会生活发展的必然结果，每个人在社会分工中占有一席之地，这就是他的职业。社会分工是职业产生的社会基础，社会分工不消失，职业就仍然存在并继续发展。

职业是一种相对稳定的、由社会分工形成的，并要求从业者具有一定专业知识和技能的劳动，它是人类生存和发展得以实现的一种普遍的社会形式。职业的产生离不开人类劳动，劳动创造了人，也创造了职业。社会是各种职业和各种职业活动的统一体，正是各种职业和各种职业活动构成了纷繁复杂的人类社会。

### 2. 职业的发展

自从职业产生以来，就随着社会生产力的进步和社会分工的发展而不断发生变化。职业的发展主要表现在以下几个方面：

(1)内容不断更新

同一职业在不同时代会随着社会的发展和科学技术的进步而具有截然不同的内容。现代的农民不同于刀耕火种时代的农民，农业劳动已不是仅仅依靠体力的劳动，它要求农民掌握现代生物学知识、育种知识、栽培知识和技术、土壤肥料知识、气象知识、农业机械知识和技能等现代化农业科学技术知识，所采用的工具较原始农业所用工具更是有了天壤之别。邮政业也已不靠“骑马传送邮件”，现代邮政业除了使用飞机、火车、汽车传送邮件外，还广泛使用电报、电话、传真、电子邮件和卫星通信等手段传递信息。社会发展了，职业的内容也在不断地变化，从业者的观念、知识和技能也必然会随之更新。

(2)分工逐步细化

例如,农业最早指种植业,即农民所从事的劳动包括各种作物从播种到收获的一系列活动。随着生产力的发展,出现了粮食作物种植与经济作物种植的区分。经济作物种植又分为棉花种植、果树种植、茶种植和桑种植等,于是出现了棉农、果农、茶农、桑农等。现代农业的发展使种植活动本身也产生了社会化服务体系,体现了职业的进一步分化,标志着农业专业化的形成。又如,建筑业已从原始的单一职业发展到现代化的由建材生产、建筑设计、土建、装修等几十个职业构成的庞大的建筑职业群。

(3)结构逐渐优化调整

从19世纪开始,在一些工业发展比较快的国家,从事制造业、运输业、采矿业等工业活动的劳动力逐渐超过了从事农业生产的劳动力。在20世纪,一些发达国家又进入了服务业取代制造业的时代,交通运输、邮电通信、商业、饮食业、行政管理、社会福利、文化教育、卫生、体育、信息等在职业中占了很大比重。也就是说,从事农业生产和工业生产的人数在逐渐减少,从事服务行业的人数在不断增加。例如,1982年美国从事服务行业的人数已占就业人口的70%,从事工业生产的占24.3%,从事农业生产的占5.6%。我国还处在社会主义初级阶段,从事农业、工业生产的人数仍然占就业人口的大多数,但随着社会经济的进一步发展和产业结构的不断调整,我国的服务行业也将必然得到较大的发展。

(4)新型职业不断涌现

科学技术的不断创新和运用是新型职业不断产生的动力和源泉。每次新的技术革命,都必然导致大批新型职业产生,同时又有部分传统职业被淘汰。例如,蒸汽机的使用使整个机械制造业、运输业、纺织业发生了巨大变化,铁路的出现促使成百上千种新的职业产生,石油和电力应用导致了城市电气、汽车、飞机、电报、电话、无线电、化学工业、塑料工业等一大批新型行业与相应新型职业的产生,以原子能、计算机、空间技术和现代生物科学为标志的新技术革命,正在开辟着许许多多高新科技产业及一大批新的职业领域。据统计,现在每年平均有600多种新职业产生,同时有500多种传统职业被淘汰,这就意味着越来越多的人将转移自己的职业岗位。

(5)对从业人员的素质要求越来越高

职业内容的不断更新和新型职业的不断产生,对从业人员的素质提出了更高的要求。例如,新资源的开发、新技术的发明和应用、生产工具的革新、生产组织的改革和管理水平的提高,要求人们必须有更高的科学技术知识和操作技能,同时要求人们更新观念、解放思想、开阔视野,树立时间观念、效率观念、竞争观念、组织纪律观念和合作观念。由于职业的不断发展与变化,从业人员的职业转换将越来越频繁。在一些发达国家,人一生平均转换职业六七次。每次职业转换都会对从业人员提出新的要求,这就使得人们必须摒弃过去那种一次选择定终身的传统观念,树立不断选择、不断发展的观念,适时调整自己与外界环境的关系,不断提高自己的职业素质,以适应发展的新职业的要求。

现代职业活动越来越需要手脑并用,即使是劳动密集型职业,也不再是纯体力劳动。随着大量新技术的广泛应用,职业对体力的要求相对下降,而对智力的要求相对上升。早期炼钢厂招收新工人,挑选的是力气大、跑得快的人,而现代化炼钢厂,自动化的机械操作代替了繁重的体力劳动，需要的是能够使用电子计算机控制炼钢过程的有知识、有技能的新工人。传统种植业依靠的是经验，而现代化种植业则离不开科学，一个没有现代化农业科学知识的人，不会接受和运用现代化农业科学技术，也就不可能干好现代化农业生产。因此，知识与技能越来越成为人们谋求职业和胜任工作的基本条件。

## 六、新时期职业发展趋势

### 1. 将出现大批新兴职业

职业种类将越来越多，分工不断趋于精细，职业之间的差异不断加大，许多新兴职业应运而生。随着现代科学技术的发展而出现的职业，如高新技术研究与应用，新材料、新工艺、新能源开发，网络设计与管理，计算机软件开发等；随着市场经济的发展而出现的职业，如注册会计师、营销策划、广告策划、资产评估、商务代理等；随着一些边缘科学的开发而出现的职业，如生命科学研究、人口学研究、社会学研究、心理咨询、应用美学研究等；随着社会服务需求的扩大而出现的职业，如公益慈善事业管理、社区服务、家政服务、法律顾问、中介服务、环境设计与保护等；为适应政治体制及其管理而出现的职业，如公共事业管理、行政监督、司法监督等。这些新兴职业打破传统职业格局，需要大批具备现代科学思想、掌握现代科学知识和现代管理手段的创造型人才。因此，必须不断适应形势发展，培养出开拓创新型、社会应用型人才，否则将不能满足职业发展的需要。

### 2. 技术性职业将成为各行业职业主体

在知识经济时代，生产工艺和管理手段日益现代化和高科技化，产品的科技含量越来越高，技术性工作将成为各行业的先导。各种类型的科学技术人员和现代技术型管理人员将支撑起整个行业，成为生存和发展的决定性因素。失去科学技术工作的支撑，这些行业将落后甚至被淘汰，相关的职业也将会随之消失。掌握现代科学技术和现代管理手段的人才，将在竞争中显现出优势地位。为适应这种趋势，人才培养要全面提高科学理念，掌握现代科学技术、现代信息技术、现代实验技术和现代管理技术。

### 3. 现代行政办公型职业将得到迅速发展

随着政府机构的改革和各类组织行政办公自动化的发展，传统型文职人员需求量减少，而适应现代信息管理与办公自动化的新型咨询参谋型文职人员需求量迅速增加，如计算机软件编写员、计算机制图技术员、计算机辅助信息检索员、计算机辅助设计的工程软件专家、计算机终端操作员、信息分析论证专家、行政助理、人事助理、外事助理、技术助理等。精通业务、熟练掌握外语和计算机技术，有较强参谋能力、策划能力、组织能力和外交能力的高级行政办公人员将受到各类组织的欢迎。文职人员的培养要突破传统模式，重点培养具备高深公共事业管理理论、熟悉某专业领域业务的专家型人才。

### 4. 服务型职业将广泛发展

在新的时期，服务型行业将大力发展，社会将从以生产为中心的时代逐渐过渡到以服务为中心的时代，在服务型行业就业的人员将逐渐超过生产型行业。服务型行业将对社会发展和人类生活产生重大影响。服务型职业主要有商业服务型、社会服务型、生活服务型和私人服务型。服务型职业的发展需要各种类型的人才，如何培养高素质的服务人才，规范服务工作质量标准，鼓励高素质人才从事服务工作，培养更多大师级、专家型服务人才，已成为全社会所关注的问题。

**5. 未来职业对劳动者的素质要求越来越高**

未来职业的专业性、技术性、创造性越来越强，对劳动者素质能力的要求越来越高。体力劳动类职业和各种职业对体力的要求将大大降低，而逐渐被脑力劳动和创意性工作所代替。随着社会的进步和市场经济规范化的发展，文化素质较低的人将失去职业竞争力。社会将需要具备高等文化水平、掌握现代科学技术、熟悉国际惯例和国际竞争形势、具备全球战略视野和创新能力的人才。我们的教育在全面提高劳动者科学素质、人文素质的同时，要彻底解放思想，积极创造条件，让创造型人才脱颖而出。

**6. 职业者之间的竞争更加激烈**

随着科学技术的发展和社会产业结构的变化，部分新兴职业将越来越兴旺，而另一部分职业将逐渐被淘汰，这是社会发展的必然结果。这就使人才在行业间、部门间的流动不断增多，也促使劳动者不断接受教育，更新知识，掌握新技术，提高适应时代发展的能力，不断迎接竞争的挑战。另外一部分劳动者由于不能适应职业发展的需求而转岗、下岗，结构性失业问题还会不断出现。我们当前面临两大任务：一是大力发展继续教育，使劳动者适应职业竞争需要；二是拓展就业渠道，让下岗失业人员有工作的机会，减少社会不安定因素，发挥社会主义制度的优越性。

**7. 执业资格制度将促进职业的规范化**

执业资格制度是指对某些责任重大、社会通用性强并关系国家或公共利益的专业技术岗位的人员依法实行控制，通过统一考试、注册管理，保证从业人员质量，以保障国家和人民财产安全和多方利益。要想成为某种职业的专业人员，就必须参加国家统一组织的资格考试，未取得相应资格的人就不能从事相应的专业工作。现已实行专业资格考试的有“会计专业技术资格考试”、“教师资格考试”、“统计员资格考试”、“执业药师资格考试”、“资产评估师执业资格考试”、“法律顾问执业资格考试”、“珠宝玉石质量检验师资格考试”、“公共关系执业资格考试”等。这些执业资格考试既考核职业人员应具备的专业知识，也考核职业实务能力，并且科学地规范了各种职业人员的职责和权力，大大提高了职业人员的工作水平。我们在完善执业资格考试制度的同时，还要加大对相关职业从业人员资格的审查监管力度。要立法执法，冲破各种人为障碍，将不具备执业资格的人坚决清出岗位，以保证重要工作岗位的工作质量。

**8. 未来职业将更加重视体现人的自我价值**

职业不再仅仅把人作为一种“工具”，而是作为生产的要素和创造财富的手段。它将越来越重视发挥人的智慧和潜能，在工作中满足人的安全感、归属感、自尊感和成就感，实现人的自我价值。新兴职业越来越强调人的综合素质、创新能力、合作能力和对高新技术的掌握，从而促使人才不断学习，更新自我，在创造社会财富的同时，促进人类自身的发展和完善。劳动者不再仅仅将职业作为谋生的手段，而是将其作为生活的重要组成部分，是人生快乐的重要源泉，是体现自我价值的重要途径。整个社会都要重视劳动者在工作中的自我价值实现，同时要引导劳动者将自我价值与团体价值、社会价值正确统一起来。

## 相关联接

中国未来职业发展趋势展望

扫码阅读

# 第二节 职业划分及热门职业

随着职业的不断发展变化，现代社会也随之产生了许许多多的职业、行业和工种。这些职业既相互区别，又相互联系渗透，因此职业的分类也比较复杂，既可以按行业划分，也可以按工作特点划分。对当今的大学生来说，了解职业划分知识，选择能发挥自己特长、适合自己的职业是事业成败的关键，而正确的择业必须建立在理性的思考和正确的理论指导的基础上。因此，全面掌握当今社会的职业分类状况及了解当前热门职业，对于择业者有着重要的意义。

## 一、职业的分类

1958 年国际劳工组织制定出《国际标准职业分类》，将职业分为 8 个大类，83 个小类，284 个细类，1506 个职业项目，总共列出职业 1881 个。但是由于世界各国国情不同，其划分职业的标准也有所区别。

### 1. 我国的职业分类

职业分类作为一个国家从事社会人口统计和劳动人力资源开发与管理等方面工作的重要基础，对我国社会经济的发展起着重要作用。新中国成立以来，国家有关部门为满足国民经济发展、社会人口普查以及劳动人事规划指导等方面的需求，根据我国国情，开展了大量的职业分类调查研究工作，并制定了有关职业分类的标准与改革计划，在职业分类领域进行了成功的尝试和有益的探索。1999 年，我国劳动和社会保障部、国家质量技术监督局、国家统计局联合颁布了《中华人民共和国职业分类大典》，将我国职业归为 8 个大类，66 个中类，413 个小类，1838 个细类。表 2-1 所列为其他职业分类。

**表 2-1 职业分类表**

| 大 类 | 中 类 | 小 类 |
| --- | --- | --- |
| 国家行政机关、公安、审判、检察机关 | 国家行政机关 | 业务类公务人员；秘书；打字员 |
| | 公安、审判、检察机关 | 警察；律师；审判员 |
| 军 事 | 军 队 | 人民解放军指战员 |

续表

| 大　类 | 中　类 | 小　类 |
| --- | --- | --- |
| 科学研究和综合技术服务事业 | 科学研究事业 | 社会科学研究人员；自然科学研究人员 |
| | 综合技术服务事业 | 科技情报人员；电子计算服务中心工作人员；气象观测预报人员；地震观测预报人员 |
| 卫生、体育、文化和教育事业 | 医疗卫生事业 | 公共卫生医生；护士；药剂师 |
| | 体育事业 | 运动员；教练员 |
| | 文化事业 | 演员；导演；编辑；图书管理人员 |
| | 电视、广播事业 | 播音员；广播、电视工程技术人员 |
| | 教育事业 | 幼儿园教师；中小学教师；中小学管理人员；教学辅助人员 |
| 农、林、牧、渔、水利业 | 农　业 | 农业劳动者；农机操作人员；农业技术人员 |
| | 林　业 | 造林工人；林业技术人员 |
| | 畜牧业 | 畜牧业劳动者；畜牧、兽医技术人员 |
| | 渔　业 | 水产养殖员；水产捕捞人员 |
| | 水利业 | 水利技术工人；水利技术人员 |
| 工　业 | 采掘业 | 采煤工人；采煤技术人员；采油工人；石油开采技术人员；自来水生产工人；自来水生产技术人员 |
| | 食品、饮料制造业 | 食品、饮料制造工人；食品、饮料制造技术人员 |
| | 纺织业 | 纺织工人；纺织技术人员 |

续表

| 大类 | 中类 | 小类 |
| --- | --- | --- |
| 工业 | 缝纫业 | 服装加工工人;服装设计人员 |
| | 家具制造业 | 家具制造工人;家具设计人员 |
| | 造纸及纸制品业 | 造纸工人;纸制品工人 |
| | 印刷业 | 印刷工人 |
| | 化学工业 | 化工工人;化工技术人员 |
| | 化学纤维业 | 化纤工人;化纤技术人员 |
| | 橡胶制品业 | 橡胶制品工人;橡胶制品技术人员 |
| | 塑料制品业 | 塑料加工工人;塑料加工技术人员 |
| | 制药工业 | 制药工人;制药技术人员 |
| | 工艺美术品制造业 | 工艺美术设计人员 |
| | 建筑材料制品业 | 油毡工人;水泥生产工人;水泥生产技术人员 |
| | 冶炼及压延加工业 | 炼钢工人;炼钢技术人员;压延加工工人 |
| | 玻璃及玻璃制品业 | 玻璃生产工人;平板玻璃工人;玻璃制品设计人员 |
| | 机械工业 | 金属切削加工工人;金属热处理工人;机械制造工程技术人员 |
| | 电子工业 | 电子设备制造工人、电工;电气自动化设计人员;电气仪表工人;仪器仪表及其他计量器具制造设计人员 |
| 财政、金融和保险业 | 财政、金融和保险业 | 银行、信贷工作人员;税收专管人员;会计、审计、统计人员;保险公司工作人员 |
| 地质普查勘探、建筑业 | 地质普查勘探业 | 地质普查勘探技术人员 |
| | 建筑业 | 建筑工人;电气安装工人;勘察设计技术人员;城市建设规划设计人员;市政工程技术和管理人员 |

| 大　类 | 中　类 | 小　类 |
| --- | --- | --- |
| 交通运输、邮电通讯业 | 交通运输业 | 汽车驾驶员;运输工人;调度员 |
| | 邮电通讯业 | 电讯业务员 |
| 商业、公共饮食、物资供销业 | 商　业 | 零售商业经营人员;商业经营管理人员;售货员;商业采购员;商业供销员;外贸工作人员 |
| | 饮食业 | 厨师和炊事员;餐馆服务员 |
| | 物资供销业 | 物资供销员;物资采购员;仓库保管员 |
| 房地产管理、公用事业、居民服务、社会福利事业 | 房地产管理业 | 房管员;房屋维修工人 |
| | 公用事业 | 公交服务员;公共场所服务人员;园林绿化工作者;环卫工人 |
| | 居民服务业 | 理发、美容员;导游员;旅馆服务员;保育员;摄影师;殡葬事业服务人员;家用电器修理服务人员 |
| | 社会福利和咨询服务业 | 科技咨询工作者;心理咨询工作者;职业咨询工作者;社会福利工作人员 |

社会上职业的多样性决定了人才需求的多样性,个人职业理想的实现必然建立在社会的需要之上。由于历史和现实的原因,个人所追求的理想职业并非都能实现。当理想的职业与现实的职业发生矛盾时,我们应面对现实,根据社会需要调整、修改和充实个人的职业目标,寻找自己在社会职业生活中的最佳位置。只要从社会需要出发,根据社会需要确定职业目标,加强学习和锻炼,努力使职业理想与现实统一起来,使个人理想与社会理想统一起来,就一定能找到个人与社会的最佳结合点,最终找到自己满意的职业。

**2. 国际职业分类**

(1)依据各个职业的主要职责或从事的工作进行分类

加拿大根据不同企业、单位或行业中类似职业、工种的主要活动,把国民经济中主要行业的职业划分为23个主类,主类下分81个子类和489个细类,共7200多个职业基本名称,并规定了每种职业的定义、主要内容及从业人员的合格条件。

(2)按脑力和体力劳动的性质、层次进行分类

美国职业分类方法之一是把工作人员分为两大类:一类为白领工作人员,另一类为蓝领工作人员,即通常所讲的白领与蓝领阶层。

● 白领工作人员包括:专业性和科技性的工作,如会计师、建筑师、计算机专家、工程师、法官、医生、教师、牧师、社会科学家、作家等;农场以外的经理和行政管理人员、销售人员、办公室工作人员。

● 蓝领在进行分类时概括简要，但明显地表现出职业的等级性，其中蓝领工作人员包括：手工艺人及类似工人，如木匠、油漆工等；运输装置机工；农场以外的工人，如饲养人员、建筑工人、垃圾工、伐木工等；服务性行业中的工人，如清扫服务工、农场工人、私人服务人员等。

(3)按心理的个别差异进行分类

美国著名的职业指导专家约翰·L·霍兰德创立的人格—职业类型匹配理论，把人格类型划分为现实型、研究型、艺术型、社会型、企业型和传统型6种。对应这几种人格类型将职业划分为6大类型，这种分类把个性心理特征与职业类型两者统一起来，便于实现职业指导，可促成人们在有乐趣的职业环境中学习和工作。如企业型的可去做厂长、经理；艺术型的人才可去做乐队指挥、音乐教师；研究型的人才可去做科学家、工程技术人员等。这种分类使从业者在心理上得到满足，便于充分发挥其创造力，进而提高工作效率。但在择业或实施职业指导时，必须采取严格准确的心理测试。况且人的个性心理特征和职业都是发展变化的，很难用固定格式把人与职业匹配起来。目前，大多数国家都很难做到这一点。

## 二、当今热门职业

“热门”职业指那些需求上最短缺的职业。在社会经济发展日新月异的今天，新兴的行业不断涌现，教育的发展往往难以跟上时代的步伐。这就会导致在社会发展的某一阶段，某些行业特别是新兴的行业会出现人才匮乏和供不应求的现象。“热门”职业指从事这一职业的人员数量增长最快的职业。在某些新兴的职业形成供不应求的情况下，随着社会以及教育的大力支持，在一段时间内，这些行业由于发展很快，需求的单位多，需要的人才多，能吸收大量的就业人口，使得从事这一职业的人数大量增长。“热门”职业指人们最希望从事的职业。就普通公众而言，人们总是希望从事收入高、工作环境好、社会地位高而又相对稳定的职业。在一定的社会发展阶段，这些职业是相对集中和稳定的，于是形成了人们津津乐道的“热门职业”。

如今，我国有八大热门职业，如表2-2所列。

**表2-2 当今我国八大热门职业表**

| 行业名称 | 行业现状 | 薪金水平(约数) |
|---|---|---|
| 营销人才 | 中国目前有6 000万销售人员，而其中90%从事的仅仅是推销或卖产品角色，营销管理已成为企业的生命线，中高级营销人才是人才市场上最紧俏的人才 | 3 500～6 000元/月 |
| 理财规划师 | 目前银行专业理财人员严重缺失，相关第三方投资理财公司更缺人，市场的迫切需求和巨大的人才缺口使专业理财规划师成为国内最具吸引力的职业之一 | 8 000～10 000元/月 |
| 旅游从业人员 | 旅游业由于在增加就业、促进农村发展、缩小地区差距、节约资源等多方面的优势，目前该行业进入黄金发展期 | 3 500～5 000元/月 |

续表

| 行业名称 | 行业现状 | 薪金水平(约数) |
|---|---|---|
| 职业规划师 | 随着社会竞争的加剧,人们在求职应聘、职场发展以及职业选择面前越来越感到无所适从,职业咨询已成为迫切的社会需求 | 10 000～15 000 元/月 |
| 3G 工程师 | 据计世资讯(中国权威 ICT 研究咨询机构)发布的相关研究报告称,估计国内 3G 人才缺口将达到 50 万人以上。目前 3G 人才比较少,尤其是复合型人才奇缺 | 12 000～16 000 元/月 |
| 会展策划师 | 会展策划师相当于会展统筹师,一个大型展览活动,统筹相当重要,这个职位应该由一个人或一个团队来完成,目前具有创新策划能力、现代经营理念的会展策划师发展前景看好 | 15 000～20 000 元/月 |
| 资深网络编辑 | 目前,中国拥有网络媒体从业人员 300 多万人,在未来 10 年内,网络媒体人才的需求将呈上升趋势,总增长量将超过 30% | 8 000～10 000 元/月 |
| 同声传译 | 同声传译员被称为“21 世纪第一大紧缺人才”。随着中国对外经济交流的增多和奥运会所带来的“会务商机”的涌现,需要越来越多的同声传译员 | 4 000～8 000 元/时 |

# 第三节　就业准入和职业证书

就业准入制度和职业资格证书制度是我国劳动就业制度的重要组成部分,而在高校推行的双证书制度正是为了帮助大学毕业生早日取得就业资格认证,是找到合适工作的“敲门砖”。从事就业准入职业的新生劳动力,就业前必须经过 1～3 年的职业培训,并取得职业资格证书,而国家规定用人单位在招聘人员的时候必须查验求职人员的资格证书。双证书制度正是为了毕业生及早找到合适的工作而采取的有效措施,我们要及时了解相关知识,并进行职业技能鉴定,争取早日取得职业资格认证,为就业打下坚实的基础。

## 一、就业准入制度

就业准入制度是根据《劳动法》和《职业教育法》的有关规定,对从事技术复杂、通用性广,涉及国家财产、人民生命安全和消费者利益的职业(工种)的劳动者,必须经过培训,并取得职业资格证书后,方可就业上岗。实行就业准入制度的行业如下:

生产、运输设备操作人员。目前,劳动及人力资源和社会保障部依据《中华人民共和国职业分类大典》确定了实行就业准入的 87 个职业目录。分别是:车工、铣工、磨工、镗工、组合机床操作工、加工中心操作工、铸造工、锻造工、焊工、金属热处理工、冷作钣金工、涂装工、装配钳工、工具钳工、锅炉设备装配工、电机装配工、高低压电器装配工、电子仪器仪表装配工、电工仪器仪表转配工、机修钳工、汽车修理工、摩托车维修工、精密仪器仪表维修工、锅炉设备安装工、变电设备安装工、维修电工、计算机维修工、手工木工、精细木工、音响调音员、贵金属首饰手工制作工、土石方机械操作工、砌筑工、混凝土工、钢筋工、架子工、防水工、装饰装修工、电气设备安装工、管工、汽车驾驶员、起重装卸机械操作工、化学检验工、食品检验工、纺织纤维检验工、贵金属首饰钻石珠宝检验员、防腐蚀工。

农、林、牧、渔、水利业生产人员。动物疫病防治员、动物检疫检验员、沼气生产工。

商业、服务业人员。营业员、推销员、出版物发行员、中药购销员、鉴定估价师、医药商品购销员、中药调剂员、冷藏工、中式烹调师、中式面点师、西式烹调师、西式面点师、调酒师、营养配餐员、前厅服务员、客房服务员、保健按摩师、职业指导员、物业管理员、锅炉操作工、美容师、美发师、摄影师、眼镜验光员、眼镜定配工、家用电子产品维修工、家用电器产品维修工、钟表维修工、办公设备维修工、养老护理员。

办事人员和有关人员。秘书、公关员、计算机操作员、制图员、话务员、用户通信终端维修员。

## 二、职业资格证书制度

职业资格证书制度是劳动就业制度的一项重要内容，也是一种特殊形式的国家考试制度。职业资格证书制度指按照国家制定的职业技能标准或任职资格条件，通过政府认定的考核鉴定机构，对劳动者的技能水平或职业资格进行客观公正、科学规范的评价和鉴定，对合格者授予相应的国家职业资格证书。职业资格证书是表明劳动者具有从事某一职业所必备的学识和技能的证明，是劳动者求职、任职、开业的资格凭证，是用人单位招聘、录用劳动者的主要依据，也是境外就业、对外劳务合作人员办理技能水平公证的有效证件。

《劳动法》第 8 章第 69 条规定："国家确定职业分类，对规定的职业制定职业技能标准，实行职业资格证书制度，由经过政府批准的考核鉴定机构负责对劳动者实施职业技能考核鉴定。"《职业教育法》第 1 章第 8 条明确指出："实施职业教育应当根据实际需要，同国家制定的职业分类和职业等级标准相适应，实行学历文凭、培训证书和职业资格证书制度。"这些法规确定了国家推行职业资格证书制度和开展职业技能鉴定的法律依据。

推行职业资格证书制度，是落实党中央、国务院提出的"科教兴国"战略方针的重要举措。也是我国人力资源开发的一项战略措施。这对于提高劳动者素质，加强技能人才培养，促进劳动力市场的建设以及深化国有企业改革，促进经济发展都具有重要意义。

## 三、双证书制度

双证书制度是学历文凭和职业资格证书制度。社会经济发展对人才要求的变化，是职业资格证书制度建立的根本原因。职业资格证书制度既是经济社会发展对专门技术人才的一种客观要求，也是人们为适应社会发展而自我完善、不断提升的一种需要。

1998 年国家教委、国家经贸委、劳动部《关于实施(职业教育法)加快发展职业教育的若干意见》中详细说明："要逐步推行学历证书或培训证书和职业资格证书两种证书制度。接受职业学校教育的学生，经所在学校考试合格，按照国家有关规定，发给学历证书；接受职业培训的学生，经所在职业培训机构或职业学校考核合格，按照国家有关规定，发给培训证书。对职业学校或职业培训机构的毕（结）业生，要按照国家制定的职业分类和职业等级、职业技能标准，开展职业技能考核鉴定，考核合格的，按照国家有关规定，发给职业资格证书。学历证书、培训证书和职业资格证书作为从事相应职业的凭证。”1999 年 6 月 13 日中共中央、国务院颁布《关于深化教育改革全面推行素质教育决定》，文件再一次要求：“继续改革大中专毕业生就业制度，使学生树立正确的择业观。地方政府教育部门要与人力资源和社会保障部共同协调，在全社会实行学业证书、职业资格证书并重的制度。转变传统的人才观念，形成使用人才重素质、重实际能力的良好风气。”

在高等院校实行学历证书与职业资格证书并重是高等教育发展的必然趋势。高等院校实行学历证书与职业资格证书并行的双证教育，能够提高大学生综合素质和专业技能水平，提升其就业和创业能力，满足当前社会经济发展对持有职业资格证书的高层次职业技能型人才的迫切需要并增强高校的市场竞争力，实现高等教育与社会就业的紧密衔接。与此同时，开展职业技能鉴定，推行职业资格证书制度，是落实党中央、国务院提出的“科教兴国”战略方针的重要举措，也是我国人力资源开发的一项战略措施。这对于提高劳动者素质，促进劳动力市场的建设以及深化国有企业改革，促进经济发展都具有重要意义。

## ☞ 四、职业技能鉴定

职业技能鉴定是一项基于职业技能水平的考核活动，属于标准参照型考试，是由考试考核机构对劳动者从事某种职业所应掌握的技术理论知识和实际操作能力作出客观的测量与评价。职业技能鉴定是国家职业资格证书制度的重要组成部分。

### 1. 职业技能鉴定的申报

国家实施职业技能鉴定的主要内容包括职业知识、操作技能和职业道德三个方面。这些内容是依据国家职业（技能）标准、职业技能鉴定规范（即考试大纲）和相应教材来确定的，并通过编制试卷来进行鉴定考核。

我国职业资格证书分为五个等级：初级、中级、高级、技师和高级技师。参加不同级别鉴定的人员，其申报条件不尽相同，考生要根据鉴定公告的要求，确定申报的级别。一般来讲，不同等级的申报条件是不同的。参加初级鉴定的人员必须是学徒期满的在职职工或职业学校的毕业生；参加中级鉴定的人员必须是取得初级技能证书并连续工作 5 年以上或是经劳动行政部门审定的以中级技能为培养目标的技工学校以及其他学校毕业生；参加高级鉴定人员必须是取得中级技能证书 5 年以上、连续从事本职业（工种）生产作业可少于 10 年或是经过正规的高级技工培训并取得了结业证书的人员；参加技师鉴定的人员必须是取得高级技能证书，具有丰富的生产实践经验和操作技能特长、能解决本工种关键操作技术和生产工艺难题，具有传授技艺能力和培养中级技能人员能力的人员；参加高级技师鉴定的人员必须是任技师 3 年以上，具有高超精湛技艺和综合操作技能，能解决本工种专业高难度生产工艺问题，在技术改造、技术革新以及排除事故隐患等方面有显著成绩，而且具有培养高级技工和组织带领技师进行技术革新和技术攻关能力的人员。

申请职业技能鉴定的人员，可向当地职业技能鉴定所(站)提出申请，填写职业技能鉴定申请表。报名时应出示本人身份证、培训毕(结)业证书、技术等级证书或工作单位劳资部门出具的工作年限证明等。申报技师、高级技师任职资格的人员，还须出具本人的技术成果和工作业绩证明，并提交本人的技术总结和论文资料等。

**2. 职业技能鉴定的方式和实施步骤**

职业技能鉴定分为知识要求考试和操作技能考核两部分。知识要求考试一般采用笔试，技能要求考核一般采用现场操作加工典型工件、生产作业项目、模拟操作等方式。计分一般采用百分制，两部分成绩都在 60 分以上为合格，80 分以上为良好，95 分以上为优秀。

职业技能鉴定的实施步骤分为四大步骤，即鉴定前的组织准备、技术准备、鉴定实测、鉴定后的结果处理。

**小锦囊**

**申报职业技能鉴定的注意事项**

申报职业技能鉴定，首先要根据所申报职业的资格条件，确定自己申报鉴定的等级。如果需要培训，要到政府有关部门批准的培训机构参加培训。申报职业资格鉴定时要准备好照片、身份证以及证明自己资历的材料，参加正规培训的须有培训机构证明，工作年限须有本人所在单位证明，经鉴定机构审查符合要求的，由鉴定所(站)颁发准考证。参加考试时必须携带准考证，否则不能参加考试。

职业技能鉴定是面向广大劳动者和用人单位的一项社会公益性事业。为了保证职业技能鉴定质量，树立职业资格证书的权威性，各级职业技能鉴定管理部门建立了举报制度，设立监督电话，鼓励和支持社会各方面对乱办班、乱考核、乱发证以及各种违反考务纪律的行为进行检举。劳动者一旦发现职业技能鉴定工作中的违纪现象，可以直接到当地劳动保障行政部门或职业技能鉴定指导中心投诉，由劳动保障部门按有关规定进行查处。

## 第四节 就业环境

### 一、2009 年就业形势分析

**1. 国际金融危机对我国就业造成的影响**

2008 年第四季度以来，国际金融危机对中国就业的影响逐步加重，导致就业压力增大，由于就业导致的社会稳定问题凸显。

(1)就业压力不断增大

首先，国内就业增长受到明显抑制。受经济增长速度下降的影响，就业增速明显放缓。金融危机中，首当其冲的是劳动密集型出口行业和金融、房地产、能源、原材料行业。外需和内需同时减少，导致就业需求萎缩。2008 年 10 月，城镇新增就业增速为 8%，是近几年来第一次出现连续增长后的增速下降。企业用工需求出现下滑，证实了就业增长放缓的事实。对 84 个城市劳动力市场职业供求信息的调查显示，2008 年第三季度以后的用工需求下降了 5.5%，这是多年来第一次出现下滑。

其次，国内新增失业有所增加。先是东部沿海地区出口导向型企业大量关闭，导致约 15%以上、2000 多万农民工提早返乡、流动就业或失业。与此同时，内地一些企业特别是为大企业做配套生产的中小企业，也出现岗位流失。此外，民营的金融、房地产等部门也有减员的情况。人力资源和社会保障部重点监测显示，第三季度被监测企业中，有一半企业存在岗位流失，新增岗位和流失的岗位增减相抵，出现了负数。在经济下行时期，这些失去岗位的劳动者很难重新找到新的工作。

第三，海外回流劳动力不断增加。随着世界各国经济形势的普遍恶化以及劳动力市场就业需求的萎缩，一些已经失业和面临失业的海外劳动力转而回国寻找就业岗位；一些国际劳务承包工程也受到影响，以及一些国家出于保护本国劳动力就业机会而限制国外劳动力就业的政策，都导致海外就业的劳动力回流不断增加，加重我国国内的就业压力。

(2)就业引起的社会稳定问题日益凸显

首先，劳动者权益受损情况增多。随着部分企业特别是劳动密集型中小企业生产经营困难，就业形势趋于严峻，社会保障面临新的困难，劳动争议和举报投诉案件数量上升。一是企业拖欠职工工资情况增多；二是因企业无力支付解除劳动合同经济补偿金而发生争议。一些企业为了逃避解除劳动合同支付经济补偿金的责任，以其他裁员方式规避解除劳动合同。

其次，社会贫困问题逐步加重。迄今为止，受影响的主要是大量的中小企业的就业人员，他们主要是农民工、城镇待业青年、下岗失业人员等。他们就业时很多没有劳动合同，没有参加社会保险。金融危机后，他们更难找到工作，又失不起业，因此陷入长期贫困和就业缺乏保障的状况。

**2. 国际金融危机下 2009 年的就业形势分析**

(1)总体就业形势异常严峻

受国际金融危机影响，加上国内本身的结构性问题，2009 年中国的就业形势异常严峻。企业用人需求下降的趋势较难有根本性的转变；一批停产、半停产企业的尚未解除劳动关系的、处于放长假等隐性失业状态的职工，有可能会有一部分转为公开失业，2009 年失业率会有所增长；回流的农民工以及新增的需要转移的农村劳动力，面临难以转移就业的问题，导致农村失业问题加重；城镇低学历青年以及规模不断增大的大学毕业生就业更加困难。

(2) 三类就业群体需要特别关注

2009 年，三类就业群体需要特别关注。一是大学毕业生。2009 年求职大学生将达到 700 万，压力巨大。二是农民工。农民工队伍中的主体已是新生代农民工，他们已经不能适应农业生产和农村生活，大多想在外继续寻找就业机会，根本不可能在农村稳定下来。这一群体如果外出不能找到工作，将是一个极大的社会问题。三是城镇低学历青年。这一群体中需要就业的人数大约为 600～800 万。受农民工和大学生的双向夹挤，他们在中高端和低端劳动力市场上都不是很受欢迎，导致这部分劳动力失业率高，非正规就业多，就业极不稳定。在经济不景气的情况下，由于文化程度低、技能不足、就业不稳定等特点，这类青年也将是受到冲击很大的群体。

**3. 中国政府采取的稳定就业措施**

针对当前经济和就业形势，中国政府已实施一系列积极政策和举措。除了财政、货币等政策加大投入扩大内需外，在就业方面出台了帮助企业渡过难关、稳定就业局势措施，调整就业和社会保险政策，通过保企业来稳定就业岗位，保障劳动者权益，维护社会稳定。

(1)稳定就业岗位的措施

稳定就业岗位的措施主要是增强社会保险制度的灵活性和劳动关系调整的灵活性，帮助企业稳定就业、减少裁员。

①在 2009 年之内，可以阶段性降低城镇职工基本医疗保险、失业保险、工伤保险、生育保险的费率，减轻困难企业缴费负担和参保人员费用负担。

②对暂时无力缴纳社会保险费的困难企业，可以在 2009 年之内、最长不超过 6 个月的期限内缓缴社会保险费。

③调控和预警失业，鼓励国有企业减少裁员。

④使用失业保险基金和就业专项资金，支持鼓励困难企业开展职工在岗培训、轮班工作、协商薪酬等办法稳定员工队伍，并保证不裁员或少裁员。失业保险基金可用于支付社会保险补贴和岗位补贴。

⑤暂缓调整企业最低工资标准。指导符合条件的企业及技术先进型服务外包企业实施综合计算工时和不定时工时制。

(2)维护社会稳定的措施

维护社会稳定的措施主要是做好社会保障工作，已经出台的政策主要有以下几条：

①稳步提高社会保险待遇。2009 年提高企业退休人员基本养老金。

②及时足额发放社会保险待遇。确保 2009 年调整后的养老金按时足额发放到位；对解除劳动关系的人员及时足额发放失业保险金。

③困难企业实行经济性裁员，可签订分期支付或以其他方式支付经济补偿的协议。

2009 年年底中央经济工作会议进一步明确提出，必须把保持经济平稳较快发展作为今年经济工作的首要任务。实施积极的财政政策和适度宽松的货币政策；继续加大对就业的支持力度；最大限度拓展农村劳动力就业渠道和农村内部增收空间；必须实施更加积极的就业政策，全方位促进就业增长，确保就业形势基本稳定；加快完善城乡社会保障体系。

(3)促进大学生就业的政策措施

①减少结构性失业：通过城市社区和农村基层岗位补贴、助学贷款代偿、考研究生、考公务员加分，以及扩大“三支一扶”、“志愿服务西部计划”、“大学生到村任职”、“农村义务教育阶段学校教师特设岗位”等计划，多种手段鼓励毕业生去基层工作；通过放松户籍

限制、政策扶持等手段鼓励毕业生到中小企业和非公企业工作；鼓励骨干企业和科研项目积极吸纳和稳定大学毕业生。

②减少或推迟供给：加大力度落实部队征兵更多面向大学生；研究生或第二学位扩招。通过见习实习制度，提升大学生的就业能力。

③加强就业指导和就业服务。所有高校成立专门的就业指导服务机构，同时将就业指导课列入必修课。对未就业毕业生进行失业登记，提供职业介绍、培训等系列服务。

④为困难的大学毕业生提供就业援助。

(4)针对返乡农民工的政策措施

①切实保障返乡农民工的土地承包权益；稳定粮食和食品价格，有利于农民工返乡务农提高收入。

②加强农民工技能培训和职业教育，大力支持农民工返乡创业，做好农民工社会保障和公共服务。

③一些劳动力输出地方已经出台支持返乡农民工的政策：3 个月以上未能重新就业的，当地政府可按照最低工资标准的 70%给予失业救助，救助期不超过半年。

上述政策措施对稳定现有的就业岗位、解决受金融危机影响严重的农民工群体和青年群体的就业问题将发挥作用，但还远不足以消除金融危机对中国就业局势的影响，需要全社会各方的重视和支持，特别是各级政府的高度重视。

(5)进一步维护就业稳定的对策

2009 年我国的经济形势和就业形势存在诸多不确定因素，就业压力可能是历史上最巨大的，必须要有最充分的准备。要切实把促进就业摆在更加突出的位置，统筹协调财政政策、货币政策、产业政策等，把扩大内需与扩大就业紧密结合，鼓励发展劳动密集型产业和各类服务业，扶持中小企业和微型企业，支持和引导非公经济发展，把增加就业岗位真正落到实处。这样才能保持就业局势基本稳定。

应进一步完善失业统计和失业监控。一方面要尽快完善现行的调查失业制度，尽早向社会公布并使用调查失业率。另一方面也要进一步完善现行的登记失业制度。应该把那些肯定要回来就业的农民工纳入失业登记，同时还要给予他们切实的帮助。如果我们推出面向全体劳动者的失业登记制度，无论是城镇失业人员还是农民工都可以登记，但如果登记之后，不能享受任何扶持政策，也不能得到有效的帮助，那谁会来登记呢？如果失业人员不来登记，我们又怎能知道有多少人、哪些人需要补助呢？因此，问题的关键还是政府需要给予农民工就业更大的投入。

## 二、2010 年就业形势分析

教育部部长袁贵仁在 2010 年全国普通高校毕业生就业工作视频会议上直言：国际金融危机对我国就业的不利影响还没有消除，如果说 2009 年是我国经济最困难的一年，2010 年则可能是最复杂的一年，整个宏观层面就业形势就很严峻。

### 1. 形　势

2010 年普通高校毕业生将达 630 余万。袁贵仁说，2009 年高校毕业生就业工作克服了国际金融危机的不利影响，实现了高校毕业生初次就业率的基本稳定和就业人数的继续增长。2010 年需要就业的毕业生数量很大，各地教育部门要进一步扩大“农村教师特岗计划”的规模，积极配合有关部门继续组织实施好各类基层就业项目，并做好 2010 年高校毕业生入伍服义务兵役的征集工作。

**2. 现　状**

“蚁族”在劳碌奔波的生活中寻求改变。“蚁族”——大学毕业生聚居群体，被称为继农民、农民工、下岗工人之后出现在中国的又一群体。之所以把这个群体形象地称为“蚁族”，是因为该群体和蚂蚁有诸多类似的特点：高智、弱小、群居。据统计，仅北京一地就有至少 10 万“蚁族”。上海、广州、西安、重庆等各大城市都有大量“蚁族”，在全国有上百万的规模。

与往年大学生千军万马挤向大城市的现象不同，近来大学生就业出现了一股“回流”潮，中小城市受到了大学生的青睐。

不同的统计资料都表明，京、沪、穗、深曾一度是大学生就业的首选之地，大连、厦门等二线沿海发达城市次之。如今，在大城市生活持续增长的各种压力却使“事情正在起变化”：一部分大学生开始理性地反思这种“惟大城市是从”的就业观念，并且反其道而行之——回流中小城市。

**3. 政　策**

2009 年高校毕业生就业服务周在全国启动。随着中国国家人才网网络招聘会主会场的开启，由人力资源和社会保障部主办的“2009 年秋季全国人力资源市场高校毕业生就业服务周”在全国各地同时启动。

在教育部例行新闻发布会上，教育部学生司副司长张浩明表示，因为大学毕业生入伍是按照城镇人员来对待的，国家民政部对城镇人员退伍以后的政策即由当地政府接收安置，北京市规定得更清楚，“由当地政府安排工作”。

**4. 专家提醒**

大学生创业“冷”变“热”警惕步入误区。随着大学生就业难问题的日益尖锐，大学生创业由“冷”变“热”。同济大学中国科技管理研究院副院长尤建新在接受中新网记者采访时表示，大学“创业热”本身是一件新事好事，但也存在着误区。这些误区可能会以积极的姿态“捧杀”大学生创业者，必须引起警惕。

追潮流没有错，但要注意自己是否有优势。如果确实具有这方面优势，即使竞争激烈也要去争取。如果没有优势，就要保持冷静。求职前要和业内人士聊，了解这个行业发展情况和前景，重要的是知道自己喜欢做什么，擅长做什么。毕业 3～5 年内，薪酬不是第一考虑因素，前途最重要。

一旦追风，追到后不能因为后悔而很快辞职。建议大学生先工作一段时间看，有可能开始不喜欢某个工作，然后就产生兴趣了。或者可以在企业内寻找内部机会，考虑在这个行业里内部转岗。同时在工作中还要不停地学习新的专业知识，提升工作技能，以符合企业要求。

应正确分析社会对该专业的人才需求，不要被热门的假象所迷惑，导致就业定位发生偏差；在“热门”专业的就业竞争中，个性与特色十分重要，因此要在择业准备中突出个性和针对性；“热门”专业学生也可准备跨专业就业，一般而言，当下的“热门”专业主要是指工作环境不错但竞争也很激烈的专业，一些热门专业学生不愿意放弃“热门”，这也导致了他们的就业难。

## 三、促进大学生就业的相关措施

针对就业工作可能出现的困难和问题，各地的相关部门正通过多渠道、多种形式开辟途径，帮助高校毕业生充分就业，其中教育部、人事部等5部委共同宣布了5项措施促进大学生就业：

- 鼓励毕业生面向基层就业，通过助学贷款代偿，考研究生、考公务员加分，生活费补贴等手段鼓励毕业生去基层工作。继续组织实施"大学生志愿服务西部计划"、"三支一扶计划"、"农村教师特设岗位计划"等国家和地方项目。鼓励有条件的城市启动高校毕业生服务社区项目，街道、社区聘用劳动保障协理员，积极吸纳高校毕业生，扶持毕业生自主创业和灵活就业。做好对家庭经济困难并就业困难毕业生和灾区毕业生就业援助。

- 完善对高校毕业生的社会保障体系。教育部部长说："对高校毕业生以灵活方式就业，到基层就业的，要在户籍管理、劳动关系形式、社会保险缴纳和保险关系接续等方面提供保障，认真做好未就业毕业生的失业登记工作，为他们提供职业介绍、培训等系列服务。"

- 要求所有高校都必须成立专门的就业指导服务机构，同时要将就业指导课列入必选课。大力推进高校就业指导课程和队伍建设。将高校毕业生创业培训工作纳入创业培训总体规划，开展适合高校毕业生的创业实训，推动高校毕业生创业培训基地建设。

- 完善就业工作评估体系，从明年起，在教学评估中突出对就业状况的考察。在各省（区、市）的部分高校建立高校毕业生就业统计监测系统，进一步强化就业状况对教学环节的反馈和导向作用。

- 完善实践教学体系，高职院校80%的学生毕业时要获得双证书，也就是毕业证书和职业资格证书。

最后，由教育部、人事部、劳动和社会保障部、发改委、国资委5个部门发起并在北京联合启动了全国高校毕业生就业网络联盟，希望通过整合岗位信息和毕业生资源信息的方式，促进大学生就业。

## 思考题

1. 什么是职业？职业的构成要素是什么？
2. 当今热门职业有哪些？
3. 什么是就业准入制度和职业资格证书制度？
4. 促进大学生就业环境的措施有哪些？

# 3 第三章　大学生就业目标和就业途径

## 本章概述

孟子曰："术不可不慎也。"也就是说，一个人选择谋生职业不可以不谨慎。这句话至今对于我们也非常适用。随着我国高等教育由精英型向大众化的转变，越来越多的人获得了接受高等教育的机会，大学毕业生与社会需求之间的供求关系发生了变化，就业形势越来越严峻。对此，高校要加强大学生就业指导工作，引导大学生确立务实而合理的择业观念和就业目标，使其尽快完成从在校生到社会人的角色转换。

## 内容点击

- 环境认知
- 大学毕业生择业观
- 就业目标的选择和就业途径
- 公务员制度

## 案例导读

河南某高校2004届国贸专业毕业生焦芳丽，于2005年初南下深圳就业实习，10天内便找到了工作。在人才招聘会上，她到河南某集团深圳办事处去应聘，展台前挤满了几十名应、往届毕业生。在她之前，两名应届毕业生都被公司以"我们不要应届毕业生"的理由拒绝。当时公司招聘工作人员看她在那里静心等了半个多小时，就随意问了她几句，要她用英语自我介绍一下。由于准备充分，她一口气说了十几分钟，问三个贸易术语，她说了十三个，这给公司工作人员留下了很深的印象，就通知她第二天到公司去面试。在公司面试时，公司主管让她讲讲贸易流程，由于她专业基本功扎实，又参加当年研究生考试，使她对相关专业知识的理解很透彻，她很简明扼要地做了回答。就这样她被公司接收，由于善于学习，短短三个月时间，她就成为公司和外商接洽的业务骨干。

**思考：**在招聘会上，焦芳丽作为应届毕业生之所以能脱颖而出，其原因有哪些？

## 第一节　环境认知

每个人都处在一定的社会环境与组织环境之中，因此，在设计个人职业计划时，应分析环境发展的变化情况、环境条件的特点、个人与环境的关系（包括自己在此环境中的地位、环境对自己提出的要求以及环境对自己有利的条件与不利的条件）等。只有充分了解和认识这些环境，才能做到在复杂多变的环境中趋利避害，制订切实可行、有实际意义的职业计划。

### 一、社会与文化环境认知

**1. 政治环境**

政治和经济是相互影响的，政治不仅影响到一国的经济体制，而且影响着企业的组织体制，从而直接影响到个人的职业发展；政治制度和氛围还会潜移默化地影响个人的追求，从而对职业生涯产生影响。

政治环境包括政局的稳定性、发生战争的可能性、非经济政策变化趋势（户口政策、住房政策）、法律体系的发展方向。影响职业的政治因素包括教育制度、政治体制、经济管理体制、人才流动的政策等。现代教育体制改革使更多的年轻人有机会接受高等教育，高学历人才迅速增多，高素质人才的竞争更为激烈。

**2. 法律环境**

法律因素是指中央和地方的有关法规和有关规定，如政府有关人员招聘、工时制、最低工资的强制性规定，现行的户籍制度、住房制度、人事制度和社会保障制度，这些因素都会对职业的选择和发展产生重要影响。从我国的实情来看，法律环境对高级人才的限制比较少，而对低层次的劳动力的限制比较多，尤其在现在下岗工人比较多的情况下，许多地方出台一些政策对低层次劳动力的流入进行限制。此外，《中华人民共和国劳动法》（简称《劳动法》）、《中华人民共和国妇女儿童权益保护法》（简称《妇女儿童权益保护法》）、《中华人民共和国工会法》（简称《工会法》）等对组织对员工的职业管理过程也有一定的影响。

**3. 经济环境**

经济环境是影响职业选择和发展的重要因素。具体来说，经济环境方面的因素主要有：

（1）经济形势因素

经济形势的变化对职业的影响是最为明显且复杂的。经济处于萧条时期，企业的效益降低，对人力资源的需求减少，因而职业选择和职业发展的机会减少；经济处于高速发展时期，企业处于扩张阶段，对人力资源需求量增加，职业选择和职业发展的机会增多。

（2）劳动力市场供求状况因素

劳动力市场的供求状况对职业选择和职业发展产生重要影响。如某类职业的人力资源供不应求，则职业选择和职业发展的机会增多；相反，某类人才供过于求，职业选择和职业发展的机会则减少。我国普遍的情况是高级管理人才和高级技术人才不足，而没有技能和只有一点初级技能的劳动力供给相对充裕。

(3)人们的收入水平因素

社会对人力资源的需求是一种派生的需求，当人们的收入水平提高时，对商品消费的需求会增加，企业扩大生产，从而增加对人力资源的需求，职业选择和职业发展的机会增多；相反，职业选择和职业发展的机会减少。

(4)经济发展水平因素

在经济发展水平高的地区，企业相对集中，优秀企业比较多，个人职业选择机会就比较多，因而就有利于个人职业发展；反之，在经济落后地区，个人职业发展会受到限制。

**4. 社会环境**

社会环境包括社会变迁、就业观念的转变、社会价值观，它们无疑都在个人职业选择时打上深深的烙印。不同的社会环境给予个人的职业信息是不同的。在当今的社会环境中知识经济对我国已产生了巨大的影响。

知识经济从内涵来看是经济增长直接依赖于知识和信息的生产、传播和使用，它以高技术产业为第一产业支柱，以智力资源为首要依托，是可持续发展的经济。按照世界经济合作及发展组织的说法，知识经济就是以现代科学技术为核心的，建立在知识和信息的生产、存储、使用和消费之上的经济。知识经济正在给中国的经济发展与社会发展注入更大的活力和带来更好的机遇。大力发展知识经济有利于优化经济结构，合理利用资源，保护生态环境，促进协调发展，提高人口素质，彻底消除贫困等。

知识经济的兴起，使知识上升到社会经济发展的基础地位。知识成了最重要的资源，"智能资本"成了最重要的资本，在知识基础上形成的科技实力成了最重要的竞争力。国家的富强、民族的兴旺、企业的发达和个人的发展，无不依赖于对知识的掌握和创造性的开拓与应用，而知识的生产、学习、创新，则成为人类最重要的活动，以高科技信息为主体的知识经济体系的迅速扩展令世人瞩目。

在知识经济兴起的同时，计算机的逐步普及，把信息对整个社会的影响逐步提高到一种绝对重要的地位。信息量、信息传播的速度、信息处理的速度以及应用信息的程度等都以几何级数的方式在增长，人类进入了信息时代。

随着知识经济的深入，使得我国大学毕业生和硕士研究生作为人力资源中最具有活力并掌握现代科学文化知识的群体，拥有了广泛地施展才华的空间。

**5. 社会文化环境**

社会文化环境包括教育条件和水平、社会文化设施等。在良好的社会文化环境中，个人能受到良好的教育和熏陶，从而为职业发展打下更好的基础。社会文化是影响人们行为、欲望的基本因素。

我国从 20 世纪 80 年代开始的教育改革主要是与经济体制、科技体制乃至政治体制的改革相互配套，启动了义务教育的普及，90 年代是以全面推进义务教育的普及和职业教育的发展为标准，90 年代后期有大幅度的高等教育的扩招。全国教育事业发展统计公报显示，2007 年，我国高等教育发展加快，全国共有普通高等学校和成人高等学校 2 321 所。高等教育招生数和在校生规模持续增加。2007 年全国各类高等教育总规模超过 2700 万人，高等教育入学率达到 23%。全国招收研究生 41.86 万人，比上年增加 2.07 万人，增长5.20%，其中博士生5.80万人、硕士生36.06万人。在学研究生119.50万人，比上年增加9.03万人，增长8.17%，其中博士生22.25万人、硕士生97.25万人。毕业研究生31.18万人，比上年增加5.59万人，增长21.84%，其中博士生4.14万人、硕士生27.04万人。普通高等教育本专科共招生565.92万人，比上年增加19.87万人；在校生1 884.90万人，比上年增加146.06万人，增长8.4%；毕业生447.79万人，比上年增加70.32万人，增长18.63%。普通高等学校（不含独立学院和分校点）本科、高职（专科）全日制在校生平均规模由上年的8 148人提高到8 571人。普通高等学校教职工197.45万人，比上年增加10.19万人，其中专任教师116.83万人，比上年增加9.23万人。生师比为17.28：1。社会教育水平逐年增高，加大了就业的竞争性。

**6. 技术环境**

技术环境包括产业结构的调整、高新技术的影响、现代化技术与管理的发展等。科学技术对职业发展的影响是全面的，具体表现为以下两方面：

（1）自动化冲击因素

工业自动化的普及与提高对工业科学化、技术化的发展起到了促进作用，给就业市场也带来了一定的影响。一方面，自动化增加了新的工作岗位；另一方面，自动化又淘汰了一些旧的工作岗位。从长远看，自动化程度的提高，有利于就业岗位供给的增加，但在短期内，有可能出现由自动化带来新增工作岗位的数目小于被淘汰的旧的工作岗位的数目的现象。自动化程度的提高既为大家带来机遇，同时也使就业竞争加剧，带来危机。

（2）产业结构调整冲击因素

我们处在一个科学技术迅猛发展的世界里，产业结构也在不断地调整，从劳动密集型转化到资本密集型，再转化到知识密集型，对我们提出新的挑战。这要求我们根据环境的变化不断地更新自己的知识结构，顺应产业结构的调整和社会的发展。如果不及时地学习新的技能，就会落后于社会的发展，表现为难以胜任工作，导致自己的人生事业失败。产业结构的调整给我们带来危机感，但同时也为我们提供更多的机遇，尤其对创新型人才来说，他们的发展空间更大了。

## 二、组织环境认知

当前职业生涯理论已经发展为整合的职业生涯理论，其中，人—组织匹配理论强调需要的满足。人—组织匹配是指当至少其中一方提供另一方所需的时候，在人和组织之间的一种适应性、一致性，它关系到个体如何与组织的价值、目标和使命相匹配，特别是当组织或工作情境满足个体需要、价值、要求或偏好时发生的匹配。

有关人—组织匹配的研究指出，如果组织的文化、气氛、价值观、目标、规范等基本特征与个人的人格、价值观、目标态度等基本特征有相似之处时，就实现了辅助匹配。研究学者们认为，个体会选择与其目标相似或能助其达到个人目标的组织；反过来，组织也会选择与其目标相似的个体。实证研究发现，组织和个人在价值观上的匹配，以及组织和个人目标的匹配都会对个体的工作态度产生积极的影响。

**1. 组织环境变化趋势和对职业发展的启示**

20世纪80年代末期，随着信息技术的发展与知识经济的来临，组织形式发生了急剧的变化，形成了未来组织的雏形，不少管理学家对此进行了广泛的研究。一般认为，未来组织变迁和发展将呈现出信息化、全球化、分散化、虚拟化、扁平化、小型化和多元化等趋势,由此也将对员工的职业发展产生重要影响。同时,除了上述组织自身发展变化的因素外,还有许多社会经济因素如人口老龄化、夫妻都工作的双收入家庭模式、社会和市场的专业化、家庭业务的扩展、经济全球化与世界性竞争、信息技术的发展等也将对员工职业发展产生重要影响。

(1)组织的全球化使职业发展打破了国别的限制

全球化又称国际化,是指未来组织的经营活动往往不局限于一国,而在全球范围内进行。全球化是未来组织发展的重要趋势,国内经济将和世界经济接轨,经济全球化成为组织全球化的重要推动力。

**职业发展启示:**随着经济的全球化不断加剧,在国内知名企业谋求一个长期职位是一个不错的选择,但随着各国间障碍逐步消除,到国外工作的人将会越来越多。不过,在做出此类选择时,也要适当考虑自身的外语水平和文化的适应性。

(2)组织的信息化使职业发展的机会增多

工业社会正在逐渐向信息社会转变,信息技术的发展、信息传递方式的便捷化,使信息将成为最有价值的商品。

**职业发展启示:**在那些已发展成熟的产业寻找工作远不如在新兴的信息产业有利。从不同产业提供的工作比例来看,在发达国家整体经济中制造业所占份额在急剧下降,信息产业提供的就业机会在不断增加。目前,许多传统产业和部门正遭遇缩减规模的危险,而专门从事提供信息、解释信息的企业组织却大规模出现,并在世界范围内呈现出相同的趋势。

(3)组织的分散化与虚拟化为高科技人才创造了职业发展的双轨制

以前组织是集中工作,每个员工都需签到,而未来组织的概念则是分散的甚至是虚拟的,员工可以在家里或远离总部的办公室工作,并只需偶尔向总部汇报。未来组织内的多部门、多群体之间的边界是"可渗透的"或"半渗透的",而不是封闭的。

**职业发展启示:**虚拟组织不同于传统的实体组织,成员不再依赖于一个看得见摸得着的办公场所而运作,而是就职于自己的家里或一个独立的办公室,主要依赖于现代通信与信息技术实现远程的沟通与协调,形成一个虚拟的空间组织。因此,组织在制定职业生涯规划时必须考虑这种趋势并重视这一领域。这种工作需要员工自发向上、能主动工作和有较强的自律能力,能在独立的环境中高效地工作显得更加重要,因而提供在家工作技巧、开展电脑与网络知识培训等会变得越来越受欢迎。同时,团队将取代个人或团体而成为组织活动的基本职能单位,掌握团队学习和沟通的技巧,也变得十分重要。

(4)组织的小型化与多元化使员工的职业发展内容更丰富

组织小型化是指对规模较大的组织来说,采取灵活的方法发展其内部的中小型部门,即把大组织分成几个小的相对独立的部门或单位,或设置临时性项目机构,以满足组织、员工、客户和其他重要的利益相关者的各种需要。多元化是指未来组织的员工、沟通途径、职业轨道、激励系统、价值观等各方面都呈现一种多样性的状态,并对组织的运作产生重要影响。

**职业发展启示:**现代社会瞬息万变,在这样的社会中工作则需要考虑每个决策的方方面面。小型化和多元化是对高素质员工的一种挑战，因此，想要接受技能培训的大有人在，技能培训对职业生涯发展的影响越来越重要。虽然一些公司在考虑长期战略，但将来的平均就业率会下降，员工流动频率提高，究其原因：一是由于没有升迁的机会，员工当然会跳槽；二是公司也重视人员的流动，以提高其效率。由于晋升机会的减少，职业途径、激励系统的多元化势在必行。员工再也不会把晋升看做是自己惟一的出路，他们会选择自己喜欢的工种，选择自己喜欢的公司，或者更多的员工会自己开公司。当一个人找到新的工作和接受新的任命时，他就必须更新职业生涯规划并开展一系列新的活动来确保职业发展成功。

(5)组织的扁平化使员工职业发展的路径多样化

扁平化是指减少组织的中间管理层次，增加管理幅度，通过权力下放和分散经营，使组织从等级制度转向网络工作，金字塔结构逐渐被更广、更平坦的组织形式所取代。扁平化使过去强调个人权、责、利分明的直线式管理组织逐渐向相互交织的网络状组织发展。

**职业发展启示：**由于市场环境的变化越来越快，组织需要迅速做出反应，中间管理层次将趋于减少，组织将授予较低层次的员工决策权和解决问题的权力，以提高竞争力。同时，由于信息技术的快速发展，办公室自动化日益普及，管理者与员工之间的沟通越来越方便，这样就使原来用于维持企业正常运作必需的中层管理者成为多余。因此，在制订职业计划的时候，如只考虑到企业中职位的高低将会遭遇挫折和失望，必须考虑工作内容的改进和扩展、工作方法和观念的更新等职业发展的新形式。

(6)组织业务战略与员工职业发展之间的关系日益密切

越来越多的组织认识到，员工的职业发展是企业效益的核心。技术优势的差距正在缩短，企业之间的差别和竞争优势在于其员工的技能、敬业精神和才能。因此，组织正在把全面的战略规划与员工个人职业发展需要结合在一起。

**职业发展启示：**将职业发展规划与组织业务战略规划融为一体。让管理人员和员工参加到对业务发展方向的分析过程中来，通过明确组织的业务需求，来驱动员工的职业发展，并对他们的发展需求与战略的意义进行评估。

(7)注重工作与生活之间的平衡使员工的职业发展更具有灵活性

员工对组织的忠诚度还涉及员工工作之外的其他生活上。随着生活水平和社会保障水平的提高，员工越来越关注自己的业余生活水平，关注其工作与家庭、社会、信仰等活动的平衡。

**职业发展启示：**组织应根据员工的需要和觉悟性，采取诸如弹性工作制和灵活的人力资源政策，以满足员工生活重点的变化。就环境变动而言，组织应有远见并针对出现的上述这些情况做出规划。现在非常热门的职业在不久的将来则可能不复存在，而这类组织则应更加需要职业发展规划来帮助员工在组织里寻找更加适合的工作或规划转换其他类型的工作。那种守旧的官僚统治型组织最终将走向灭亡，新兴的富有朝气的组织将蓬勃发展。“无纸社会”指日可待，组织也必须意识到电子社会将不存在国界，如何从全球的角度开展组织的职业发展计划也变得越来越重要。

(8)企业与员工之间的心理关系变化使员工的职业发展更具有开放性

企业重组和核心团队的建立,已成为个人与其组织之间不言自明的规则和期待。原有的游戏规则是,员工通过努力工作和忠诚,换回薪水和隐含的对未来若干年中工作保障的承诺。然而,未来的企业很少能够做出这样的承诺,新的报酬手段是企业向在职期间的员工提供成长和职业发展的机会,并充分调动员工对企业的职业化忠诚。

**职业发展启示:**组织提供各种工具和方法,让职业发展系统更具开放性,以适应多样化员工构成的需要。同时,通过重视工作内容的丰富性,不断发现和开发可转移能力,以保持员工工作的挑战性。

**2. 组织因素分析**

个人所在的组织环境对个人职业发展有着重要的影响,当组织环境适宜于个人发展时,个人职业更容易取得成功。但组织环境同社会环境一样,也在不断地变化,这些变化同样对职业提出了不同的要求。因此,在制订职业生涯规划时,个人所在的组织环境也应是考虑的重要因素。从组织内部环境看,影响职业发展的因素也是多方面的,主要包括组织状况、人力资源管理现状、管理人员的支持和组织文化等。

(1)组织状况对职业发展的影响

组织状况包括组织规模、组织结构、组织特征和组织战略目标等因素,以及经营方向的变化。

①组织规模因素

组织规模即组织的大小。所谓组织规模,是指一个组织所拥有的人员数量以及这些人员之间相互作用的关系。人员的数量在某种意义上对组织结构的影响是决定性的。组织规模影响着组织的结构,在组织发展的不同阶段,组织规模的影响又有所不同。

大规模的组织对于参与全球竞争的企业来说是必要的,因为全球竞争需要大量的资源和规模经济所带来的效益。大规模的公司组织是复杂的、标准化的,因此能够完成复杂的工作和生产复杂的产品。但是,大规模的组织往往带来官僚制,从而造成企业效率的下降。小规模的组织具有较好的灵活性,能够迅速地对环境做出反应。因此,尽管近年来由行业合并产生了不少超巨型的公司,但组织的平均规模正在缩小,小型化的公司具有扁平化的、有机的、自由流动性的管理方式,以鼓励创新。

组织规模不同的企业,其对职业管理的程度也不相同。一般来说,组织规模越大,越有利于组织对员工进行职业管理,个人职业选择和发展的机会就越多。

②组织结构因素

组织结构直接决定组织所属岗位的分布情况,并反映了组织运行时的状态。如果组织结构制定合理,那么组织促进职业管理的力度就越强。

③组织特征因素

组织特征不同的企业对人力资源有不同的要求,如企业的行业属性、产品的组合结构、生产的自动化程度、产品销售方式等,决定了所在企业员工的发展空间。如对于传统性产业部门的企业,生产技术和生产手段都接近规范化和程序化,对员工的要求主要是能熟练掌握生产技术,这类企业对创新型的高科技人才的发展不利。而一些从事新产品开发的高科技企业,需要技术创新的开发人员,创新型人才的发展空间比较大,职业也易取得发展。同样,劳动密集型企业、资本密集型企业和知识密集型企业对员工都有不同的要求。劳动密集型企业强调员工的体能,资本密集型企业强调员工的技术,知识密集型企业强调员工的科研开发能力。个人在制定职业生涯规划时,应考虑这些因素对自己职业生涯发展的影响。

④组织战略目标因素

分析组织目标与发展战略有助于确定员工的贡献区域,确定其在组织发展中肩负什么职责,发现个人在企业中的发展机会。评估重点是企业的中长期目标和发展战略。

组织目标是完成使命和组织宗旨的载体,是组织争取达到的一种未来状态,是开展各项活动的依据和动力。每一个社会组织都有自己预期的目的或结果,它代表着一个组织的方向和未来。对组织来说,宗旨是共同目标;对组织成员来说,共同目标是组织需要到达的目的地。

组织目标与成员个人目标(个人利益)是否协调一致以及一致程度直接影响着组织目标能否实现以及实现目标的效率。每个组织目标的制定都要考虑个人目标的影响。组织目标有可能与个人目标不相一致,也就是社会利益与个人利益相冲突的情况。因此,组织制定目标的过程也就是协调社会、组织和个人三方利益的过程,以求得三方目标最大限度的一致性的过程。如企业的发展目标定为进军新的产品行业,那么企业对新行业的人才需求增加,适应新行业要求的员工容易在职业上取得较好的发展。企业生产规模扩大、产品结构调整或升级、采用新生产工艺等,会导致人力资源层次、结构及数量的调整,会为某类员工的发展提供机会,同样会使某类员工失去发展机会。因此,在制定职业生涯规划时应考虑所在组织的发展目标,把个人的发展与所在组织的发展结合起来。

⑤经营方向的变化

经营方向发生变化时,企业的规模不一定改变,因此,对人力资源数量上的需求不一定变化,但人力资源的结构却要随之改变。这是因为不同的经营领域需要具有不同技能的人员。

(2)人力资源管理现状对职业发展的影响

企业的人力资源管理现状包括人力资源规则、供给与需求的预测、招聘方式、晋升管理、工资报酬、福利措施、员工关系、发展政策等因素。

①人力资源规则因素

现在,大型的比较正规的企业一般都制定人力资源规划。通过人力资源规划,可预测组织未来的人力资源需求总量和人力资源供给总量,从而确定组织未来的人力资源净需求量,这包括企业未来需要什么类型的人才和各种类型人才需要多少。如果员工知道企业的人力资源规划,知道企业未来对人力资源的需求,就会知道自己职业发展是否有机会和有什么样的机会,进而把企业的人力资源需求与自己的职业发展目标结合起来,制订比较恰当的职业发展计划。

②人力资源政策运用因素

员工的职业发展,归根到底,要靠人力资源管理政策来保障,包括合理的培训制度、晋升制度、考核制度、奖惩制度等。企业价值观、企业经营哲学也只有渗透到制度中,才能得到切实的贯彻执行。没有制度或者制度制定得不合理、执行不到位,员工的职业发展就难以实现。

③人力资源结构因素

企业自身的人力资源结构对个人职业的发展有重要的影响。例如,企业年老的管理人员比较多,这意味着员工晋升的可能性比较大,发展的机会比较多。

影响人力资源需求的因素除上述因素之外,还包括技术与管理的变化:企业引进新的生产技术或管理技巧,一方面会因为劳动生产率的提高而使企业所需要的人员数量减少,另一方面会增加对管理人员和技术人员在数量和质量上的需求;人员流动比率:人员流动比率是指由于辞职、解聘或合同期满后终止合同等原因引起的职位空缺规模。人员流动比率的大小会直接影响企业对人力资源的需求。

(3)管理人员的态度对职业发展的影响

一个企业的文化和管理风格与其领导者的素质和价值观有直接的关系,企业经营哲学往往就是企业家的经营哲学。企业的高层管理人员发生变化,一方面会使企业的经营目标发生改变,从而影响到企业的人力资源规划;另一方面,不同的高层管理人员对人力资源管理所持的观念和态度不同,会直接影响他们对企业人力资源管理活动的支持程度,进而影响他们对人力资源规划的重视程度。如果企业领导者不重视员工的职业发展,那么员工在这个企业内的职业发展就很可能受挫。反之,如果企业的高层管理者能够充分认识到人力资源管理在企业发展中的重要作用,并且能够认识到人力资源规划对开展人力资源管理工作的重要性,关心员工的生活,注重与员工的情感沟通,及时帮助员工分析职业发展过程中所遇到的困惑,那么,人力资源规划的制定工作就能够顺利地进行,而且制定出的人力资源规划也一定能很好地促进企业经营战略的制定和实施。

(4)企业文化对职业发展的影响

企业文化是影响企业经营效益的重要因素,也决定了一个企业如何看待其员工,所以,员工的职业生涯很大程度上是被企业文化所左右的。一个主张员工参与管理的企业显然比一个独裁的企业能为员工提供更多的发展机会。渴望发展、追求挑战的员工也很难在论资排辈的企业中受到重用。如果员工个人的价值观与企业文化有冲突,难以适应企业文化,这就决定了他在企业中难以发展。所以,企业文化是个人在制定职业生涯规划时应当考虑的因素。尽量避免与组织的文化冲突,是员工在职业发展过程中应遵循的原则。

企业文化,或称组织文化,是一个组织由其价值观、信念、仪式、符号、处事方式等组成的特有的文化形象。它是企业在生产经营实践中逐步形成的,为全体员工所认同并遵守的,带有本组织特点的使命、愿景、宗旨、精神、价值观和经营理念,以及这些理念在生产经营实践、管理制度、员工行为方式和企业对外形象的体现的总和。

**知识库**

**企业文化的类型**

扫码阅读

## 第二节　大学毕业生择业观

择业观是职业价值观的重要组成部分，是个体进行职业选择的指导思想及求职过程中支配其行为的价值取向、观点、态度和思维方法。择业观是一定历史条件下的产物，是随着社会经济的发展而变化的。对于大学毕业生而言，择业观带有强烈的时代气息，与毕业生的自身利益和日常生活最为密切。

### ☞ 一、大学生择业观概述

认识是行动的先导，大学生的择业观念在很大程度上会影响自己的就业，甚至影响今后事业的成败得失。正确的择业观有助于对择业原则的准确把握，有助于就业目标的客观选择。

如果择业观念不转变，大学生就业难的问题将很难有根本性的改善。因此，摒弃传统的就业观念，树立符合市场经济的择业观非常重要。

#### 1. 大学生择业观的定义

所谓择业，就是择业者根据自己的职业理想和能力，从社会的各种职业中选择其中的一种作为自己从事的职业的过程。任何已具备劳动能力的人，都要进入社会职业领域选择特定的职业。在职业选择过程中，择业者不仅要考虑到个人的需要、兴趣、能力等因素，还要考虑社会发展的需要。

择业观是择业主体对选择某种社会职业的认识、评价、态度、方法和心理倾向等，它既是择业者职业理想的直接体现，也是择业者世界观、人生观、价值观的最直接表达。择业观属于择业过程的心理层面，社会的需要程度、职位的地位、经济收入、地理环境、单位性质、工作条件等都是择业者选择职业时要考虑的因素。

大学生择业观是在校大学生在读书学习和社会实践过程中所形成的，对如何选择职业这一实践活动的较稳定的认识、态度和基本指导思想。对大学生择业观这一概念的表述主要包含以下几点：

大学生择业观的主体是在校大学生，包括全日制在校本专科学生，不包括成人、自考等社会大学生，也不包括硕士学位以上的研究生。在校大学生，不仅指毕业班的学生，还包括所有非毕业班的大学生。

大学生择业观的形成是一个长期、复杂的过程，是大学生在读书学习、社会实践、接受教育等活动中逐渐形成并逐渐成熟起来的。

大学生择业观的内涵包括择业理想、择业动机、择业标准、择业意义等稳定的根本看法和态度。

大学生择业观要对大学生择业起到“指导思想”的作用。

#### 2. 大学生择业观的内容

大学生择业观的主要内容包括择业理想目标、择业心理动机、择业认识状况、择业价值取向、择业实现途径等几个方面。在这几个方面中，择业动机是择业观的基础和核心部分，其他方面都取决于择业动机。由于每一个大学生的择业动机不同，所以就会有大相径庭的择业理想目标,从而产生不同的择业认知,不同的择业认知对自我选择就业方式也会有不同的评价,最后就会形成截然相反的择业途径。择业观就是以择业动机为核心,与其他四个要素相互作用、相互影响形成的一个有机整体,它们共同对大学生的择业行为产生指导作用。

(1)择业理想目标

择业理想目标是大学生在一定的世界观、价值观的指导下,对自己将来所要选择的职业作出的想象和设计,是大学生面对纷繁复杂的社会职业而为自己设定的理想的奋斗目标。不同职业,其地域、性质、知名度、经济地位、社会地位、工作安定程度、劳动强度、工作环境、接受教育的机会、与自己特长的关系、提供社会化服务的多少等存在着很大差别,每一个择业的大学生都会在权衡各种条件(包括社会需要、个人追求、个人素质、工作条件和收入待遇等)的基础上,形成明确的择业理想目标。

(2)择业心理动机

大学生的择业总是从一定的动机出发,并指向一定的目的。择业动机是驱使大学生进行职业选择的内在动力。动机是由需要决定的,当某种事物能满足人的利益和需要时,对人来说就是有意义的,否则就没有任何意义。可见,大学生择业的目的、意义、观念都是奠定在大学生需要的基础上的。择业动机产生于职业需要,由于大学生职业需要包括生活福利动机、事业成就动机、社会地位动机、社会交往动机、安全动机、贡献动机等多方面,所以,大学生的择业心理动机也是复杂多样的。

(3)择业认知状况

择业认知状况是大学生在选择职业的过程中,对自己、对职业、对社会与择业有关事物的认识、了解以及选择职业过程中的推理与决策。一般来讲,大学生的择业认知状况包括以下3个方面:

- 大学生在择业过程中,以科学的认知方法和手段,客观全面地认识自己,尤其是对自己的职业兴趣、气质、性格、择业能力方面,要有清楚的了解、准确的把握和客观的自我评价。
- 大学生对职业的了解,特别是职业的地位、性质和各种职业规范性的理解,要对职业做出客观公正评价。
- 大学生要克服年龄和阅历的局限,对社会进行全面了解和实际体验,对社会的复杂情况和影响择业的社会因素,如就业形势、就业环境、就业政策要有充分认识。大学生的择业认知对选择职业有着重要的影响,不同的择业认知会产生不同的择业观。

(4)择业价值取向

价值取向是主体对价值追求、评价和选择的一种倾向性态度,也就是以什么态度对待社会价值和自我价值,并做出选择和追求。大学生的择业价值取向包括价值目标、地域选择、行业选择、岗位选择和工作条件选择等因素。

(5)择业实现途径

当职业目标确定以后,怎样达到这一目标就成为大学生择业者最现实和最关心的问题。

随着求职途径和手段的多样化,大学生的求职态度也发生着相应的变化:有的充分发挥自身的有利因素，积极主动地推荐自己，有的则畏首畏尾，盲目被动；有的以诚实的态度对待用人单位，客观地介绍自己，有的则自吹自擂，拼命往脸上贴金；有的结合自身实力，以正当的途径达到理想的彼岸，有的则拉关系走后门，搞不正之风。大学生不同的择业途径也反映出各种不同的择业观。

## 二、大学生择业观的现状分析

择业观是职业价值观的重要组成部分，对大学生的择业行为有着重要的影响。在大学生就业压力有增无减的今天，很多人认为大学生的择业观也是造成其就业难的原因之一。那么，影响大学生择业观的因素有哪些，当代大学生择业观又具有什么样的特点，大学生如何才能树立理性的择业观呢？

### 1. 影响大学生择业观的因素

在社会主义市场经济体制逐步完善、高等教育不断深化改革、大学由精英教育向大众化教育转化的大背景下，影响大学生择业观形成和发展的主要因素有社会环境、职业评价、高等教育改革、毕业生综合素质等几个方面。

(1)社会环境对大学生择业观的影响

社会发展潮流对大学生择业的影响。21 世纪的社会正处在知识经济大崛起，高新技术大开发，世界经济大开放，国际人才大竞争的巨大变革时期。随着全球经济一体化进程的加快，国际经济对地区经济产生着越来越重要的影响，各种生产要素以空前的规模和速度在国际间流动，对人才的需求和竞争也日趋激烈。同时，在世界经济全球化过程中形成的知识经济，对人才的知识结构、知识层次、基本素质和基本技能等均提出了更新更高的要求。作为最符合知识经济要求的大学生群体，从总的情况来看，他们充分认识到了知识结构的多元化和综合能力全面化对择业就业的影响。在大学生的择业理想目标、择业认知状况、择业价值取向和择业实现途径方面，社会发展潮流的作用程度日趋明显。

社会文化变迁对大学生择业观的影响。外来文化与中国传统文化的撞击，是大学生择业价值取向容易错位的动因。随着我国改革开放的全面深入，以个人主义和功利主义为主的西方价值体系也随之而入，使青年学生的民族自豪感随着中国的日益强大而不断增强。但同时由于缺乏深度的理性思考，容易被目前的利益所迷惑，如社会上的所见所闻，同学之间的相互攀比等，更强化了对经济利益的认同和追求，以至于个别大学生追求私利到了极致的程度。

市场经济体制完善过程中所带来的冲突、矛盾、不适应和负面影响，是大学生择业观方向偏失的社会原因。随着市场在资源配置中的基础和主导作用越来越大，市场主体利益逐步分化，利益集团重新组合，尤其是按照国际惯常的表现，当一个国家 GDP 达到 1 000美元水平时，正是各种矛盾、冲突的多发期。大学生面对这些，必然会或多或少的引起价值观念的变化，从而引起择业观念的变化，其择业价值取向多元化、务实化就是择业观变化的集中体现。少数大学生过分讲实惠、崇尚个人发展、淡漠社会需要和社会价值的行为选择取向，也呈现出了扩大化的趋势。

(2)社会职业评价对大学生择业观的影响

职业评价是人们根据自己的价值观，对社会各种职业在好坏、优劣和重要性方面的一种判断，一般包括职业的社会意义轻重、社会地位高低、经济报酬多少、劳动强度大小和技术构成难易等几个方面。职业评价在大学生择业观中占有重要地位，它不仅直接影响到大学生的职业选择和职业流向，而且影响到大学生走上工作岗位后对工作的态度。

事实上，职业并没有高低和贵贱之分，只是社会分工的不同导致了职业具有不同的功能，使得职业之间在劳动强度、智力水平、收入状况、工作条件等方面形成了差别，这种差别造成了人们对职业地位的不同看法和态度。对于在校大学生而言，由于社会和传统职业评价标准的影响，使大学生在择业选项上，较少关注工作的目的，仅仅将工作视为谋生的手段，忽视了职业的社会价值，习惯以个人条件去适应工作需要，忽视了更为积极的人生创造。

(3)自身综合素质对大学生择业观的影响

在激烈的就业竞争中，大学生自身综合素质的强弱成为决定其能否顺利就业的关键因素。这就要求大学生及时转变就业观念，不断提高自身的逻辑思维能力、知识到实践的转化能力、应变能力、创新能力、社会活动能力，以及适应职业、技术变换和更新的能力等。但对于应试痕迹明显的在校大学生来说，把这一系列能力都压缩在短短的几年大学生活里去完成，其难度是显而易见的。虽然说毕业生在市场上的竞争主要是综合素质竞争的观点已成为大学生的共识，但仍有少数大学生不能真正落实在行动上。大量事实证明，综合素质的差异是影响大学生择业观差异的主要因素。

(4)高等教育改革的深化对大学生择业观的影响

随着我国的高等教育由精英型向大众型转化，大学生毕业分配制度也由"包分配"向"双向选择"，再到"自主择业"过渡。随着社会就业形势日趋严峻，高校就业教育与大学生就业能力的矛盾也日渐明显。一方面，大学生在上大学前的教育基本上是"两耳不闻窗外事"，学生专心于学习，应对各种各样的考试，衡量学生优劣的标准是成绩，而最终的学习目标是考上大学。这就使得大多数学生在上大学前，对社会中的"职业"基本上是一无所知。另一方面，高校对于大学生自主择业的形势还没有做好充分的应对，具体表现在以下几点：

● 一些高校在不具备师资、教学条件下盲目扩大招生，结果把一部分含金量低的学生推向社会。这一部分大学生自身文化知识欠缺，更谈不上会有正确、科学的择业观来指导自己择业。

● 有的高校在教育目标和人才培养规格上不规范，学校教育以专业知识为主，学生接触社会机会少，因而造成部分大学生技能单一，知识面窄，动手能力弱，综合素质不高。

● 有的高校对在校大学生择业教育和指导的功能没能有效发挥，在就业教育方面，有的高校侧重于就业服务，把工作重心放在为学生找就业单位，忽视或弱化了就业教育，把就业指导当做一般的课程看待，只在毕业年级有所涉及。

● 部分从事大学生就业指导和教育的工作者，自身就没有树立科学的择业观，从事就业教育的能力低下，虽然他们在对大学生进行择业观的引导教育过程中，急学生所急，想学生所想，但很容易出现偏差和误导。

● 有的高校就业咨询、服务滞后，使大学生在择业过程中出现的问题和各种心理障碍得不到有效地解决和克服。有的大学生担心不能公平竞争；有的孤芳自赏，偏执自傲；

有的缺乏主见，在择业面前无所适从，择业心理误区和心理障碍直接影响大学生的择业观。

**2. 当代大学生择业观的特点**

随着大学生就业的进一步市场化及竞争的日益加剧，大学生的择业观念也发生了很大的变化，主要表现在以下几个方面：

(1)择业思想日趋成熟

大学毕业生在现实社会的影响下，服务社会、适应社会、赢得社会认可的成才观念逐渐清晰，适应现实社会的奋斗目标更加明确，择业观念从“务虚”逐渐过渡到“务实”。随着我国社会主义市场经济体制的不断完善和毕业生就业制度的改革变化，在计划经济体制下靠政府、靠父母、靠学校解决就业问题的观念已逐步让位于自主自强、竞争择业、优胜劣汰、自由流动的人才价值原则，“供需见面、双向选择”的择业模式得到了普遍认同。

(2)择业标准更加务实

当今大学生在择业时更加务实，主要表现为择业动机以自我发展为出发点，择业取向注重经济利益。首先是突出个人才能的发挥，其次是经济利益的实现，在个人和社会两种价值之间寻找最佳结合点成为大学生择业时考虑的首要因素。因此，毕业生在择业时，并不一味追求物质利益，而是更加注重个人才能的发挥与特长的施展，追求自我价值的实现以及长远的人生发展目标。这反映出大学生的择业观逐渐趋向成熟，能用长远的眼光看待自己的工作选择。

(3)择业期望矛盾重重

当今的大学生择业期望呈现出多种矛盾：在就业机制上，既愿意“双向选择、自主择业”，又希望政府能保证就业；在择业意识上，既想主动竞争谋取理想职业，又感觉自己优势不足，缺乏信心，还有的大学生既想积极竞争，又认为社会还未形成平等的竞争机制和环境，担心不能公平竞争；在择业期望上，既想寻求理想岗位，又不得不面对竞争激烈、多数人难以“一步到位”的现实，有些人意识到基层和艰苦行业需要人才，最能锻炼自己，但又怕条件差、吃苦受累还埋没了自己；在专业与职业的关系上，既想发挥专业特长，又有为现实状况所限、随时放弃专业改行的准备；在择业环境中，既反对拉关系、走后门等不正之风，自己又积极找关系、托人情，希望通过关系能找到好一些的用人单位。由于大学生的择业期望呈现多种矛盾，从而表现出极为复杂的择业心态。

**3. 树立理性的择业观**

理性的择业观是大学生适应社会的需要，是个人成才的要素之一，更是实现自我价值的基础。当代大学生要树立理性的择业观，就要明确所肩负的历史使命，树立国家需要第一的理念；树立报效祖国，责无旁贷，从基层做起，在奉献中实现自我价值的观念；树立艰苦奋斗的精神，能够正确处理奉献与索取的关系。只有这样才能把理想和现实结合起来，最终在社会的舞台上有所作为。

(1)树立正确的自我价值观

近年来各项调查资料显示，当代大学生的择业已不再像20世纪五六十年代的大学生那样，完全以祖国需要作为择业的标准，他们更多的是以自我发展、经济利益作为择业的首选因素。诚然，从社会主义市场经济的实际出发，应该正视大学生对自我利益关注的这个事实,但我们应充分认识到,大学生的自我价值和社会价值是有机统一的,孤立地看待个人本位,把他人和社会当做满足一己之私的手段,必然会导致择业观出现偏差和错位。

(2)发扬艰苦奋斗精神,脚踏实地,从小事做起

在择业问题上,大学生希望得到社会声望较高,工作环境优雅,工作时间清闲,经济收入丰厚的职业,这种心情是可以理解的。可换一个角度来看,这种职业在社会上能找得到吗?事实上,社会上的各种职业岗位都是平凡的,投入和回报之间从较长时间看永远是一种对等关系,古往今来的成功者背后都留下了从小事做起的一串串艰辛足迹。有理想、有抱负、有才能的大学生,只有在平凡的职业岗位上,脚踏实地地做好每一件小事,才能真正实现自我的择业理想。

(3)就业风险观

由于市场经济条件下企业的生存与发展充满风险,劳动者的就业观也必然充满着风险。企业破产、单位减员、经济不景气以及新生劳动者对现有劳动者的淘汰等,是现阶段与未来发展中经常会出现的现象,均会导致部分劳动者失去已有的工作岗位。因此,要摒弃一个职业定终身的"铁饭碗"观念,树立起就业风险观。

(4)树立多元化、多形式的择业观

我国还处在社会主义初级阶段,劳动对于绝大多数劳动者而言,还只是谋生的手段。随着我国多种经济成分的发展和人民生活水平的提高,加之国有经济转轨改制,非公有制经济和第三产业已成为我国就业、再就业的主渠道。因此,择业者要摒弃所有制和身份等级思想,树立多元化、多形式的就业观,用自己的辛勤劳动创造财富,提高生活水平。只要是在国家政策和法律允许的范围内,不论是在何种所有制经济体制中,做何种工作(包括自谋职业)都是光荣的。

(5)树立就业竞争观

社会主义市场经济最显著的特点之一是竞争。竞争可以激发人们自立、自强、自主的精神,调动人的内在潜能,增强工作和社会活动的能力。人才市场同样也存在着激烈的竞争。面对就业竞争的现实,毕业生应当摆脱被动依赖、消极等待的状况,敢于竞争,树立"爱拼才会赢"的观念,做好多方面的竞争准备。

● 要树立强烈的竞争意识。全国每年都有上百万的毕业生在一定时间内实现就业,这对每一个毕业生来说都存在着一定的压力。如果没有强烈的竞争意识,不把外在的压力转化为内在的动力,没有主动竞争的思想准备和积极参与应聘的行为,显然是难以顺利就业的。人才市场中供需关系总会存在这样或那样的一些不平衡之处,同一种职业往往有较多的择业者期望获得,择业者要想实现自己的期望目标惟有竞争。

● 要培养雄厚的竞争实力。毕业生要想在就业竞争中获得成功,仅有竞争意识是远远不够的,还必须具备雄厚的竞争实力。竞争实力是综合素质的体现,包括思想品德素质、专业素质、文化素质、身心素质等。竞争实力是在学校生活中逐渐培养和塑造的。在公开、公正、公平的竞争原则下,竞争实力是个人实现择业理想的资本。

● 要坚持正确的竞争原则。就业竞争是现实的,有时也是无情的,但竞争应当遵循符合道德规范的正确原则,不是尔虞我诈、相互诋毁,也不是弄虚作假、瞒天过海。毕业

生在就业竞争面前，要保持自己的人格尊严，诚实守信，凭自身的竞争实力并运用恰当的竞争技巧去赢得用人单位的青睐。

● 要保持良好的竞争心态。有竞争就有风险，参与竞争就难免要受到挫折。对于就业竞争中的毕业生来说，尤其要注意提高遭受挫折后的心理承受能力。把挫折看成是锻炼意志、增强能力的好机会。保持良好的竞争心态，主动摆脱受挫折后的颓丧情绪，要认真分析失败的原因，调整自己的心态和择业目标，鼓足勇气，争取新的机会，绝不能因此而灰心丧气、一蹶不振。

## 第三节　就业目标的选择和就业途径

每个人都只有三天：昨天、今天和明天。今天是因为昨天的选择，今天的选择又决定了明天。一个人所选择的就业目标将会是日后每天所面临的工作内容和自我挑战，由于择业目标的确定受制于众多的主客观原因，所以，大学毕业生面对就业目标的选择时必须在认知自我的基础上，审时度势。

### 一、如何确立就业目标

当今大学生合理的就业目标主要包括就业的主要目标和就业的次要目标两个方面。对于一个特定专业的大学生，在目前的就业形式下，最大的可能是从事与所学专业相关的职业。因此大学生应把能充分运用自己所学专业知识的职业作为自己就业的主要目标，这既符合学校教育的培养目标，又能充分运用自己的专业知识，发挥专业特长。就业的次要目标是由于社会职业结构不断变化，相应地对人才的需求随之变化所决定的。这就要求大学生在学好专业知识的同时，根据自己的兴趣、爱好，利用课余时间，通过自学等途径，学习有关知识，培养能力，决定与自己兴趣、爱好相一致的就业目标。

要确定一个合理的就业目标，就要求大学生合理调整就业期望值，优化自己就业的心理坐标。根据目前社会上的就业形势，大学生应首先确定一个总目标，在总目标不变的前提下，学会适时调整小目标。在就业目标的选择和调整中，应该遵循先就业、再择业、后创业的原则，转变原有就业观念。就业目标的确定应注意以下几个方面：

#### 1. 就业的总目标应该相对稳定

总目标的确定一般是根据自己的专业特长和职业兴趣确定的，不应轻易地改变，总目标的设定要求毕业生拓宽视野，放开眼界，寻找发展空间。就业总目标包括：

● 行业目标。如行政机关、事业单位、国有企业、乡镇企业、三资企业、个体私营企业等。

● 岗位目标。即根据自身特点、专长等确定的目标，如教学、科研、医疗、机电、建筑、勘察、测量、餐饮、养殖、营销、文员、计算机操作、财会、驾驶等岗位目标。

● 地区目标。如大中城市、县、乡、镇等。

● 收入目标。根据自己的学历、能力因素，确定一个既有利于自立自强，又符合实际的收入目标。

#### 2. 选择多个具体目标

就业一举成功的情况是不多见的，因此必须准备好几个目标，一旦第一个目标失利，马上去争取第二、第三个目标。众所周知，一个好猎手如果有多个目标可供选择的话，其收获必然会很大。当人们在进行择业目标的选择时，也应该使自己拥有若干个择业目标，切忌单一，因为目标单一将意味着你的机遇少，而机遇少则意味着你的取胜系数低。所以，大学生在择业时可以参照升学考试录取的办法，将自己所要争取的择业目标排列成第一志愿、第二志愿、第三志愿。这样，在争取某个职业目标产生失误时就可以迅速转移到下一个职业目标上，使自己成功就业的机会更大。与此同时，毕业生要树立“大就业”的观念，到机关、事业单位和国有企业工作是就业，到乡镇企业或个体私营单位也是就业，或者开个铺面，摆个摊子，凭自己的辛勤劳动，获得合法收入，都是就业的形式。在当前多种经济形式并存的条件下，如果毕业生一味追求“铁饭碗”，在其他多种新兴行业岗位面前犹豫、徘徊，就难免要失去良好的发展机会。

**3. 具体目标的选择要拉开档次**

不论是单位层次的选择还是地域的选择都应有区别，非机关、事业单位不去，非大企业不去，势必会使自己陷入被动。大学毕业生应树立起职业流动的观念，打破“一次就业定终身”的传统思想，俗话说：“树挪死，人挪活！”要认识到高度发展的市场经济会使人们的职业选择和职业流动愈加频繁，更加有序，更能适应市场经济的高速发展，其竞争的结果是优胜劣汰。

**4. 择业意愿要分清主次**

在择业过程中，工作地点、单位性质、生活待遇等不可能样样如意，必须分清主次，从能否发挥自己的聪明才智等主要方面出发选择职业。在调整择业目标时，应该根据自己的意愿，综合考虑各种因素，首先满足主要的需求，切不可一味求全，然后根据实际情况进行适时调整，及时做出决断。

**小锦囊**

**就业目标选择的误区**

扫码阅读

## 二、就业途径

改革开放以来，我国经济体制和政治体制都发生了深刻变化，随着毕业生就业制度的改革，毕业生就业的路子越来越多，求职的范围也越来越宽。如何借助各种有效途径去获取最新就业信息的数量与质量，是毕业生能否抓住就业机遇的关键，毕业生只有了解了各种就业途径的特点、地位和利用方式，且高效地加以利用，才能保证择业的顺利成功，毕业生的就业途径主要有以下几种：

**1. 参加人才招聘会**

参加人才招聘会是应届大学毕业生接触社会，收集实习就业信息，成功就业的最主要途径。招聘会根据主办方的不同可简单划分为由地方政府职能部门、人才市场举办的定期或不定期的人才招聘会及高校举办的校园招聘会。

(1)大型人才招聘会

大型人才招聘会一般由地方政府职能部门组织。在北京、上海、深圳、广州等大城市,大型人才招聘会由人才市场常年运作,由于组织得力,用人单位较多,所提供的需求信息和就业机会也比较多,信息量比较大,使毕业生的选择机会也较多。除此之外,对于毕业生来说,一场招聘会可以接触几个到十几个专业对口的需求单位,集中接洽提高了效率,节约了时间和金钱成本,求职者和招聘单位也因接洽方便而可以现场签订协议。

(2)校园人才招聘会

校园应聘是利用在校园举行的招聘会实现的就业,是大学生就业最为方便的途径。根据招聘会的集中程度,可分为校园毕业生就业供需双向选择洽谈会和小型专场招聘会。校园毕业生就业供需双向选择洽谈会一般规模较大,由学校集中邀请相关的用人单位来校直接与毕业生见面,通过双方的直接沟通洽谈与双向选择,实现学生求职择业和用人单位选纳人才的目的;用人单位在高校举办的小型专场招聘会一般由用人单位直接赴高校的院(系)进行(或委托)招聘。

校园毕业生就业供需双向选择洽谈会一般安排在春节前后,或者在毕业生离校前的五六月份举行。招聘会的时间安排一般与应届毕业生的实习与就业相协调,对毕业生比较有利,其主要特点有:

● 针对性强。学校所邀请的用人单位多与本校设置的专业密切相关,用人单位向学校发出用人需求信息,一般也是基于对学校的专业设置、生源情况、教学质量等多方面的了解和掌握,对该校毕业生的招聘有较强的针对性。

● 信息可靠。高校本着为学生负责的态度,对来校招聘的单位的资质一般进行较为严格的审查,且不少单位可能是学校合作伙伴,有业务上的往来,这种审查和关系对于确保信息的真实性和可靠性提供了保证。

● 服务到位。由于这种就业招聘会是由校方牵头举办,在就业形势日益严峻的今天,确保高校毕业生的高就业率成为高校生命线的情况下,高校的服务意识有了很大的增强,可为双方提供到位的服务。

● 成本低廉。由于毕业生不出校门就可接触到大量针对性强的单位,减少了毕业生外出参加招聘会的人力、物力、财力,大大方便了学生求职。

校园小型专场招聘会除规模较小外,其余特点与高校毕业生就业供需双向选择洽谈会相同,并且还有自己的特点。

● 专业对口性强。由于来高校招聘的单位一般都是有备而来,有些单位在招聘会举办之前就来到了学校,基于用人单位对高校的专业设置等有较深的了解,有的与院校还长期保持有联系,另外还有一层考虑就是想提前进行,有优中选优的考虑。

● 形式灵活、举办频繁。高校毕业生就业供需双向选择洽谈会,虽然信息量大,但规模大,成本高,不可能做到经常化。而这种小型招聘会则不受限制,形式和时间安排上也灵活机动,规模上可以几人或几十人,为毕业生提供了多样的选择机会。

● 深度沟通、取舍有据。这种小型招聘会可以做到深度沟通,用人单位可以采取学术讲座或者招聘介绍会等形式,向毕业生介绍单位的基本情况等。从毕业生方面讲,可以从容地与用人单位讨论自己关心的问题，加强双方的沟通，有效地提高了成功率。

**2. 通过网络求职**

网络求职是一种新兴的也是一种日益重要的求职途径，它是借助互联网进行的求职方法。求职者通过互联网获取信息，进而与用人单位联系获得面试和实习就业的机会。网络求职主要依托各级政府人才部门和社会建立的人才网站，不受时间、地域、空间的限制，避免了人群大范围集中和对场地的依赖，为用人单位和求职者提供了“远在天边、近在咫尺”的交流平台。毕业生们除了可以在网上搜集求职信息、发送简历外，还可以建立自己的求职博客、求职网站等。网络求职的选择面广、信息量大、省时省力是受毕业生们青睐的主要原因，其形式主要有以下几种：

- 借助招聘专业网站。目前许多企业借助这种途径，其中不乏知名企业。应届毕业生可通过招聘专业网站发布个人求职信息，也可以搜集企业招聘信息，投递简历，争取面试机会。这种招聘专业网站可分为全国性平台（如 51job、中华英才网等）和地方性平台（如河南人才网、郑州人才网等）。一般而言，全国性网站实力较强，信息量大，平台使用方便，而地区性网站以地区化作为自己主要优势，本地企业前来招聘的较多，吸引众多本地区求职者求职。
- 借助大型网络或行业网站（或论坛）。许多大型综合网站和行业网站也设有招聘频道，如国内关于程序员著名的网站 CSDN，这个网站的人才频道也就是程序员的专业招聘求职平台，通信专业网站 C114. net 里的人才频道也是通信专业人才的专用招聘通道。招聘者和求职者都比较倾向这类专业化平台，企业平时临时决定的招聘在这里往往都取得不错效果，毕竟这里的网站用户是这个行业的关注者。
- 企业网站。一般来说，知名企业的网站建设得都比较好，栏目丰富，而且有独立的招聘专区。在招聘专区中，会常年公布一些岗位需求信息，对岗位职责以及对求职者的要求都描述得比较详尽。因此，求职者如果对知名企业感兴趣，可以经常进入目标公司的网站查询，目前在网上招聘的知名企业有很多，涉及行业也较广。
- 校园 BBS。对于即将毕业的大学生来说，除了招聘网站外，校园 BBS 也可以成为收集招聘信息的一个重要工具。目前大多数高校的 BBS 都设有招聘专区。
- 建立个人主页。大学生在互联网上建立自己的个人主页，充分展示自身特色，吸引用人单位的目光。个人主页应该图文并茂，内容包括自己的求职信、简历、获奖情况、实习报告、日记、个人论坛以及见报文章等。

## 小锦囊

**部分精选求职网址**

中国高校毕业生就业服务信息网：http://www.ncss.org.cn/

中国人力资源市场网：http://www.chrm.gov.cn/

高校毕业生招聘信息搜索系统：http://search.myjob.edu.cn/jobsite.php

中国人才招聘网：http://www.cnzhaopin.com/

应届生求职网：http://www.yingjiesheng.com/

人才招聘求职网——前程无忧:http://www.51job.com/

南方人才网:http://www.job168.com/

南方英才网:http://www.job108.com/

北方人才网:http://www.bojob.cn/

中华英才网:http://www.chinahr.com/index.asp

**3. 通过报纸招聘信息求职**

报纸招聘途径可通过招聘类广告、报纸招聘版、招聘广告位三种方式收集人才需求信息,这是目前求职者使用的强有力手段之一。

我们在阅读报纸时,常常会发现一些用人单位向社会发布的招聘信息,通过报纸招聘不仅传播速度快,而且涉及面广,信息传播也很及时,因此是一个巨大的信息源。特别是各地主管毕业生就业部门创办的杂志或是专题报刊等,都在大学生求职择业的过程中发布大量的用人单位需求信息和招聘信息。此外,各地的人才市场报等也都开辟了人才需求信息及招聘广告栏目。只要经常阅读,必定会从中得到令人感兴趣或有用的信息。需要注意的是,这类信息分布使用面广,竞争性较强,但仍不失为捕捉择业机会的有效渠道。

**4. 职介机构求职**

为了适应毕业生就业制度改革的需要,县级以上各级政府多数都成立了毕业生就业指导机构。这些机构的主要职责就是制定所管辖区的毕业生就业政策,提供毕业生和用人单位各自的供求信息,为毕业生提供各种咨询和服务。他们每年都要通过各种形式为毕业生提供各种可靠的就业信息。

虽然许多大学毕业生在职介机构找到了满意的工作,但也有一些大学毕业生在找工作时急于求成,对有的职介机构认识不到位,而吃尽了苦头。在此提醒那些去职介机构求职的大学毕业生们:在求职时一定要去正规、合法的职业介绍机构。

**5. 用电话、信件求职**

除了以上几种就业途径外,毕业生还可以采取向自己感兴趣的用人单位进行电话咨询、信函询问等方式获取就业信息。这一方式要求毕业生有一种毛遂自荐的意识,能事先对某些单位的需求情况有一定的预测。这样既可节省时间,又能尽快得到确切信息,还可以在得到相关信息后进行实地考察,对单位的地理环境等外部条件有清晰的认识,待决策时参考。这种渠道主动性强、盲目性大、成功率低。但是,偶然的机遇也有成功的可能,在缺乏就业信息的情况下,这也不失为获取就业途径的方法之一。

**6. 通过实习来求职**

社会实践活动是大学生自我开发就业信息的重要途径。在大学期间,大学生可利用节假日多参加社会实践活动,以此来收集就业信息和积累工作经验,为求职增加筹码。在社会实践的过程中,通过自身努力赢得用人单位的好感、信任,取得职业信息甚至直接谋求到职业的大学生不乏其人。因此,大学生在各种社会实践活动中,在了解熟悉社会、提高思想觉悟、培养社会能力的同时,要做一个收集就业信息的有心人。

与此同时,毕业实习是大学生踏入社会的前奏曲,是参加工作的预演,所以每个人必须认识到这是一次难得的实习经历。通过实习,一方面使用人单位对你有所认识、了解,另一方面使你对社会工作有更感性的认知。如果你向单位证明你是一个有价值的职员，那么在实习过程中展露你的才华、能力与敬业精神，将会为你成功进入该公司打下良好的基础。

**7. 运用人际关系求职**

运用人际关系即通过父母、亲友、老师、校友等社会关系的推荐而达到自我推荐的一种方法。由于个人在社会上掌握职业信息的途径有限，充分利用人际关系的信息传递功能，可为自己开辟出广阔的择业天地。

(1)可借用人际关系的类别

一般而言，通过人际关系来获取就业信息往往更为直接快捷、真实可靠。从企业的角度考虑，超过半数的企业最认可的招聘方式是通过员工或熟人推荐人才，无论是招聘高层管理者、中层经理还是一般员工，熟人推荐是企业最乐于使用的方式。企业认为熟人推荐来的人可信度比较高，对于应聘者的情况和背景也可以了解得比较清楚，用人较为放心。而这些所谓的“熟人”主要有以下几种类型：

亲戚型关系。从父母、兄弟姐妹以及亲朋好友等各种关系获取信息，往往比较准确和直接，对于家庭人脉关系积累深厚的毕业生而言，无疑于近水楼台先得月。

校友关系。在寻找实习和就业单位期间，求助于往届的师兄师姐，他们会给你最真实的企业信息和招聘内容，而且还会从“过来人”的角度给你提出一些具体的合理化建议，给你举一些鲜活的例子，告诉你一些就业经验，这些都是书本上看不到的。而且一些优秀的师兄师姐很可能就是你求职时候的面试官。因此要记得经常与他们保持感情联络，平时短短的几句问候，可能就会给你的就业带来意想不到的帮助。

师生关系。一般而言，院系领导、本专业的教师及辅导员等在多年的教学实践及就业过程中，会与所在行业内企事业单位保持着业务和合作往来，有的甚至还有良好的私人关系。他们会被委托在校内物色一些优秀毕业生到公司实习和就业。而由于平时教师和学生的联系较多，教师清楚学生的人品、专业水平和动手能力，有教师牵线搭桥，既可以取得用人单位的信任，对前往就业的学生也是一层约束，从而大大提高了就业的针对性和成功率。所以多和自己的老师、辅导员联系，看有没有门路也是一种获取和利用就业信息的捷径。

其他关系。除了亲戚、老师、同学以外，其实能起作用的“关系”还很广：社会中的朋友、同学的好友、实习单位……很多招聘单位由于招收人数少或者是为了节约招聘成本，往往不愿意在社会上发布招聘信息，这时靠“关系”得到的信息就尤为重要。这些“非亲戚型关系”也许给你的帮助不是最大的，但往往针对性更强一些，而且马上可以判断是否适合自己，或是单位是否能录用自己，办事效率较高。但这需要求职者有一定的意志力和主观能动性，它强调求职者要能动起来，只思考和盘算是不顶用的。

(2)拓展个人人脉资源

对于正在择业的求职者而言，人际关系是一种很重要的资源，它可以给你提供必要的就业信息，凡是你所认识的人，不管关系亲密程度如何，都应给予重视，这样获得的就业信息越多，找到称心如意工作的机会就会越大。在拓展个人人脉资源时要注意以下几点：

● 以诚待人。所谓“路遥知马力，日久见人心”，只有以诚待人，才能建立长久和深厚的友谊。

● 培养自信与沟通能力。拓展个人人脉就要善于沟通，多了解别人的需要、渴望、能力与动机，并给予适当的反应。要学会倾听，倾听是了解别人最妙的法宝。要学会发现别人的优点，适时赞美他人。这样容易接近与他人的心理距离，也容易被对方所接纳。此外，自信的人能主动走出去与别人交往，在交往中容易展露个人特长和魅力，增强个人吸引力。

● 注意人脉的深度、广度和关联度。人脉的深度即人脉关系纵向延伸的情况，达到了什么级别；人脉的广度即人脉关系横向延伸的情况，范围（区域与行业）有多广；人脉的关联度指人脉关系与个人所从事行业的相关性和人脉资源直接的相关性。人脉资源既要有广度和深度，又需要关联度，利用朋友的朋友或他人的介绍等去拓展你的人脉资源，要从长远考虑，千万不要有人脉“近视症”，需要关注成长性和延伸空间。

# 第四节 公务员制度

## 一、公务员制度概述

从新中国成立初期到中共十三大召开，近 40 年时间，我国的公务员一直叫“干部”。1984 年 11 月，《干部管理条例》中出现了“公务人员”这一新概念，这就是国家公务员制度的雏形。此后，我国公务员制度开始逐渐清晰，1993 年《国家公务员暂行条例》和 2005 年《公务员法》的颁布是公务员体制进程中的两个重要分界点。2008 年，一个专业化管理公务员的机构诞生了，这就是隶属人力资源和社会保障部的国家公务员局。

### 1. 我国公务员制度的基本原则

国家公务员制度的基本原则是整个制度的总体精神和总的要求，我国公务员管理或任用，应遵循民主、公平竞争、功绩制、法制管理、党管干部原则。中国改革开放 30 年，经过调研准备、推行实施、完善发展三个阶段，初步实现了有中国特色的国家公务员制度。在凡进必考、竞争上岗、岗位轮换、激励机制、辞退制度、培训工作、回避制度等方面形成了法规体系。《国家公务员暂行条例》及几十个配套的单项法规和实施细则，使中国公务员开始纳入法制化管理的轨道。国家公务员制度的基本原则是整个制度的总体精神和总要求。在我国，公务员制度有以下原则：

(1)民主原则

我国是社会主义国家，国家的一切权利属于人民，广大公民享有广泛的民主权利。全国人民代表大会及其常务委员会、地方各级人民代表大会及其常务委员会作为国家的权力机关，是人民行使民主权利的主要途径。其他国家机关包括政府行政系统都由国家权力机关产生，并受其监督。我国公务员制度的民主原则表现在以下几点：

● 公民依法选举、监督、罢免各级政府组成人员。

● 凡具有中华人民共和国国籍，享有政治权利的公民，符合公务员要求的，都有权依法通过各种方式进入国家公务员队伍。

● 民主原则贯穿于国家公务员的考试录用、考核、奖惩、职务晋升、工资福利等各项制度中。

(2)公平竞争原则

公平竞争原则是国家公务员制度的基本原则之一，是社会主义民主政治在干部人事制度中的具体体现，它贯穿于国家公务员制度的各个重要环节之中。其根本目的在于促进优秀人才脱颖而出，做到人尽其才，各得其所，最大限度地调动国家公务员的积极性。公平竞争原则在我国公务员制度中主要表现在以下几点：

在法律上确认每个公民具有平等参与竞争的权利。凡具有法定资格与条件的公民都有申请报考国家公务员的权利，并有同等机会参加国家公务员的录用考试，以同一标准决定是否录取，不因家庭出身、民族、宗教信仰、性别等状况而受到歧视或者享有特权。

国家公务员报考条件公开、报考程序公开、考试成绩公开、录用公开，这种公开制度为平等竞争提供了基础和前提。

国家通过法律保护公平竞争的环境和公民在竞争中的合法权益。

(3)功绩制原则

功绩制原则既是国家公务员制度的一项基本原则，也是激励国家公务员勤奋和创造性工作的重要手段。功绩制原则主要表现在以下几点：

在坚持四项基本原则的前提下，以工作实绩和贡献作为考核，评价国家公务员的标准，作为国家公务员升降职务的重要依据。

以工作实绩和贡献大小，作为国家公务员享受工资待遇的主要条件。连续多年考核确定为优秀的国家公务员，可以按规定提前晋升级别、越级晋升职务，在年度考核中不称职的国家公务员，不得晋升工资。

(4)法制管理原则

法制管理原则是国家公务员制度的一个基本特征，也是我国人事管理制度法制化、科学化的一个重要标志。国家公务员制度需要有规范国家公务员自身的公务员法律体系和规范国家公务员行为的行政法律体系，并在此基础上做到有法可依、依法办事、执法必严、违法必究。法制管理原则贯穿于国家公务员制度的各个环节，具体体现在以下两点：

● 对国家公务员的管理必须有法律依据，从国家公务员的录用、考核、晋升、培训、工资、福利直至退休，都有严格的法律规定，并按照法定的程序和规定办理。

● 国家公务员行使权力、履行职责，必须依照法律规定，依法行政，国家公务员的行政行为如果超出法律的范围或者违反法律的规定，就构成了违法渎职行为而将受到法律制裁。同时，每个国家公务员都有一定的法律地位，享受一定的权利和待遇，并受到国家法律的保护。

(5)党管干部原则

党管干部原则是我国人事制度中不可动摇的根本原则，是党的民主集中制组织原则在干部管理工作上的体现，是以党的群众路线作为基础的。实行国家公务员制度，是党的干部制度在新的历史条件下的自我发展和自我完善，不是摆脱、削弱或淡化党对政府机关干部人事工作的领导，而是适应现实的需要，改进党管干部的方法，进一步加强和完善党的领导。根据当前的实际情况，应该加强和完善党对政府机关人事工作的领导，具体表现在以下几点：

- 各级党委要领导和搞好干部人事制度改革，改变对党政机关、群众团体、企业和事业单位的干部采用同一种管理方式的状况，根据政府机关自身的特点，建立政府机关的人事管理制度。
- 制定党的组织路线和干部政策，并通过一定的程序，把它转化为人事管理的法律法规，依法对政府机关工作人员进行管理。
- 推荐并管理政府机关的重要干部，主要指各级领导干部。
- 加强党对干部人事工作的宏观管理和监督，建立国家公务员制度正是朝着这个方向迈出的重要而切实的一步。

### 小锦囊

#### 国家公务员制度与西方文官制度的区别

我国公务员制度坚持和体现了党的基本路线，而西方文官制度则标榜"政治中立"。在《国家公务员暂行条例》的总则中，明确规定"国家公务员制度贯彻以经济建设为中心，坚持四项基本原则，坚持改革开放的基本路线"。这说明我国公务员制度是党的组织路线的体现，而西方文官不得参加党派活动，不得带有政治倾向。

我国公务员制度坚持党管干部的原则，而西方文官制度要求公务员与"党派脱钩"。我国公务员制度根据党的组织人事路线、方针、政策制定，坚持党对人事工作的领导。各级政府的国家公务员由各级党委及其组织部门负责考察，依法由各级人民代表大会及其常务委员会选举或决定任免。西方文官制度对公务员的管理强调"与党派脱钩"，公务员职务晋升不受政党干预。

我国公务员制度强调德才兼备，西方文官制度缺乏统一的、全面的用人标准。国家公务员在录用中采用公开考试、严格考核，对思想政治方面要求严格。在晋升中注重思想政治表现和工作实绩。因此坚持德才兼备标准是国家公务员制度的重要特色。

我国公务员制度强调全心全意为人民服务的宗旨，国家公务员不是一个独立利益集团，而西方文官是一个单独的利益集团。全心全意为人民服务是我们党的根本宗旨，我国公务员的考核、奖惩、晋升等都要考察其为人民服务的精神。

### 2. 录用程序

公务员录用的程序是公务员录用制度的重要内容。程序如何，不仅对录用工作的科学性、公正性有影响，同时对加强录用工作的社会监督力度，促进录用工作制度化、法制化也具有重要意义。我国《公务员法》第 4 章明确规定了公务员录用的程序，其程序依次为：

- 发布录用考试公告。
- 对报考人员进行资格审查。
- 对审查合格者进行公开考试。

● 对考试合格者进行面试。

● 对考试、面试合格者进行思想政治、道德品质、学习成绩、工作能力等方面的考核。

● 对考试、考核合格者进行体检。

● 提出拟录用人员名单，报人事部审批。

### 3. 报名程序及办法

符合报考国家公务员条件的考生，可以按照以下顺序进行报名：

(1)招考职位查询

毕业生要认真阅读《招考简章》，了解各报考部门具体的招考人数、职位、类别、资格条件等。同时也可以通过相关网站查询。

(2)报名办法

国家党政机关的报名采取网络报名和现场报名两种方式，报考人员可视自身情况任选一种。报考人员可选择各省会城市或直辖市就近考试。国家党政机关派驻机构和中央直属管理系统所属机构的报名主要采取就近现场报名的方法，不能到现场报名的人员可通过系统主管部门的网站进行报名。

(3)报名注意事项

考生在报名时应严格按照报名相关程序进行，并且要注意以下几个方面的问题：

● 报名政策、技术和考务方面的咨询可查询人事部网站。

● 报考人员所需的报名推荐表、报名表等材料可从人事部网站下载、打印。

● 报考人员到现场报名，须持本人身份证、学生证、所在院校开具的报名推荐表以及近期免冠一寸照片 3 张、2B 铅笔。通过资格审查的报考人员，按照当地财政物价部门审核的标准缴纳考试报名费用。

● 报考人员只能选择一个部门或单位中的一个职位进行报名。

在网络上报名的人员，不允许个人用新、旧两个身份证同时报名；报名与考试使用的身份证必须一致；在招考部门进行资格审查时，不能再报考第二个部门。

在网上报名成功者无需再到现场报名。但必须按照网上提示的信息到所选择的考试地点进行考试确认，同时缴纳近期免冠一寸照片 3 张、报名表 1 张和考试报名费，领取准考证。网络报名且笔试合格的人员进入面试时，须提供本人身份证、学生证和报名推荐表原件，缺少上述证件、文件或与报名时提交的个人信息不符者，不得参加面试。

## 二、国家公务员录用的方式

国家公务员的录用方式是国家行政机关依照法律规定的程序和原则，根据考试或考核的结果，择优录用公务员的具体形式。录用是国家公务员考试录用制度中最重要的环节和内容，它直接关系到启用什么样的人成为国家公务员的问题。

### 1. 考试录用

考试录用是国家行政机关根据法律的有关规定，通过公开考试录用公务员的一种方式。其范围主要适用于由政府系统外进入国家行政机关担任领导职位的初级公务员。公务员招考包括笔试和面试。笔试由人事部统一组织，考试时间为每年 12 月份的第 3

个周六;面试由各部门按人事部的有关要求分别组织,具体时间由各部门自行确定并通知考生。

(1)笔　试

国家公务员录用笔试侧重于考查考生是否具备公务员职位所需的基础知识和专业知识,笔试主考《行政职业能力测试》和《申论》两科。

《行政职业能力测试》主要测试应试者从事国家行政机关工作的潜能,内容涉及常识(涵盖政治、经济、法律、管理、人文、科技等)、语言理解与表达、数量关系、判断推理和资料分析等。全部为客观性试题,考试时间120分钟,满分100分。

《申论》主要涉及到3个方面:对给定资料进行理解、分析、整理、归纳、概括、综合;对主要问题提出见解,拿出对策,定出具有可行性的解决方案;对见解、方案进行论证。通过应试者对给定材料的分析、概括、提炼、加工,测查其运用马克思主义哲学、邓小平理论、法律、行政管理等理论知识解决实际问题的能力,以及阅读理解能力、综合分析能力、提出问题的能力和文字表达能力。该科全部为主观题,考试时间150分钟,满分100分。本项考试,给定2 500字左右的背景资料,内容涉及社会、经济、文化等方面。应试者必须注意认真阅读给定资料并按题目要求进行作答。考生要在全面吃透给定资料的基础上,严格按照给定资料提供的条件解答给定资料反映的问题。

《申论》考试形式既严格又灵活,要求考生摒弃套话、闲话,并做到分析、论证和解决问题透彻、全面、清晰,同时又使考生能充分发挥自己的潜力,施展自己的真才实学。

公共科目笔试结束后,由中共中央组织部和人事部研究决定A、B两类笔试合格分数线,各招考部门在笔试合格人员中,按照笔试总成绩从高到低的顺序,按计划录用人数3倍的比例确定参加专业科目笔试和面试的人选。经用人部门和原报考部门同意,对A类职位中过线人数与拟录用人数不足3∶1的职位,可从报考本职业且专业相近的过线人员中调剂;对B类职位中过线人数与拟录用人数不足3∶1的职位,可从报考本类职位或A类职位且专业相近的过线人员中调剂。

(2)面　试

根据《国家公务员录用面试暂行办法》,面试必须贯彻公开、平等、竞争、择优原则,按规定、程序进行。面试主要测评应试人员适应职位要求的基本素质和实际工作能力,包括与拟任职位有关的知识、经验、能力、性格和价值观等基本情况。

面试内容分为若干测评要素,主要包括综合分析能力、语言表达能力、应变能力、计划组织协调能力、人际交往的能力与技巧、自我情绪控制、求职动机与拟任职位的匹配性、举止仪表和专业能力。必要时,根据职位要求可以增加其他面试测评要素。

公务员面试叫结构化面试,是一种能力测试,而不是一般的面谈。结构化面试由多名考官按照预先设计的一套包括各种测评要素在内的试题向考生提问,根据考生的回答给出考生在各个测评要素上的得分,各个测评要素得分的总和就是考生结构化面试的最后成绩。面试中,一个题目可能包括一个或者几个测评要素,考官不是按照题目打分,而是按照考生在回答问题中反映出的各种能力即测评要素打分,最后将所有测评要素的得分相加得出考生的面试分数。例如，面试中考官向考生提出几个问题，第 1 题只测查考生的综合分析能力，第 2 题可能测查考生的自我情绪控制能力和表达能力两个要素。考官按照考生在回答问题中的表现给每个测评要素打出分数，最后把所有测评要素的得分相加得出总分。

考生必须了解结构化面试的规律和特点，一般经过训练才能在面试中从容应答，取得好的成绩。报考人员只有在考试成绩、考核结果、体检都符合录用条件的情况下，才能办理录用手续。

### 2. 直接调任

直接调任是国家行政机关从政府系统以外的在职人员中调任一定领导职位的公务员。

所谓一定领导职务，主要是国家行政机关职务系列中的副部长、正副司(厅、局)长、正副处长及地市县中局(科)级干部。在我国行政机关的各级领导职位出现空缺时，主要靠内部晋升和调配来解决，但同时也需要从党群机关和企事业单位中选调一些人员来担任。对这部分人的调任，一般不通过考试的方式录用。当然，在调入时要对选调对象在执行党的基本路线中的表现等进行全面的考察，符合该职位任职条件的方可办理调任手续。

## 三、大学生考取公务员应具备的基本素质

能成为一名公务员是许多大学生的理想，但是首先必须了解公务员所具备的基本素质要求。公务员素质的高低直接影响机关的工作效率和政府的威信，关系着事业的成败。因此，各级机关对报考公务员的大学毕业生在素质上有较高的要求。

(1)较高的政治素质

作为一名公务员，要有一定的政治理论水平，能够用马列主义、毛泽东思想、邓小平理论去分析、解决问题。坚持四项基本原则，坚决贯彻党的基本路线、方针、政策，努力实践“三个代表”重要思想。坚持理论联系实际、实事求是的思想路线，按事物的发展规律办事。

(2)良好的职业道德修养

具有良好的职业道德和道德观念，是一名合格公务员应该而且也是必须具有的良好品质和素质。良好的职业道德修养主要表现在以下几点：

● 全心全意为人民服务。要始终把“人民拥护不拥护、人民高兴不高兴”作为处理政务的准则，把人民的利益放在首位，做到执政为民。不能脱离群众，要始终同人民群众保持密切联系，做好人民的公仆。

● 实事求是，秉公执政。公务员必须具备实事求是的优良作风，坚持原则，做到不惟上、不惟书、只惟实。要克己奉公、不徇私情，不讲假话、大话、空话，不弄虚作假、欺上瞒下。

● 勤政廉洁，禁绝奢华。公务员的权力是人民赋予的，因此也必须勤勤恳恳为人民服务，而决不能利用权力之便谋取个人私利。要廉洁自律，不贪污、不受贿、不弄权渎职，

要努力树立和维护公务员队伍和政府机关的良好形象。

● 严以律己，宽以待人。公务员只有严格要求自己，严格按照有关法律法规依法行政，才能使党和政府的各项方针、政策得到人民的拥护。

(3)较强的业务能力

公务员必须掌握从事本职业工作的相关的专业知识、技能，熟悉相关经济、法律、行政管理等方面的基础知识。其主要有：

● 调查研究的能力。没有调查就没有发言权。要善于通过调查去发现问题，找出解决问题的有效方法。要善于收集、整理各种政务信息，并通过科学的分析为制订政策和做出决策提供科学依据。调查研究能力是公务员的基本功。

● 决策和计划能力。决策是行政管理的前提和关键环节，贯穿于行政管理的全过程。每个公务员在自己的工作环节中都有决策，在这种决策中必须考虑社会影响和社会承受能力，精心设计方案供领导选择。同时，还要善于把政府或领导的决策变为切实可行的实施计划。

● 综合协调能力。行政管理中有着诸多环节和复杂的事宜，无论是各组织之间还是公务员之间，要协调一致地实现行政目标就必须通过协调来改善关系、照顾利益、调整行为。因此，公务员必须学会协调各地区、各组织、各部门及各公务员之间的关系，不断解决矛盾，达成共识，集中各方面力量以实现行政目的。

● 语言文字表达能力。公务员必须熟练运用规范、简洁、准确的语言，不仅要有良好的书面文字表达能力，还必须有良好的语言表达能力，来正确传达行政管理的信息。

(4)精通公文的撰拟和办理规则

公务文书的写作是对每个公务员的基本要求。因此，公务员必须熟悉和了解公文的种类、体例、格式、常用语言和办文程序，严格按照有关规定和要求正确处理公文。

(5)健康的身心素质

健康的身心素质是公务员从事公务活动的前提，也是对公务员最基本的素质要求，主要包括健康的体魄、充沛的精力、敏捷的思维、良好的记忆、对内部和外部环境高度的适应性、合群的性格、多方面的兴趣爱好等。

(6)树立与时俱进的终身学习观

随着我国加入世界贸易组织，国际规则和国际惯例成为检验和评判各国政府工作的条件。我国政府积极转变政府职能，构建与国际接轨，既适应 WTO 运行规则，又符合社会主义市场经济体制要求，办事高效、运转协调、行为规范的行政管理体制。因此，公务员传统的工作方式、方法，管理理念及从业素质都将发生重大变化，各级各类公务员必须不断学习，不断提高，不断创新才能适应这一重大变化。要学习市场经济的基本原理和普遍规律；要学习 WTO 的相关理论，熟悉和掌握有关国际条款和国际惯例；要放眼世界，了解国际上最新的动态；要学习有关的法律法规，增强法律意识；要转变观念，增强服务意识。只有这样才能应对入世带来的挑战。

## 思考题

1. 社会与文化环境分析包括哪些要素？
2. 影响大学生择业观的因素有哪些？
3. 如何确定就业目标？
4. 大学生考取公务员应具备哪些素质？

# 4 第四章 自我认知

## 本章概述

有效的职业生涯规划需要对自己及环境有充分且足够的了解，只有先了解自己，才能确定适合自己的生涯发展目标，而自我认知是达到自我了解的必经之路。本章介绍了自我及自我探索的途径和方法，并主要从需要、兴趣、价值观、个性、能力等方面探索了自我和职业之间的关系。

## 内容点击

- 自我认知的方法
- 职业兴趣和职业性格的自我认知
- 职业气质和职业价值观的自我认知
- 职业能力的自我认知

## 案例导读

乔安娜已经当了7年的小学数学教师。正当30岁的大好年华，她却感到智穷力竭，她开始怀疑自己是否选对了工作。

成为一名教师对乔安娜来说似乎是再自然不过的事儿了。作为四个孩子中的老大，她习惯了照顾小孩。她在校时对数学有浓厚的兴趣并且成绩优异。同时乔安娜得到过一些职业建议，而且在高中和大学她还参加了标准化的职业倾向测试和评估以确定她的特长、兴趣和价值。每一次职业顾问都鼓励她取得教师资格，给儿童教数学。一切看上去都十分完美。

在公立小学具有挑战性的一年过去后，乔安娜对学校的科班结构感到灰心丧气。她不喜欢那些没完没了的规章制度，她和她的学生都必须刻板遵守。她讨厌提前6周备课，因为这让她不能满足学生的兴趣与爱好，也使自己灵感全无。她发现标准化的工作课本空洞无物，而且那些她和她的学生们都必须完成的紧张工作又使她心力衰竭。她感觉非常孤独，她的同事看起来和她的价值观和兴趣很不相同，她发现自己丧失了与同事一起从事智力上富有挑战性的工作的兴奋。她也尝试掉换年级和学校，但都无济于事。

乔安娜再次主动找职业顾问寻求帮助。与职业顾问交谈后，乔安娜对自己进行了认真的分析，结论是她不适合做小学教师。不错，她确实具备许多适合做教师的条件。然而，高智力的挑战、提高能力的机会、创新与改革，这些最让她感兴趣的事在小学教师这份工作中无法体现。另外，公立小学刻板细致的结构安排也与她的工作风格相悖。乔安娜决定回到学校继续读书并取得硕士学位以便将来可继续教数学——这一直是她的兴趣所在——但工作地点是高等院校。在那里她可以拥有更弹性的工作时间安排，教更复杂的课程，并身处高智力工作环境之中。

乔安娜获得数学硕士学位后，得以在一所大学的数学系任教。如今，她在给研究生讲数学课之余，正在为获得哲学博士学位而努力。

**思考：**乔安娜为什么能够安然地度过她的职业危机？

# 第一节　自我认知的方法

在古希腊帕尔纳索斯山南麓阿波罗神庙的一根巨大的石柱上，刻着苏格拉底的一句名言“认识你自己”，卢梭称这一碑铭“比伦理学家们的一切巨著都更为重要，更为深奥。”那么我们应该如何进行自我探索并认识自我呢？

## ☞ 一、通过自我比较来认识自己

与过去的自己相比，自己是进步了、成熟了，还是退步了、又犯错误了？与理想中的自我相比，自己还有哪些差距？前者可以发现自己的成绩和进步，提高自尊和自信；后者可以明确努力的方向，进一步完善自我，但是要明确理想中的自我要切合自己的实际。

## ☞ 二、通过内省来认识自我

了解自己最重要的是时时刻刻不忘自我反省，随时检视自己的言行举止与内在思维，这是一种个体直接认识自己的方法。我们既是心理活动的主体，又是心理活动的对象。我们通过内省可以了解到自己的智力、情绪、意志、能力、气质、性格和身体条件等特点，内省也是自我意识形成的重要途径之一。在认识自己的过程中，我们一定要注意客观、全面、辩证地看待自己，形成正确的自我意识，真正地了解自己，并以此来选择适合自己的发展道路。

## ☞ 三、通过自己的活动表现和成果来认识自我

自我的各个方面都是在具体事件中表现和反映的，大学生可以通过对自己的学习、文学、艺术、体育、社会工作、人际交往等各方面的能力和成效加以自我认识，获得关于自己能力、意志、兴趣和投入角度等多方面的信息，进而对自己加以评价，但注意不要把成就和成绩作为评价自己价值的惟一尺度。

## ☞ 四、通过与别人的比较来认识自己

一个人对自己价值的认识，是通过与他人的能力和条件的比较而获得的。在与他人比较的过程中，应注意比较的参照系和立足点。其一，跟别人比较的应该是行动后的结果，而不应该是行动前的条件。其二，跟别人比较要有标准，而且标准应该是相对标准而不应该是绝对标准，应该是可变的标准而不是不可变的标准。例如一个人的容貌与出身

是不可更改的，若以此为标准同别人比较是没有意义的。其三，比较的对象应该是与自己条件相类似的人。此外，大学生要努力拓宽生活范围，增加生活阅历，积极参加社会实践和社交活动，这样会有助于我们找到正确的参照系来了解自己。

### ☞ 五、通过分析他人对自己的评价来认识自我

从他人的态度和情感中认识自己，明确自我。一个人对自己的认识难免有偏差，因此有必要根据他人的评价、他人对自己表现出的言行态度来认识自己。他人的评价就像一面镜子，正如古语所说“以人为鉴，可以明得失”。需要注意的是，正如镜子不一定能反映事物的本来面目一样，别人对你的评价，由于受多种因素的影响，不一定是完全正确的，所以不能仅仅把别人的评价和态度作为惟一的衡量标准，还要充分结合其他有关信息进行综合评价。

## 知识库

**认识自己的窗口**

扫码阅读

### ☞ 六、通过心理测试认知自我

心理测试法是通过回答有关问题来认识自己、了解自己。测试题目是由心理学家们经过精心研究设定的，只要如实回答，就能大概了解自己的有关情况。这是一种简便易行的自我剖析方法。国内外常用的几种测试方法有：人格测试、智力测试、能力测验、职业倾向测验。

为了最大限度地发挥心理测评的效用，首先应该选用一个较为权威的心理测量工具；其次是在做测验的过程中，一定要按自己的真实想法填答；最后应该选择一个安静没有干扰的环境。

## 小锦囊

**自我认知的三个问题**

扫码阅读

## 第二节 职业兴趣和职业性格的自我认知

职业是个体在社会中生存的一种重要形式,从本能上说职业是人生存的一种需要。需要是个体感到某种欠缺而力求得到满足的一种内心状态。需要主要是指个体生存和发展两大需要,对一个人的身心健康和成长非常重要。一般来说在谈职业时首先得弄清楚什么是兴趣。

### 一、兴趣概述

兴趣是指个体力求认识、掌握某种事物,并经常参与该种活动的心理倾向,或者说,兴趣是一个人积极探究某种事物的心理倾向。人的兴趣是在需要的基础之上,在活动之中发展起来的,而且,它还是推动人们去寻求知识和从事活动的巨大的内在动力。一个人在从事自己感兴趣的活动时,注意力会更加集中,思维会更加活跃,行为会更为持久稳定,并能产生愉快的心理状态。

按照兴趣的不同内容,我们可以将其分为表现在对衣食住行、生活环境与条件追求上的物质兴趣和对学习、研究等认识活动追求上的精神兴趣。按照兴趣所指向的目标,它又可以分为对活动过程表现出来的直接兴趣和对活动结果表现出来的间接兴趣。由于个体之间存在差异,个人的兴趣也表现出很大的不同。这不仅有兴趣内容上的区别,也有兴趣范围和兴趣持久性上的明显差异。

人的兴趣在广度、深度、稳定性和效能方面所表现出的不同特点叫兴趣的品质。具体如下:

**1. 兴趣的中心性**

兴趣的中心性是指兴趣的深度。人不可能对所有的事物都抱有浓厚的兴趣,而只是对某些方面特别感兴趣,因此,只有广阔的兴趣与中心兴趣相结合,才能促使人更好地发展。否则,什么都知道又什么也不深入,浅尝辄止,博而不专,这样的人很难有大发展。

**2. 兴趣的广阔性**

兴趣的广阔性是指兴趣范围大小而言。有些人兴趣广泛,对什么都感兴趣,琴棋书画,样样都乐于探求;有的人兴趣就比较单一,范围非常狭窄。

**3. 兴趣的效能性**

兴趣的效能性是指兴趣对活动产生的效果大小的品质。凡是能促使人积极主动地学习和工作,并产生明显效果的都是积极的有效能的兴趣。

**4. 兴趣的稳定性**

兴趣的稳定性是指兴趣的持久与稳固程度。人与人之间的差异很大,有的人能长期地对他们从事的工作或研究的问题保持浓厚的兴趣,无论在工作中遇到什么困难都能加以克服,因此,在事业上能取得成功。

### 二、兴趣在职业活动中的作用

当人的兴趣对象指向职业活动时,就形成了人的职业兴趣,职业兴趣主要是回答“我喜欢做什么?”的问题。职业兴趣对人的职业活动有着重要的影响。一份符合自己兴趣的工作常常能够给自己带来愉悦感、满足感。在选择职业时,人们总会将自己是否对此有兴趣作为考虑因素之一。从感到有趣开始,到逐渐地形成更加稳定、持久的乐趣,进而再与自己的奋斗目标相结合,形成有着明确方向性和意志性的志趣,这是人的兴趣发展的过程。从事自己感兴趣的职业活动时,人们可以被激发出强烈的探索和创造的热情,可以在良好的体能、智能、情绪状态之下从事有意义的职业活动,激发自己全身心地投入且感觉心甘情愿。从事自己感兴趣的职业活动可以使人比较容易适应变化的职业环境,可以使人在追求职业目标时表现出坚定的意志力。可见,职业兴趣是个人在进行职业设计时必须考虑的重要因素之一。

因此,我们应该努力培养自己多方面的兴趣爱好,并且注意培养自己的中心兴趣,努力发展自己的专长,从而使自己的兴趣爱好有明确的方向性,在进行职业选择时可以既有一个较广的适应范围,又有一个确定的指向,同时只有将能力和兴趣结合起来考虑,才更有可能取得职业的适应和成功。李开复关于兴趣的五点建议可供同学们参考:选你所爱;爱你所选;把握每一个选择兴趣的机会;忠于自己的兴趣;找到最佳结合点。

总之,对个人来说,如果从事有兴趣的工作,就会更加努力,而努力了就会出成就。从某种意义上甚至可以说,兴趣比能力更重要。具体来说,兴趣对人们的职业活动的影响主要表现在以下 3 个方面:

#### 1. 兴趣可以增强人的职业适应性

兴趣可以通过工作动机促进个人能力的发挥,兴趣和能力的合理结合会大大提高工作效率。研究表明:如果一个人从事自己感兴趣的职业,就会发挥他的全部才能的 80%~90%,而且长时间保持高效率却不感到疲劳;而对所从事工作没有兴趣的人,只能发挥其全部才能的 20%~30%。

#### 2. 兴趣是人们职业选择的重要依据

正像人们在日常生活中喜欢参加自己感兴趣的活动一样,具有一定兴趣类型的个人更倾向于寻找与此有关的职业,特别是在外界环境限制较小时,人们都会选择自己感兴趣的职业。因此,对个人的兴趣类型有了正确的评估后,就有可能预测或帮助人们进行职业选择。

#### 3. 兴趣在某些情况下具有决定性作用

由于兴趣的本质特征决定,兴趣影响一个人的工作满意度和稳定性,在某些情况下,如不考虑经济因素,甚至具有决定性作用。一般来说,从事自己不感兴趣的职业很难让人感到满意,并由此会导致工作的不稳定。

### ☞ 三、个人兴趣对职业选择的影响

兴趣对一个人职业选择起着很重要的影响作用。一个人的兴趣是一种强大的精神力量,它可以使人集中精力去获得很多知识,并且去创造性地开展自己的工作。对某一职业有浓厚的兴趣,是一个人智力开发的“触发器”。

同时,兴趣还是一个人行动的动力。例如,在学校里被骂成“傻瓜”、“低能儿”而被勒令退学的爱迪生,在发明的王国里却显示出了超凡的才华;在课堂上“智力平平”的达尔文,在大自然的怀抱里显得异常聪明和敏锐,成为进化论的创始人。那么,是什么使他们

由“愚蠢”变得聪明呢？是兴趣。这就是说，谁找到了自己最感兴趣的工作，谁就等于找到了通向成功的道路。对一个人来说，对工作感兴趣他就有钻劲，有钻劲就会出成就，这就是兴趣的作用所在。

从以上的分析中我们可以看出，兴趣对人生事业的发展十分重要，因此兴趣自然是在职业选择时应考虑的诸多重要因素之一。为了便于大家根据自己的兴趣选择合适的职业，下面将加拿大《职业分类词典》中的职业兴趣类型与职业的吻合作一个介绍。

**1. 愿与事物打交道**

这类人喜欢同事物打交道，而不喜欢与人打交道。相应的职业诸如制图员、勘测员、工程技术人员、建筑人员、机器制造人员、出纳、会计等。

**2. 愿与人接触**

这类人喜欢与人交往，对销售、采访、传递信息一类的活动感兴趣。相应的职业如记者、推销员、服务员、教师、行政管理人员、外交联络员等。

**3. 愿干有规律的工作**

这类人喜欢常规的、有规则的活动，习惯于在预先安排好的程序下工作。相应的职业如邮件分类员、图书管理员、档案管理员、打字员、统计员等。

**4. 喜欢从事社会福利和助人工作**

这类人乐意帮助人，他们试图改善他人的状况，为他人排忧解难。相应的职业如律师、咨询人员、科技推广人员、医生、护士等。

**5. 愿做领导和组织工作**

这类人喜欢掌管一些事情，希望受到众人尊敬和获得声望，他们在企事业单位中起到重要作用。相应的职业是各级各类组织领导者，如行政人员、企业管理干部、学校领导和辅导员等。

**6. 喜欢研究人的行为**

这类人对人的行为举止和心理状态感兴趣，喜欢谈论人的问题。相应的职业大多与研究人、管理人相关，如心理学、政治学、人类学、人事管理、思想政治等学科的研究人员。

**7. 喜欢从事科学技术事业**

这类人对分析、推理、测试的活动感兴趣，长于理论分析，喜欢独立地解决问题，也喜欢通过实验做出新发现。相应的职业如生物、化学、工程学、物理学、地质学等学科的研究人员。

**8. 喜欢抽象的和创造性的工作**

这类人对需要想像力和创造力的工作感兴趣，大多喜欢独立工作，对自己的学识和才能颇为自信，乐于解决抽象的问题，而且急于了解周围的世界。相应的职业大多是从事科学研究工作和实验室工作，如社会调查员、经济分析师、化验师、新产品开发人员等。

**9. 喜欢操作机器的技术工作**

这类人对运用一定技术、操作各种机械设备、制造新产品或完成其他任务感兴趣。他们喜欢使用工具，特别是喜欢大型的、马力强的先进机器，喜欢具体的东西。相应的职业工作如飞行员、机械制造人员、建筑人员等。

**10. 喜欢具体的工作**

这类人希望能很快看到自己的劳动成果，愿从事制作能看得见、摸得着的产品的工作，并从完成的产品中得到满足。相应的职业如室内装饰人员、美容师、理发师、手工制作人员、机械维修人员、厨师等。

**小锦囊**

**了解职业兴趣的测试**

扫码阅读

## 四、性格概述

性格是指一个人对事物的稳定态度以及与之相适应的习惯化了的行为方式，在一个人的人格中处于核心地位，它决定着个人的活动方向，是个人区别于他人的最主要特征。

与气质相比，性格则更多地受到后天社会生活环境的影响。心理学家认为，气质是性格形成的先天因素，家庭是个人性格形成的最重要因素。虽然家庭、学校、社会都会对人的性格产生多方面的影响，但相比之下家庭的影响最为重要。因为在 6 岁之前，是人的性格基本定型的最重要阶段，而孩子在这段时间通常都是在家庭中度过的，接触最多的就是自己的父母，因此，父母对孩子性格的形成起着关键作用。

瑞士心理学家容格认为，我们的心理活动会指向外部世界，也会指向自己的内心世界，前者属外倾型，后者属内倾型，同时我们通过感观和直觉来获取外界的信息，并利用这些信息，通过理性和感性的方式，对事情进行判断和认识，并在此基础上形成自己的行为习惯和人格模式。

后来，梅尔和布来格母女以容格的理论为基础，发展出了 16 种人格理论，并于 1962 年发表了“梅尔—布来格类型指标”(MBTI)，作为测量心理类型的工具。MBTI 性格类型揭示了一个人深层的“本我”、真实的我、自我的核心，最本能、最自然的思维、感觉、行为模式，而不是在别人面前所表现出来的表面的性格特征。一个人的 MBTI 性格类型是由遗传、成长环境决定的，一旦形成，很难改变，只是性格倾向的程度会随着年龄的增长而有所变化。

通过了解自己和其他人的性格倾向，可以更好地理解自己的优点、缺点，更容易接受自己；更好地理解和接受他人；能使我们理解为什么人与人之间在思维、行为、观念、表现等方面存在差异，有助于我们在工作、生活中更好地利用这种差异，接受其他观点的合理性，避免固执己见或者简单地判定某种做法的正确或错误，而不是因为存在性格的差异而苦恼。

这种理论在全球范围得到了广泛的运用，公司利用它进行招聘选拔、人岗匹配、组织诊断、改善团队沟通及人际关系；职业人士利用它进行职业定位、职业生涯规划；老师、学生利用它选择适合学习的专业，提高学习、授课效率；夫妻利用它融洽关系，增进感情。

## 五、性格的种类

MBTI 心理类型理论主要是将人的性格区分为四组维度，每组两个向度，据此划分出16种不同的心理类型。

我们先看一下MBTI中的四个维度。

● 外倾(E)—内倾(I)维度:外倾是指我们的注意力和能量主要指向外部世界;内倾是指个体将自己的注意力和能量集中于自己的内心世界。

● 感觉(S)—直觉(N)维度:感觉和直觉是我们感知世界、获取信息的两种方式,感觉型的人倾向于通过自己的感官来获取有关环境的事实和现实,他们需要获取精确的信息和事实,着眼于现在;直觉型的人则习惯用超越感官的方式来获取信息,他们更注重事情的含义、象征意义和潜在意义,直觉型的人对洞察力、抽象的事物和未来等方面有明显的偏好。

● 思维(T)—情感(F)维度:思维和情感是关于我们如何对获取的信息做决定并得到结果的两种方式。思维型的人习惯于通过分析数据、权衡事实来做出符合逻辑的、客观的结论和选择;而情感型的人则习惯于通过自己的价值判断来做决定,他们通常会对信息做出个人的、主观的评价。思维型的人通常是直接的、分析性的,他们用思维做决定;而情感型的人更坚信自己的价值观,并习惯于用心灵来做决定。

● 判断(J)—觉察(P)维度:判断和觉察是关于个体面对外部环境时如何行动的两种态度。判断型的态度意味着个体会通过思维和情感去组织、计划和调控自己的生活;而觉察型的态度则意味着这样的个体倾向于用感觉和直觉的方式去对事物做决定,他们的态度通常是灵活机动的、开放的。判断型的人喜欢将事情管理得井井有条,习惯过一种稳定有序的生活;而觉察型的人喜欢自发、随意地处理问题,并愿意保持一种开放性的态度。

通过对上述四个维度进行排列组合,就能得到16种性格类型。每个人通过MBTI测试都可以获得有关自己性格类型的信息。了解自己的性格特点,并据此选择适合自己性格类型的职业。

下面我们来分别了解这16种性格类型的特征及其适合的职业。

**1. 内向感觉思考判断型(ISTJ)**

这类人严肃、沉静,因专注和执著而取得成功;务实、有条不紊、尊重事实、逻辑严密、现实、可信,能够承担责任。较适合会计师、账务核查员、工程师、财务经理、警察、技师等职业。

**2. 内向感觉情感判断型(ISFJ)**

这类人沉静、友好、可靠、尽责,全力以赴承担责任;持之以恒、勤劳、细致、忠诚、周到。较适合健康工作者、图书管理员、服务性工作者、教师等职业。

**3. 内向直觉情感判断型(INFJ)**

此类人不屈不挠,有原创力,渴望做任何有需要的事,尽最大努力干工作;很有可能获得别人的敬仰,且说服别人谋取最佳的福利。较适合艺术工作者、神职人员、音乐家、心理医师、教师、作家等职业。

**4. 内向直觉思考判断型(INTJ)**

此类人具有原创力,有较大动力去实现自己的构想和目的;眼界宽阔,很快就能发现外在事件的意义;在有兴趣的领域,有很好的组织和实践能力;对事存疑,具批判性,独立，坚决，能有高水准的工作表现。较适合电脑分析师、工程师、法官、律师、工程人员、科学家等职业。

**5. 内向感觉思考觉察型(ISTP)**

此类人是冷眼旁观者，沉静、保守，以好奇心远远地来观察和分析生活，具有非预期的幽默感；关心事件的因果，应用逻辑原则来组织事实；擅长直接切入实际问题的核心，并找出解决的办法。较适合手工艺者、建筑工作者、机械工作者、保全服务工作者、统计人员等职业。

**6. 内向感觉情感觉察型(ISFP)**

此类人沉静、友善、敏感、善良、谦虚，即使有不同意见，也不会勉强他人接受其意见和价值观；不喜欢领导别人，而是忠实的跟随者；喜欢享受眼前的时刻，不急于完成事情。较适合文书工作者、建筑工作者、音乐家、户外工作者、油漆工作者等职业。

**7. 内向直觉情感觉察型(INFP)**

此类人是沉静的观察者、理想主义者，忠实，重视外在生活与内在价值的一致性；充满好奇心，很快看到事情的可能性，并将之作为实践其想法的催化剂；具有调适的弹性与包容性，希望了解人们及实现人类潜能的方式；较少关注周围的现实。较适合艺术工作者、娱乐工作者、编辑、心理学家、社会工作者、作家等职业。

**8. 内向直觉思考觉察型(INTP)**

此类人沉静且保守，特别喜欢理论和科学求知；喜欢运用逻辑来分析并解决问题，对意念思考充满兴趣，但较不喜欢热闹的聚会和闲聊；常有清楚明确的兴趣，并将该强烈的兴趣应用于生涯中。较适合艺术工作者、电脑分析师、工程师、科学家、作家等职业。

**9. 外向感觉思考觉察型(ESTP)**

此类人擅长切中要害解决问题，喜欢和朋友一起行动，或做机械性工作和运动；适应力强、容忍力佳，注重实用性且获得结果；不喜欢长篇大论，最擅长处理可以掌握、参与或投入的真实事情。较适合账务核查员、工匠、行销人员、警察、销售职员、服务性工作者等职业。

**10. 外向感觉情感觉察型(ESFP)**

此类人喜交朋友、善于接纳、对人友善，让每一件有兴趣的事更为有趣，使别人感到快乐；喜欢行动、让事情发生，知道正在发生什么事并且热切地参与；记忆事实比精通理论容易，对需要常识判断且实务技能的情况可妥善处理。较适合儿童保育人员、采矿工程师、秘书、督导等职业。

**11. 外向直觉情感觉察型(ENFP)**

此类人温暖热情、精神高昂、聪明、富有想像力，几乎能做任何感兴趣的事；能很快想出问题的解决之道，帮助任何有困难的人；常依赖即兴创作的能力而非事前充分准备，总能找到让人信服的理由。较适合演员、神职人员、咨询师、记者、音乐家、公关人员等职业。

**12. 外向直觉思考觉察型(ENTP)**

此类人迅速、聪敏，擅长许多事，警觉性高，口才好；可能因乐趣而与人争论不休，善于解决新的、挑战性的难题，但可能会忽略因循不变的工作；兴趣一经转变，很快能找到逻辑性的理由。较适合演员、记者、行销人员、摄影师、销售人员等职业。

**13. 外向感觉思考判断型(ESTJ)**

此类人务实、实际,倾向商业或机械;对抽象理论不感兴趣,学习须有直接或立即性的应用目的,喜欢组织和操作活动;是很好的行政人员,很快就能做出决定,注意日常细节。较适合督导者、行政人员、财务经理、推销人员等职业。

**14. 外向感觉情感判断型(ESFJ)**

此类人有温暖的心、善于谈话、受欢迎、有良心、能合作且主动参与团体;喜欢和谐,能创造和谐,总是对人很好;在鼓励和赞美下做最大的努力;主要的兴趣在于直接且显著地影响人们的生活。较适合美容师、健康工作者、办公人员、秘书、教师等职业。

**15. 外向直觉情感判断型(ENFJ)**

此类人负责任,真诚地关心其他人的想法和希望,依据他人的感觉来处理事情;能轻松地提出计划或者领导团体讨论,社会性强、受人欢迎、富有同情心;对他人的赞美和批评能及时做出反应;喜欢催化他人,协助他人发挥潜能。较适合演员、神职人员、咨询顾问、咨询师、音乐家、教师等职业。

**16. 外向直觉思考判断型(ENTJ)**

此类人坦白,是活动的领导者;善于建立并发展全面的方法体系,以解决组织的问题;擅长推理和知识性的谈话,如公开演说;知识广博,而且喜爱任何能增长知识的活动。较适合行政人员、律师、经理、行销人员、工程人员等职业。

**小锦囊**

如何识别你的职业性格

扫码阅读

## 第三节 职业气质和职业价值观的自我认知

### 一、气质概述

现代心理学认为,气质是一种不受活动的目的和内容所影响的心理活动典型的、稳定的动力特征,即心理活动的强度、速度、稳定性、灵活性、指向性等特征。这些特征是个体与生俱来的高级神经活动类型在情感和行为方面的表现。如有的婴儿一出生就表现得很好动、喜欢吵闹,对外界事物反应迅速;有的婴儿则表现得比较平稳、安静,对外界事物反应缓慢,这些特征以后在儿童的游戏、学习、社会交往等活动中逐渐表现出来。

气质是人的心理活动和行为方面的动力特征。气质无所谓好坏,也无善恶之分。每一种气质都有其积极的一面,也有消极的一面。气质类型本身不能决定一个人社会成就的高低，每一种职业领域都可以找出各种不同气质类型的代表，同一气质类型的人在不同的职业部门也能做出突出的贡献。有人研究，俄国著名文学家普希金、赫尔岑、克雷洛夫、果戈理分别属于胆汁质、多血质、黏液质、抑郁质的气质类型，他们在文学领域都取得了杰出成就。而达尔文和果戈理都属于抑郁质类型，他们却在各自不同的职业领域内取得了伟大成就。

气质这种个性成分，虽然对一个人的智力活动有所影响，但不会影响到一个人智力发展的可能性。也就是说，不同气质的人，都可以获得同样好的成绩；相同气质的人，也可能获得不同的成绩。气质特征对于学业进步和完成任务的可能性不起决定作用。只要依靠个人的主观努力，充分发挥气质的积极因素，就能达到预期目的，取得好的成绩。

气质并不是绝对不变的，而是有一定的可塑性，人的气质可以在社会生活和教育条件下发展和改造。但我们必须看到，气质的可塑性是有限度的，不能忽视气质类型的巨大差异。气质不仅影响活动的性质，而且影响活动的效率。某些气质特征往往为一个人从事某种职业活动提供有利条件。如要求做出迅速、灵活反应动作的职业，对于多血质、胆汁质的人较合适，而对黏液质、抑郁质的人则较难适应。反之，要求持久耐心细致的工作，黏液质和抑郁质的人较为合适。在某些特殊领域选择人才时，应当特别注意人的气质特点。不同的角色还需要不同气质的人去扮演。如果一个人恰恰从事了与自己气质不相符的职业，对这个人来说是痛苦的，对工作来说也是一种损失。因此，择业时要“量质选择”。

## 二、气质的种类

气质是一个古老的概念。早在古希腊时代，医学家希波克拉底就认为人体内有四种液体：黏液汁（生于脑）、黄胆汁（生于肝）、黑胆汁（生于胃）、血液（生于心脏）。这四种体液在不同的人身上占有不同的比例，只有四种体液调和，人才能健康，如果失调，就会生病。他还根据体液在人体内占优势的程度不同，把人的气质分为四种类型：在体液的混合比例中，血液占优势的人属多血质，黏液汁占优势的人属黏液质，黄胆汁占优势的人属胆汁质，黑胆汁占优势的人属抑郁质。虽然根据后来的现代生理学研究表明，气质的生理基础是人的高级神经活动类型，与人的体液无关，但希波克拉底把人的气质分为四种基本类型的说法仍被许多学者所采纳并沿用至今。

在实际生活中，真正属于某种典型气质的人很少，大多数人是接近某种气质，同时又具有其他气质的某些特点。因此，判断一个人的气质，主要是了解某个人具有哪些气质特点，而不能简单用现成的模式去套。

## 三、气质与职业的关系

世界上的职业多种多样，在一般职业中，气质的各种特性可以起到互相弥补的作用。如有人对优秀女工的研究发现，属于黏液质的女工，她稳定的注意力能及时发现故障，克服了注意力不易于转移的缺陷；属于多血质的女工，注意力易于转移，这种灵活性弥补了注意力易分散的缺陷。但是有些特殊职业对气质类型则有比较高的要求。

实际上，不同的职业对人的气质特点都有特定的要求，如医务工作要求反应灵敏、耐心、细致、热情等品质；驾驶员、飞行员、运动员则要求机智、敏捷、勇敢、抗干扰等气质特点;对组织管理干部则要求工作细致、善于交际、耐心等品质;外交人员则要求有思维敏捷、姿态活泼、能言善辩、感染力强等气质特点。因此,分析职业对气质的要求,分析个体的气质类型,有利于做到人职匹配,提高个体适应职业的能力。

没有任何一种气质类型是完美无缺的,也没有任何一种气质类型是一无是处的,每一种气质类型既有为人们所乐于接受的一面,也有为人们所不赞成或不易接受的一面。但是气质不同,对职业的适应性也是不同的,如果一个人具备了他从事的职业所要求的气质特点,就可以为所从事的这项工作提供有利的条件。气质类型虽然不能决定一个人社会价值和成就的高低,但它往往能够影响一个人工作的性质和效率,影响一个人对职业的适应性程度。因此在职业选择中,气质应作为重要参考因素。

根据各种气质的特点以及职业要求,可以找到气质和职业之间的匹配关系。

**1. 多血质**

多血质人群的特征是:情绪兴奋性高,外部表现明显,反应速度快而灵活。表现为情感变化迅速,对人、对事易发生情绪反应,但情绪不稳定,心境变换较快,随意反应性强,具有较大的可塑性。多血质的人工作能力强,容易适应新环境,工作面较为宽广。适合从事的职业是外交人员、管理人员、驾驶员、服务员、医生、律师、运动员、冒险家、新闻记者、演员、侦探、干警等。这类人办事多凭兴趣,富于幻想,缺乏忍耐力和毅力,不愿做耐心细致的工作,不适宜做过细的工作,也很难胜任单调机械的工作。

**2. 胆汁质**

胆汁质人群的特征是:情绪兴奋性高,抑制能力差,反应速度快但不灵活,情绪体验强烈而持久。表现为情绪产生迅速且带有爆发式特点。胆汁质的人喜欢不断有新活动、新高潮出现,喜欢热闹。工作不断变换、环境不断转移不会对他们造成压力。这类人群适合做刺激性大而富于挑战的工作,如导游、节目主持人、推销员、演员、模特等。这类人适应热闹、繁杂的工作环境,而很难胜任需要长期安坐的工作。

**3. 黏液质**

黏液质人群的特征是:情绪兴奋性较低,外部表现少,反应速度慢但稳定性强。这种气质类型的人,情感不易变化和暴露,心平气和,不易激动,也很少激动,但当情绪一旦被引起,就变得强烈、稳固而深刻。他们行动稳定迟缓,说话慢且言语不多,遇事谨慎,三思而行,善于克制、忍让,生活有规律,不为无关的事情分心,埋头苦干,有耐久力。但他们往往不够灵活,注意力不易转移,容易固执、拘谨,容易养成自制、镇静、安静、不急躁的品质。黏液质的人适合的工作范围也是比较广泛的,外科医生、法官、管理人员、会计、播音员、调节员等。

**4. 抑郁质**

抑郁质人群的特征是:反应速度慢而不灵活,属于呆板而羞涩的类型。这种人感情细腻,做事小心谨慎,善于观察别人观察不到的微小细节。但抑郁质的人适应能力较差,易于疲劳,行动迟缓、羞涩,生活中常有孤独、胆怯的表现。这种类型的人适合做保管员、排版员、化验员、保育员、研究人员等,但不适合做需要与各色人物打交道、变化多端、大量消耗体力和脑力的工作。抑郁质的人成为艺术家的几率比较大,另外,一些需要细致观察和感受的工作也很适合抑郁质的人,如护士、心理咨询员、幼儿教师等。

事实上，人们把气质作为职业生涯规划所要考虑的心理因素之一，主要是为了使个人更好地适应工作，从而提高工作效率，但是气质并不是决定事业成功的主要因素，也就是说，气质只具有一定的辅助作用。通常，分析职业对气质的要求和个体的气质类型，有利于我们更好地做到人职匹配，从而提高个体适应职业的能力。

## 小锦囊

**职业气质自我测评**

扫码阅读

## 四、什么是价值观

价值观是指人们认识和评价客观事物、现象对自身或对社会的重要性所持有的内部标准。每个人都生活在特定的生活环境中，对现实中的一切事物都会有一定的评价，哪些是好的、可接受的、值得的，哪些是不好的、不可接受的、不值得的，这就是价值观。价值观代表了人们最基本的信念，这些信念使得人们对某些事情的认可和接受程度比对其他事情要高。价值观对个人的思想和行为具有重要的导向和调节作用，使之指向一定的目标或带有一定的倾向性。

一个人的价值观是从刚出生开始，在家庭和社会的影响下逐渐形成和稳定下来的。一个人所处的社会环境、家庭的经济和社会地位、父母的职业和价值观、早期的学校教育等，对其价值观具有决定性的作用。广播、电视、电影、报纸等大众媒体对价值观的影响也是不可忽视的。西方学者关于价值观的研究表明，一个人的价值观一旦形成，就会相对稳定、持久，不易发生变化。但是随着时代的变化、生活的变迁，人们的某些观念也会发生变化，这就是价值观的社会属性。

价值观对人的行为和生活选择有着不可估量的影响，就像亚当·斯密所说的，价值观就像“一只看不见的手”，它在不知不觉中就决定了我们选择以什么样的方式度过一生。然而，你是否清楚地意识到它们的存在呢？对自身价值观的探索，将使我们的生活更有方向感，它将有助于我们更好地回答下面三个最根本的哲学问题：“我是谁？”、“我适合做什么工作？”、“我的生命有什么意义？”

钢琴家路易斯·拉舍认为：如果就一项已知的价值观，你能够对接下来的 7 个问题都回答“是”，那么就可以确定这项价值观对你很重要。

- 我是否对这一价值观感到骄傲（或珍视、爱护）？
- 我是否愿意公开维护这一价值观——也就是说，在别人面前公开地为它辩护？
- 我是否在考虑了其他的价值观之后才选择了这项价值观？
- 我是否考虑到了表达这项价值观的后果？
- 我是否自主地选择了这项价值观？
- 我是否已经按照这项价值观去行动了？

● 我是否依照这项价值观前后一贯地行动？

### 五、什么是职业价值观

价值观在职业选择上的体现就是职业价值观(vocational value)，是人们对待职业的一种信念和态度，或是在职业生活中表现出来的一种价值取向。工作价值观可以反映出个人价值观。人们在选择职业时，个人的择业标准和对具体职业的评价集中反映了他们的职业价值观。例如在择业过程中，有的人追求丰厚的收入，有的人希望奋斗到较高的社会地位，有的人喜欢工作环境轻松愉快，还有很多大学生将能充分发挥自己的才能作为择业的第一标准。

对职业价值观和工作价值观的研究是职业生涯规划的基础。认识到你思想中根深蒂固的价值，是理解工作中什么样的特征才能给你满足的第一步。如果你在职业生涯中找到了自己的价值观，那你的工作就会变得更有意义、更有目的；如果你的工作没有使你得到满足，生活本身就会变得乏味和令人烦闷。

**小锦囊**

**测验 21 种个人价值观的排序**

扫码阅读

## 第四节　职业能力的自我认知

### 一、能力概述

能力是指个人顺利完成某种活动所必须具备的心理特征，包括智力、性向和成就三种。智力是指个人的一般能力；性向是指个人可以发展的潜在能力；成就是指个人通过教育或培训在学识、知识和技能方面达到的较高水平。

从定义即可看出，能力对于生涯的作用是不言而喻的，你从事任何一种活动都必须具备一定的能力，能力是影响活动效果的基本因素。同样，对任何一种职业生涯而言，要使职业生涯得以顺利进行，你必须具备相应的能力。能力总是和你所从事的活动联系在一起，人们总是通过某种活动来考察你的能力。

### 二、能力的分类

受遗传和环境的影响，人的能力存在着个体差异，这主要可以从质与量两个方面来体现。从质的角度而言，人的特殊能力存在差异。这不仅体现为人们所具有的特殊能力的不同，而且即使同一种特殊能力，其构成要素也会有差异。更何况高等教育总体而言属于专业教育，不同专业也会使大学生具有不同的特殊能力。从量的角度而言，人的能力发展水平和发展速度存在差异。在遗传和环境这两大因素的支配之下，通过成长和学习交互作用，个人的能力在不断发展。人与人不仅在能力特质的总体发展程度上有差异，而且同一个人各种特质之间也有发展程度上的差异。人的能力是各种各样的，按照不同的角度可以将能力作如下分类。

**1. 模仿能力和创造能力**

模仿能力是指人们通过观察别人的行为、活动来学习各种知识，然后以相同的方式做出反应的能力。模仿不但表现在观察别人的行为后做出的相同反应中，而且表现在某些延缓的行为反应中。模仿是动物和人类的一种重要的学习能力。

创造力是指产生新的思想和新的产品的能力。一个具有创造力的人往往能超脱具体的知觉情境和思维定式的束缚，在习以为常的事物和现象中发现新的联系和关系，提出新的思想，产生新的产品。

作家在头脑中构思新的人物形象，创造新的作品；科学家提出新的理论模型，并用实验证实这些模型，都是创造力的具体表现。

模仿力和创造力是两种不同的能力。动物能模仿，但不会创造。模仿只能按现成的方式解决问题，而创造能提供解决问题的新方式与新途径。人的模仿力和创造力有明显的个别差异。有的人擅长模仿，而创造力较差；有的人既善于模仿又富有创造力。了解这一点对选拔和使用人才具有现实意义。模仿力与创造力有密切的关系，人们常常是先模仿，然后再进行创造。科研工作者先通过观察、模仿别人的实验，然后才有可能提出有独创性的实验设计；学习书法的人先临摹前人的字帖，然后才可能创作出具有个人独特风格的作品。在这个意义上，模仿也可说是创造的前提和基础。

**2. 一般能力和特殊能力**

一般能力指在不同种类的活动中表现出来的能力，如观察力、记忆力、想像力、创造力等。其中抽象概括能力是一般能力的核心。平日我们所说的智力是就一般能力而言的。人们要完成任何一种活动，都和这些能力的发展分不开。

特殊能力指在某种专业活动中表现出来的能力。它是顺利完成某种专业活动的心理条件。例如，画家的色彩鉴别力、形象记忆力，音乐家的区别旋律的能力、音乐表现能力以及感受音乐节奏的能力等，均属于特殊能力。

一般能力与特殊能力的关系是十分密切的。一方面，一般能力是特殊能力的组成部分。人的一般听觉能力既存在于音乐能力中，也存在于言语能力中。没有听觉一般能力的发展，就不可能发展音乐和言语听觉能力。另一方面，特殊能力的发展有助于一般能力的发展。例如，音乐能力的发展会提高一般的听觉能力，进而影响言语能力的发展。

**3. 认知能力、操作能力和社交能力**

认知能力是指人脑加工、储存和提取信息的能力，即我们平常所讲的智力，如观察力、记忆力、想像力等。人们认识客观世界，获得各种各样的知识，主要依赖于人的认知能力。

操作能力是指人们操作自己的肢体以完成各项活动的能力，如劳动能力、艺术表演能力、体育运动能力等。操作能力是在操作技能的基础上发展起来的，又成为顺利掌握操作技能的条件。操作能力与认知能力不能截然分开。不通过认知能力积累一定的知识和经验就不会有操作能力的形成和发展；反过来，操作能力不发展，人的认知能力也不可能得到很好的发展。

社交能力是指在人们的社会交往活动中所表现出来的能力，如组织管理能力，言语感染力，判断决策能力，调解纠纷、处理意外事故的能力等。这种能力对组织团体、促进人际交往和信息沟通有着重要的作用。

#### 4. 流体能力和晶体能力

根据能力在人的一生中的不同发展趋势以及能力和先天禀赋与社会文化因素的关系，可以将能力分为流体能力和晶体能力。

流体能力是指在信息加工和问题解决过程中所表现出来的能力。如对关系的认识，类比、演绎推理能力，形成抽象概念的能力等。它较少地依赖于知识和文化的内容，而决定于个人的禀赋。流体能力的发展与年龄有密切关系。一般人在 20 岁以后，流体能力的发展达到顶峰，30 岁以后将随年龄的增长而降低。心理学家们也发现，流体能力属于人类的基本能力，其个别差异受教育文化的影响较少。因此，在编制适用于不同文化的所谓文化水平测验时，多以流体能力作为不同文化背景的个体智力比较的基础。

晶体能力指获得语言、数学知识的能力，它决定于后天的学习，与社会文化有密切的关系。晶体能力在人的一生中一直在发展，只是到 25 岁以后，发展的速度渐趋平缓。

晶体能力依赖于流体能力。如果两个人具有相同的经历，其中一个有较强的流体能力，那么他将发展出较强的晶体能力。然而一个有较高流体能力的人如果生活在贫乏的智力环境中，那么他的晶体能力的发展将是低下的或平平的。

### ☞ 三、能力的影响因素

影响能力的因素主要体现在素质、知识和技能、教育、社会实践和主观努力等五个方面。

#### 1. 素　质

素质是有机体天生具有的某些解剖和生理特征，主要是神经系统、脑的特征以及感官和运动器官的特征。素质是能力发展的自然前提，离开这个物质基础就谈不上能力的发展了。天生或早期聋哑的人难以发展音乐能力，双目失明者无从发展绘画才能，严重的早期脑损伤或脑发育不全的缺陷是智力发展的障碍。素质是能力发展的自然基础，但不是能力本身。素质作为先天生成的解剖生理结构，不能现成地决定能力。先天素质只是为能力的发展提供了最初的可能性。

#### 2. 知识和技能

知识是人类社会历史经验的总结，从心理学的观点来说，是头脑中的经验系统以思想内容的形式为人所掌握。技能是操作技术，是对具体动作的掌握，它以行为方式的形式为人所掌握。知识、技能与能力有密切的关系。知识是能力形成的理论基础；技能是能力形成的实践基础。能力的发展是在掌握和运用知识、技能的过程中实现的；同时，能力在一定程度上决定着一个人在知识、技能的掌握上可能取得的成就。能力和知识、技能密切相关，它们之间既相互联系又互相制约，这种关系主要体现在：掌握知识、技能以一定的能力为前提；能力制约着掌握知识、技能的快慢、深浅、难易和巩固程度；而知识的掌握又会导致能力的提高。当然，知识、能力的发展与技能的发展是不完全同步的。

**3. 教　育**

教育是掌握知识和技能的具体途径与方法。教育不仅在儿童和青少年的智力发展中起着主导作用,而且对能力的发展同样也起着主导作用。教育不但使学生掌握知识和技能,而且通过知识和技能的传授,还能促进心理能力的发展。学校教育对学生能力的培养是至关重要的,但是,当他们走上工作岗位以后,原来已经掌握的知识和技能就显得不够用,有些甚至是已经过时了。因此,在组织中,对在职员工的教育和培训就显得特别重要,他们必须掌握多种知识、多种技能,并能进行综合的运用。

**4. 社会实践**

能力是人在改造客观世界的实践活动中形成和发展起来的。社会实践对各种特殊能力的发展起着重要的作用。不同职业的劳动制约着能力发展的方向,实践向人们提出不同的要求,人们在实践和完成任务的活动中,不断地克服薄弱环节,从而使能力得到相应的发展和提高。

**5. 主观努力**

主观努力是获得成功的必由之路。要使能力获得较快和较大的增长,没有主观的勤奋努力是根本不可能的。世界上许多政治家、科学家和发明家,无论他们从事的领域有多么大的不同,他们的共同点是长期坚持不懈、刻苦努力、顽强地与困难作斗争;没有刚毅、顽强、百折不挠的意志力,任何成就都不可能取得,也无从谈起能力的发展。

### 相关联接

**个人能力对职业选择的影响**

扫码阅读

## 四、什么是职业能力

职业能力是人们从事某种职业的多种能力的综合。例如,一位教师只具有语言表达能力是不够的,还必须具有对教学的组织和管理能力,对教材的理解和使用能力,对教学问题和教学效果的分析、判断能力等。如果说职业兴趣或许能决定一个人的择业方向,以及在该方面所乐于付出努力的程度,那么职业能力则能说明一个人在既定的职业方面是否能够胜任,也能说明一个人在该职业中取得成功的可能性。

职业能力与人的职业活动相联系,并表现在人的职业活动中。可见职业能力就是个体从事职业活动的能力。个体具有某种职业能力,就能够顺利地完成某种职业活动,而且职业能力的大小决定着职业活动效率的高低。职业能力是在一般能力和特殊能力的基础上发展起来的,它是多种能力的有机组合。由于职业能力是多种能力的综合,因此,我们可以把职业能力分为一般职业能力、专业能力和职业综合能力。

**1. 一般职业能力**

一般职业能力主要是指一般的学习能力、文字和语言运用能力、数学运用能力、空间判断能力、形体知觉能力、颜色分辨能力、手的灵巧度、手眼协调能力等。此外，任何职业岗位的工作都需要与人打交道，因此，人际交往能力、团队协作能力、对环境的适应能力，以及遇到挫折时良好的心理承受能力都是我们在职业活动中不可缺少的能力。

**2. 专业能力**

专业能力主要是指从事某一职业的专业素养。在求职过程中，招聘方最关注的就是求职者是否具备胜任岗位工作的专业能力。例如，你去应聘教学工作岗位，对方最看重你是否具备最基本的教学能力。

**3. 职业综合能力**

这里主要给大家介绍国际上普遍注重培养的“关键能力”，主要包括 4 个方面。

● 跨职业的专业能力

从以下三方面可以体现出一个人跨职业的专业能力：一是运用数学和测量方法的能力；二是计算机应用能力；三是运用外语解决技术问题和进行交流的能力。

● 方法能力

一是信息收集和筛选能力；二是掌握制订工作计划、独立决策和实施的能力；三是具备准确的自我评价能力和接受他人评价的承受力，并能够从成败经历中有效地吸取经验教训。

● 社会能力

社会能力主要是指一个人的团队协作能力、人际交往和善于沟通的能力。在工作中能够协同他人共同完成工作，对他人公正宽容，具有准确裁定事物的判断力和自律能力等，这是岗位胜任和在工作中开拓进取的重要条件。

● 个人能力

随着我国经济体制改革的深入、法制的不断健全完善，人的社会责任心和诚信将越来越被重视，假冒伪劣产品将越来越无藏身之地，一个人的职业道德越来越受到全社会的尊重和赞赏，爱岗敬业、工作负责、注重细节的职业人格会得到全社会的肯定和推崇。

## ☞ 五、能力对职业的影响

**1. 一定的职业能力是胜任某种职业岗位的必要条件**

任何一个职业岗位都有相应的岗位职责要求，一定的职业能力则是胜任某种职业岗位的必要条件。因此，求职者在进行择业时，首先要明确自己的能力优势以及胜任某种工作的可能性。条件允许的情况下，可以由专业职业指导人员帮助分析，根据求职者的学历状况、职业资格、职业实践等来确定求职者的职业能力，必要时可以通过心理测试作为参考，在基本确定求职者的职业能力和发展的可能性的基础上帮助求职者进行职业选择。

**2. 职业实践和教育培训是职业能力发展的前提**

● 职业实践促进职业能力的发展

职业能力是在实践的基础上得到发展和提高的，一个人长期从事某一专业劳动，能促使人的能力向高度专业化发展。例如，计算机文字录入人员，随着工作的熟练和经验的积累，录入的速度会越来越快，准确性也会越来越高。个体的职业能力只有在实际工作中才能不断得到发展、提高和强化。

● 教育培训促进职业能力的提高

个体职业能力的提高除了在实践中磨炼和提高之外，另外最有效的途径就是接受教育和培训。像我们所熟悉的职业教育、专科教育、大学本科教育、研究生教育等，学生通过对有关知识和技能的掌握，对以后更好地胜任本职工作会有极大的帮助。

● 职业能力、职业发展与职业创造间的关系

职业能力是人发展和创造的基础。前面讲到能力是成功地完成某种任务或胜任工作的必不可少的基本因素，没有能力或能力低下，就难以达到工作岗位的要求，不能胜任。个体的职业能力越强，各种能力越是综合发展，就越能促进人在职业活动中的创造和发展，就越能取得较好的工作绩效和业绩，越能给个人带来职业成就感。

### 3. 职业能力测评和职业选择时应遵循的原则

从能力差异的角度来看，在职业能力测评和职业选择时应遵循以下原则：

● 注意能力类型与职业相吻合

从能力差异的角度看，人的能力类型是有差异的，即人的能力发展方向存在差异。职业研究表明，职业也可以根据工作的性质、内容和环境而划分为不同的类型，并且对人的能力也有不同的要求，因而应注意能力类型与职业类型的吻合。能力水平要与职业层次一致或基本一致。对一种职业或职业类型来说，由于所承担的责任不同又可分为不同层次，不同的层次对人的能力有不同的要求。因而，在根据能力类型确定了职业类型后，还应根据自己所达到或可能达到的能力水平确定相吻合的职业层次。只有这样，才能使能力与职业的吻合具体化。

充分发挥优势能力的作用。每个人都具有一个多种能力组成的能力系统，在这个能力系统中，各方面能力的发展是不平衡的，常常是某方面的能力占优势，而另一些能力则不太突出，对职业选择和职业指导而言，应主要考虑其最佳能力，选择最能运用其优势能力的职业。同样，在人事安排中，如能注重一个人的优势能力并分配相应的工作，会更好地发挥一个人的作用。

● 注意一般能力与职业相吻合

一般能力包括注意力、观察力、记忆力、思维能力和想象力等。不同的职业对人的一般能力的要求不同，有些职业对从业者的智力水平有绝对的要求，如律师、工程师、科研人员、大学教师等都要求有很高的智商；智力在相当大的程度上决定着其所从事的职业类型。

● 注意特殊能力与职业相吻合

特殊能力是指从事某项专业活动的能力，也可称特长，如计算能力、音乐能力、动作协调能力、语言表达能力、事务能力、空间判断能力、形态知觉能力、手指灵活度与灵巧度等。要顺利完成某项工作，除要具有一般能力外，还要具有该项工作所要求的特殊能力，如从事教育工作需要具有阅读能力和表达能力；从事数学研究需要具有计算能力、空间想象能力和逻辑思维能力。如法官就应具有很强的逻辑推理能力，却不一定要有很强的动手能力；而建筑工人应具有一定的空间判断能力，却不一定要有良好的语言表达能力。

### 4. 职业能力倾向测评

所谓能力倾向，是一种潜在的、特殊的能力，它与经过学习训练而获得的才能是有区

别的，它本身是一种尚未接受教育训练前就存在的潜能。而职业能力倾向主要是指与个体成功地从事某种工作有关的能力因素，是一些对于不同职业的成功、在不同程度上有所贡献的心理因素。社会上的职业很多，各种职业对人的能力的要求也是各不相同，而人的能力也存在很大的个别差异。因此，如果我们能对自己的职业能力做出恰当的评价，就可以结合自己的职业兴趣，选择适合自己的职业，并在选定的职业中充分施展自己的才华和优势。而职业能力倾向测验是一种测量人们从事某种职业活动潜在能力的评估工具，它具有诊断功能和预测功能，可以判断一个人的能力优势与成功发展的可能性，为人员选拔、职业设计与开发提供科学依据。

(1)特殊性倾向测验

这个测验是系列式的，包括四大类多个小测验，是国外企业常用的职业能力倾向性测验。这四类测验分别是：机械倾向性测验，主要测量人们对机械原理的理解和判断空间形象的速度、准确性以及手眼协调的运动能力；文书能力测验是专门了解个人打字、速记、处理文书和联系工作能力的测验，适合于科室和文职人员；心理运动能力测验，主要测验工业中许多工作所需的肌肉协调、手指灵巧或眼与手精确协调等技能；视觉测验，运用特殊仪器对视力的多种特征进行测验，以评定其是否符合一定工作的要求。

(2)多重能力倾向测验

主要用来测验与某些活动有关的一系列心理潜能，能同时测定多种能力倾向。其中普通能力成套测验(GATB)是较有代表性且较常用的。GATB 由 8 个纸笔测验和 4 个仪器测验组成，可以测量 9 种职业能力。

- G——智能

智能即一般的学习能力，包括对说明、指导语和诸原理的理解能力，推理判断能力，迅速适应新环境的能力。

- V——语言能力

语言能力是指按语言的意义及与它相关的概念，有效地掌握它的能力；对字词、句子、段落、篇章及其相关关系的理解能力；清楚而准确地表达信息的能力。包括口头表达能力和文字理解与表达能力。

- N——数理能力

数理能力是指在正确而快速进行计算的同时，能进行推理，解决应用问题的能力。

- Q——书写知觉能力

书写知觉能力是指对文字、表格、票据等材料的细微部分正确知觉的能力；直观地比较、辨别字词和数字，发现错误并矫正的能力。

- S——空间判断能力

空间判断能力是指对记忆片段图形与立体图形之间的关系的理解能力和解决应用问题的能力。

- P——形态知觉能力

形态知觉能力是指对实物或图像的有关细节的正确知觉能力；根据视觉能够比较、辨别的能力；对图形的形状和阴影的细微差别、长宽的细小差异，能够进行辨别的能力。

● K——动作协调能力

动作协调能力是指迅速、准确和协调地做出精确的动作，并迅速完成作业的能力；迅速而准确地作出反应动作的能力；手、眼协调运动的能力。

● F——手指灵活性

手指灵活性是指快速而准确地活动手指，操作细小物体的能力。

● M——手腕灵活性

手腕灵活性是指随心所欲地、灵巧地活动手以及手腕的能力；拿取、放置、调换、翻转物体时手的精巧运动和腕的自由运动能力。

其中，V、N、Q 能力出色的人，属于认知型职业类型；S 和 P 能力出色的人可归入知觉型；K、F、M 突出的人属于运动机能型。在现实生活中，有许多人可能同时在上述两类能力类型中都相当优秀，或者 9 种能力水平相差不多，没有哪一种特别突出。一般能力倾向测验的意义在于帮助你发现什么样的职业领域最能发挥自己的潜能，而不是简单地划定“最适合的职业”，要知道，人的很多能力是可以通过后天培养而积累的。

## 小锦囊

**九种职业能力倾向的自我测评**

扫码阅读

## 思考题

1. 自我认知的方法包括哪些？
2. 兴趣在职业活动中有哪些作用？
3. 一般来说，性格可分为哪几种？你属于哪一种？
4. 简述气质与职业的关系。
5. 什么是职业能力？

# 5 第五章　职业生涯规划

## 本章概述

机遇，从来只青睐有心人。这就是为什么我们要进行职业生涯规划的原因，不论是未出校门的学生，还是已到中年的事业不如意者，或者渴望更大成就者，只有尽早进行科学的个人职业生涯规划，才能把握开天辟地的利斧，获得机遇的青睐。在发达国家中，青少年很早就接受了职业生涯教育，从学生时代起，他们就开始有目的地规划设计自己的未来生涯。而在我国，职业生涯教育尚属新鲜事物，只有为数不多的高校和部分咨询培训公司开展了系统的教育指导。很多人从来没有想过做一份个人的职业生涯规划，甚至不知职业生涯规划为何物？所幸，对于很多今天的年轻人来说，“职业生涯”已不再是一个陌生的词汇，他们清楚地意识到职业生涯对自己有限的人生是何等重要。面对人生大舞台，相信每个人都渴望实现自我的价值，因为追求成功是人的本性。

## 内容点击

- 大学生职业生涯规划概述
- 大学生职业生涯规划的准备
- 职业生涯规划的具体步骤
- 职业生涯规划设计文案及典例

## 案例导读

### “选择”比“能力”更重要

冯阳与陈亮是同学，一起进大型家电企业A公司。短短几年后，两人的发展却有了天壤之别。陈亮已经创业成功，成了建材行业的一名顶级培训师，还是多家知名建材企业的咨询顾问，并拥有了自己的管理咨询公司；而冯阳还是某小家电企业的小小推广经理，虽然本职工作也干得很优秀，但因为家电行业的整体不景气，又加上该行业是人才聚集地，所以难以在岗位上脱颖而出。

陈亮离开A公司时，拥有好几个行业选择，一是家电行业，二是汽车行业，三是建材行业。但陈亮最终选择了建材行业，主要考虑到建材行业不是很成熟，拥有更多的机会，况且这种非成熟型行业，营销高手也较少，所以也很容易获取机会，充分将自己的才能发挥出来，从而创造更大的价值。其次，陈亮考虑到建材行业的产品都处在导入期，所以伴随着行业的发展，未来自己的发展前景肯定不可估量，因为职业人可以伴随着行业的发展而发展。同时，在这种成长型行业中，未来可以较多地取得更大的发展机会。所以，陈亮在一家知名的建材企业，从职能经理干到中层营销干部后，就利用自己的“知本”与圈子里的人脉关系开始创业，并迅速获得成功，从而成为建材行业的一名顶级的培训师和抢手的营销顾问。

而冯阳离开A公司时，思维还在家电行业徘徊。在经过深思熟虑后，接受了一家知名小家电企业伸出来的橄榄枝。虽然冯阳最后的选择从大家电过渡到小家电，他认为这是家电行业的最后一块奶酪，也看准了这最后一丝机会，但家电行业“夕阳光”却挥之不去。冯阳加盟该小家电企业出任市场部推广经理，几年内，冯阳不仅为企业构建了推广体系，并策划多场在行业有影响的活动，也获得公司与行业的认可。但是企业销售每年增长都较为缓慢，从单个业务层面来看冯阳创造了价值，可在销售总体结果不好的情况下，带给冯阳的回报率总是不尽如人意，这些原因不仅制约了冯阳的发展，而且使其在此怪圈里徘徊。现今冯阳要重新选择企业时，又为自己前几年的付出付之东流感到惋惜，感觉进退两难。

**思考：**为什么同一批进入同一家企业的同事，并且拥有同样的能力，却有了两个不同的结果？

# 第一节　大学生职业生涯规划概述

## 一、职业生涯规划的概念

职业生涯规划是指结合自身条件和现实环境，确立自己的职业目标，选择职业道路，制订相应的培训、教育和工作计划，并按照生涯发展的阶段实施具体的行动以达到目标的过程。按照时间维度，职业生涯计划可以分为短期规划、中期规划、长期规划和人生规划四种类型。

- 短期规划是指2年以内的规划，主要是确定近期目标，规划近期应完成的任务。如计划2年内熟悉新公司规则，融合到企业文化中，为此要花较多的时间与同事、领导沟通，向“过来人”学习。
- 中期规划一般涉及2～5年内的职业目标和任务，是最常用的一种职业生涯规划。例如3年后要成为部门经理，完成相应的业绩，以及为实现此目标而参加的培训等可采取的具体措施。
- 长期规划是指5～10年的规划设计，主要是设定较长远的目标，如规划35岁时成为分公司副总经理，掌握更大的权力，以及为实现此目标应采取的具体措施。
- 人生规划是指整个职业生涯的设计，设定整个人生的发展目标和阶梯。

从字面上看，个人职业生涯规划从短期到中期，再到长期，直至整个人生规划，如同将要拾级而上的台阶，一步步地发展。但在实际操作中，跨度时间太长的规划由于环境、个人的变化性而难以把握；而时间跨度太短的规划又没有多大意义，所以，一般我们提倡个人职业生涯规划掌握在2～5年内比较好。这样既便于根据实际情况设定可行目标，又便于随时把握现实的反馈进行修正和调整。

## ☞ 二、职业生涯规划的出发点

职业生涯规划，简单地说，就是要解决职业生涯规划中“干什么”、“何处干”、“怎么干”、“以什么样的心态干”这四个基本问题，又有专家将此高度概括为职业生涯中的“四定”，即定向、定点、定位和定心。

### 1. 定　向

确定自己的职业方向。方向和目标有所不同，目标是自己拟定的期望达到的一个理想，而方向是为达到目标而选择的一种路径。如果方向错误，则会偏离目标，即使修正也会花费许多精力和时间。对大学生来说，职业定向需要冷静的头脑和十足的勇气，根据自己的兴趣、理想、专业去选择自己未来的职业方向。在这里，专业已经淡化到次要的地位，如果有可能，大学生最好不要让理想屈从于专业。当然理想和专业一致将更加完美。

### 2. 定　点

确定职业发展的地点。地点也是现实环境的一个因素。就中国来说，各地的经济发展现状和前景都不同，甚至差异很大。这几年调查研究显示，绝大多数毕业生选择就业地点只盯着经济发达地区，但这些地区竞争激烈，外地毕业生还要面临环境、语言、文化等差异带来的困难，而且发展空间未必比发展中的地区更好。这也是大学生就业时要慎重考虑的。

### 3. 定　位

确定自己在职业人群中的位置。定位过低会导致个人在职业生涯中无法实现自我价值的最大化，过高则容易遭受挫折，从而对职业生活丧失信心。大学生往往因为定位不准，“高不成，低不就”，毕业数年依然漂泊不定。因此，大学生，尤其高职院校的学生，需要准确地确定自己的位置，不自卑、不自傲，应根据自己的实际水平，在择业时对职位、薪资、工作内容等做好判断和把握。

### 4. 定　心

稳定自己的心态。人的一生必然会有高低起伏，成功与挫折总是结伴而行，个人的职业生涯也不例外。在实现职业理想与目标的过程中，难免也会有磕磕绊绊和意想不到的困难。对大学生来说，就是要保持一种心态，敢于直视就业过程中的困难和问题，始终坚定地按照自己的正确计划去实现理想。

## ☞ 三、职业生涯规划的意义

每个人家庭生活的质量如何、心情是否愉快、是否受人尊重，几乎都与工作有千丝万缕的联系。可以说，工作决定着人的命运。为此，做好职业生涯规划对每个人来说都是非常重要的。

不过，要将职业生涯规划好也不是简单的事情。一方面，社会变化和技术革新的速度越来越快，不确定性大大增加；另一方面，任何人都面临着比以往更大的风险。我们知道，婚姻的稳定性消失，爱人已经不能成为很可靠的依赖；子女的数目减少，养儿防老的可能性显然很小；以任何方式进行储蓄，都必须预估贬值的损失；各种各样预想不到的天灾人祸，更让人终生难安。在这样一种背景下，职业生涯规划的必要性是不言而喻的，具体可以从以下几个方面来说明。

**1. 社会竞争的残酷性**

今天，社会竞争的残酷性可以用一则寓言来说明：在非洲的大草原上，生活着羚羊和狮子。一天清晨，羚羊从睡梦中醒来，它想的第一件事就是，我必须比跑得最快的狮子还要快，否则，我就会被消灭。而狮子也同样在想，要想得到我今天的美餐，我必须比跑得很快的羚羊更快。在广袤无垠的大草原上，无时无刻不在演绎着惊心动魄的生死搏杀，优胜劣汰的自然法则在这里体现得淋漓尽致。

我们每一位工作者现在就像上述寓言中的羚羊和狮子。我们必须告诫自己："每天都有可能被淘汰。"事实上，我们所处的生存空间正在被无限压缩。20 世纪 70 年代的时候，欧美一些未来学家曾经预言："当人类跨入 21 世纪时，每周的工作时间将压缩到 36 小时，人们将会有更多的时间提升自我、休闲娱乐。"但历史的脚步迈入 21 世纪时，人们却惊讶地发现，相当多的人每周工作的时间在无限延伸，甚至超过了 72 小时，也有不少人却被"剥夺"了工作的权利，被市场无情地淘汰了，而那些每周工作时间在不断延伸的人们却是愈加发奋地"提升"自我。未来学家的美好预言被残酷的事实无情地否决了。

假如你不淘汰自己，可能就会被别人淘汰，这就是今天的社会中普遍存在的残酷现象。

**2. 人员流动的频繁——个人选择组织**

在过去的计划经济时代，人才流动的思想是不成熟的，甚至可以说是畸形的。大多数人对工作的态度是从一而终，一个人在一个单位里一干就是一辈子。人们对自己的期望也是强调自己是一块砖，哪里需要往哪里搬；强调自己是一颗螺丝钉，拧到什么地方都行。

从某种意义上来说，过去十几年来，中国非常低的人才流动率正是我们市场经济发展不成熟的一种表现。现在，人员流动率已经越来越高了。前几年还看得到有些人在一个单位工作十年、八年的，现在经常遇到的情况是某大学毕业生工作的三四年间，已经换了好几个单位，而且这种现象现在越来越多。在美国，人才流动率更高，人们不仅经常更换单位，还会经常更换职业。美国人一生有效的工作时间不过是三十几年，他们平均一生要换四种职业。注意，不是更换四个单位，而是更换四种职业，可见美国人更换工作是多么频繁。

总之，在当今的社会环境下，变更职业是绝对的，不变则是相对的。这种流动对每个人来说，也是一种自我调整的机会，有利于人们更好地实现自我发展，就像一句俗语所说的："人挪活，树挪死。"

**3. 企业更欢迎有准备的人才**

知识经济的发展使得企业越来越依赖员工主动性与创造性的才能。有见地的企业大打人才战，通过提高企业内部的人力资源管理效率来求得商场上的胜出。在这种背景下，越来越多企业将"职业生涯开发与管理艺术"引入人力资源管理工作流程，而帮助员工进行职业生涯规划就是其中一项核心内容。为了打好人才保卫战，充分用好人才，企业要求了解员工职业生涯发展个人计划，并通过支持帮助员工逐步实现个人职业生涯规划来留住人才，提高组织效率。这时，如果员工本人不能有意识地主动地配合组织的人力资源规划，将错失发展良机，并可能被组织淘汰出局。

**4. 职业生涯规划对个人具有重要意义**

其体现在：

- 引导你认识自身的个性、特点和现有的潜在的资源优势，帮助你重新认识自身的价值并使其持续增值。
- 引导你对自己的综合优势与劣势进行对比分析。
- 使你树立明确的职业发展目标与职业理想。
- 引导你与实际相结合的职业定位，搜索或发现新的或有潜力的职业机会。
- 引导你评估个人目标与现状间的距离。
- 使你学会如何运用科学的方法，采取切实可行的步骤和措施，不断增强你的职业竞争力，实现自己的职业目标与理想。

总之，进行职业生涯规划使你能够充分发挥个人的专长，开发自己的潜能，克服职业生涯发展中的困阻，避免人生陷阱，获得事业的成功。

## 相关联接

**职业生涯规划的主要原则**

(1)可行性。规划要有事实依据，并非是美好的幻想和不着边际的梦想，否则只能是纸上谈兵。

(2)清晰性。保证目标与措施的清晰明确，可以按部就班地具体实施计划以达到目标。

(3)适时性。规划中的各项措施与行动应该有明确的时间表，以便及时评估和修正。

(4)适应性。未来有很强的不确定性，规划需要有一定的弹性，能随着环境的变化而适时调整。

(5)持续性。规划要考虑到生涯发展的整个历程，每个发展阶段应能持续连贯衔接。

(6)长远性。规划应该从大方向着眼，尽可能制订远期目标。

(7)挑战性。如果目标是在原地踏步不前，则规划就失去了原本的意义，也无法激励自己。

## 四、职业生涯规划的基本理念

**1. 职业生涯规划不一定都能使事业成功，但没有规划的人很难取得事业上的成功**

一个人的事业能否成功取决于太多的因素，个人的素质、机遇和环境都起着重要的作用。所以，好的职业生涯设计不一定能保证事业的成功，但是，没有规划职业生涯，事业是很难取得成功的。以前，我们的父辈们的职业生涯都由组织来“安排”，他们被社会环境所左右，在这种情况下，个人有再好的职业生涯规划也无济于事。而现在，环境的因素已经弱化了,想干什么、怎么发展基本取决于每个人自己。在这种环境下,如果没有清晰的职业生涯规划,我们的事业就会像大海里迷失方向的小船一样,是不可能到达一个理想的终点的。可以说,对自己的发展有设计肯定胜于不设计,多设计一定胜于少设计。

### 2. 设计不要起因于对现实工作的不满

职业生涯规划绝对不是情绪化与不满的代名词,我们更不能在自己生活已经产生情绪化与不满时才来做生涯规划,希望通过对职业生涯的规划来消除和减轻自己的情绪化与不满。虽然职业生涯规划有时确实能解决生活与工作上的情绪化与不满,但是,很明显这是“手段”与“目的”的混淆。如果我们搞错了,对职业生涯规划的这件事情来说,很有可能是得不偿失的。

在进行职业生涯规划之前,每一个人都必须先要有一颗平常心,有条理地分析自己的各项因素、评估自己、解析环境、了解企业,然后,以客观、合理的态度来决定自己将何去何从。

### 3. 了解自己的特色

或许有人会说:“我没有什么特色。”其实,这没有什么特色就是你个人的特色。因为所谓的特色就是你个人所拥有的与别人不同的地方。每个人的职业生涯规划都要依据个人的特色来设计,才比较容易成功。

当然,除了特色之外,还有一些习惯、身体状况等,都和职业生涯规划有密不可分的关系。因为在你拟订好职业生涯规划之后,如何去执行、如何克服挫折等都和这些因素有着密切的关系。这里仅就个人的不同特色,将人们区分为九大类型。

(1)知识专家型

这一类型的人从事诸如教学、研究开发、写作、律师、会计之类的工作,他们应用知识和专业来谋生,此类人有逐年增多的趋势。这些人给人类社会的进步创造了很多价值,从而受到人们的尊重。因此,许多人从学生时代就规划着自己要成为这一类型的人。

此类人应该注意以下两点:

- 不断地充实自己,使自己不会被淘汰,同时不会有名实不符之虞。
- 适时地整理、发表自己的专业知识,既可教育社会大众,也可以扩大知名度。

(2)技术专家型

这类人从事诸如电脑、建筑、医师、雕刻之类的工作,属于应用技术、专业工作的人。在社会上,他们也占有相当大的比重,并且由于他们所提供的服务与产品是帮助人们解决问题和克服困难的,所以这类人的价值和重要性很容易被体现出来。技术专家型与知识专家型的区别在于,他们必须将专业知识了解、熟记于脑海中,并且还能熟练操作,能够随时展现专业技巧,不像知识专家型那样有时可以光说不练。

此类人应该注意以下几点:

- 除了不断地吸收新知识之外,还要定期做必要的操作,否则日久技疏,专业就退步了。
- 技术专业之所以被肯定,一定要有具体的实务依据与经验积累,所以要长期地投入,不能心猿意马。
- 兴趣与努力自然是技术专家不可或缺的,但是天分与才气对这一行来说也是不可或缺的，否则顶多成为匠，而无法成为师。

(3)坐拥金山型

现在许多人都很富有，富有的原因不外乎以下几种情形：其一，省吃俭用，节省得来；其二，投机取巧，不劳而获；其三，继承祖先遗产，生而有之。由于坐拥金山型的原因不同，因此人们对金钱的价值和处理方式也有很大的差异。所以，对于不同的坐拥金山型人士，这里给出不同的建议：

● 省吃俭用，节省得来的人应该注意的是适时地放松自己，赚钱固然重要，花钱更是艺术，光会赚钱、不会花钱的人生有何意思？

● 投机取巧、不劳而获的人应该注意的是必须见好就收，夜路走多了，有时难免会遇到鬼。

● 继承遗产、生而既有的人应该注意的是谨防小人。祖先成功了，他有他的地利、人和，这些现在都不可比。古语说："富不过三代。"因此只有守得住，才算成功了。

(4)一马当先型

这种类型的人做事果敢，意气风发，凡事一马当先，身先士卒，只进不退。于是，这一类的人整天不停地忙碌着，凡是人们有了什么"念头"和"点子"，大家尚在犹豫商量之际，他们已经开始行动了。

由于个性使然，这类人主动积极，容易交到朋友。顺利时继续向前，遇到挫折时也不会气馁，永远保持其一马当先的风格。此类人须注意的是：

● 此类型的人本身的优点使他们容易得到资讯、人缘和机会，但也因为如此，他们可能不知珍惜、使用，以致失去许多资讯、人缘、机会。所以，一定要特别注意和提醒自己珍惜已有的东西。

● 一马当先的人一般来说都是年纪稍轻的人，因为此时充满活力、精神，等年纪大了，想冲也冲不起来。因此，这一类型的人要善用自己的本钱，作为将来成为企业栋梁的基础与资源。

● 不是任何事情都可以一马当先的。有些事情确实是急不得，因为急了就容易出差错。

(5)大树遮荫型

有许多人靠父母的关系，好像一生下来就注定将来要做董事长、总经理。人们自然都会认为："好幸福啊！这种职位我们一辈子也不敢想。"其实不然，这些人或许也有他们自己的苦闷，只是外人没有察觉罢了。

对这种大树遮荫型的人来说，有三点建议希望他们注意：

● 不少这种类型的人由于成功的机会比别人多，所以不知道珍惜这份成功，因此，面对"挫折"与"危机"时，他们表现出的处理能力自然也会比别人差，所以应该时时刻刻以此为戒。

● 努力去超越前辈。每一个人都不应该对现状满足，要确定志向，做得比别人更好。对这类型的人来说，祖先留下来的不是财富、地位，而是一份不可推卸的责任。

● 在特定的情况下，放弃庇荫。如果一个人实在不喜欢这个行业、这份庇荫，则可以考虑选择自己喜欢的职业。因为如果让一个人一生做一件自己不想做的事情，相信他不会做得很出色。

(6)海市蜃楼型

这一类型的人喜欢好大喜功，凡事讲究排场、气派。这种类型的人把小事情可以吹成大的；把没有的事情可以吹成有的；把坏事情可以吹成好的。

对这种类型的人来说，世界是非常美好的，明天充满着希望。他们从来不去担心世界黑暗的一面，即使明天的日子或许也并不那么好过，但他们顾不了这些。对于这类人，有三点建议要请他们特别注意：

● 对于任何事情，朝“正面”、“善的”方面来衡量自然是好的，但也不可失之虚假，如果明知道事情的真相，就不可夸张形容。

● 将这种理想化作具体目标，同时将不可能的部分剔除，接下来付诸实践，这才是有意义的。

● 骗人、欺世是一时的，绝不会永久，就像纸里包不住火一样。

(7)天纵英才型

对于这类人来说，似乎什么事情都不难，他都可以迎刃而解。由于他天生机智，因此学习比别人快，吸收知识比别人多。但是，就是因为如此，他也容易养成骄纵的性格。

天纵英才是可遇而不可求的，如果培养得法，不论对个人、企业、社会，都将有极大的益处，反之危害也很大。对此类人我们有以下两点建议：

● 不可恃才傲物，对自己不懂的事情务必要虚心学习、接受，要知道山外有山、天外有天。

● 独木难撑大厦，一人难敌众人。再聪明和能力再强的人，都要与别人合作，否则寸步难行。

(8)取长补短型

取长补短的人能团结与自己专长、能力相辅的人，共同工作与生活，不但获得了自己的成功，也创造了朋友和同事的灿烂人生。

这种类型的人做事情既合天理又顺人情，是不可多得的俊杰。若能使自己成为这一类型的人或与此类人结合，你的职业生涯已经成功了一半。

(9)随遇而安型

其实在这个社会上，十之八九的人都属于此类型，认为只要今天过得去，就过了今天再说，明天的事明天再说。不是说人们没有了志气，而是人们已经被生活同化了、吞没了。于是，人们慢慢地习以为常，自然而然就变得随遇而安了，对于这种类型的人来说，进行职业生涯规划是十分重要的。



## 小锦囊

**设计职业生涯新规则**

扫码阅读

## 五、大学生职业生涯规划需注意的问题

大学生在进行职业生涯规划时尽管有一定的原则和步骤可以遵循,但是还要注意一些问题:

**1. 要充分考虑社会的需求**

大学生在选择职业时,一定会受到很多社会因素的制约,因为任何人选择职业的自由都是相对的和有条件的,如果大学生在选择职业时脱离了社会需求,将很难被社会所接纳。大学生在求职的过程中一定要把社会需要与个人利益、个人愿望有机结合,同时需要积极把握社会人才需求的动向,把社会需要作为个人的出发点和归宿,以社会对个人的要求为准绳。大学生们既要看到眼前的利益,同时又要考虑自己长远的发展;既要考虑个人的因素,也要自觉服从社会需要。

**2. 要结合自己所学专业进行职业生涯规划**

毋庸置疑,大学生都经过一定的专业训练,具有某一专业的知识和技能,这是他们的优势所在。大学生都有自己的专业,每个专业也都有自己的培养目标和就业方向,这就是大学生职业生涯规划的基本依据。

一般来讲,用人单位对毕业生的需求首先是大学生某方面的专业特长。大学生毕业后,主要靠自身所学的专业知识来贡献社会。如果大学生在自己的职业生涯规划中离开了所学的专业知识,无形之中会给自己增加许多的"补课"负担,个人的价值就难以实现。值得提醒的一点是,大学生对所学的专业知识要讲究精深和广博,除了要掌握宽厚的基础知识和精深的专业知识之外,还需要多花费些时间来拓宽自己的专业知识面,掌握或了解与本专业相关、相近的若干专业知识和基本技术。

**3. 要学会根据兴趣与能力特长进行职业生涯规划**

大学生一定要明白自己将来要做什么,要知道自己的兴趣所在,在职业生涯规划时更需要如此。但实际情况往往是毕业生挑花了眼,不知道自己需要的是什么,三心二意、犹豫不决,这样是不可取的。

职业生涯规划要与自身的性格、气质、兴趣、能力特长等方面相结合,充分发挥自己的优势,扬长避短,体现人尽其才、才尽其用的要求。大学生进行职业生涯规划时应适当考虑自己的兴趣与爱好。兴趣是个体积极探究事物的认识倾向,这种倾向常有稳定、主动、持久等很多特征。如果一个人对某种工作产生兴趣,那么这个人在工作中就会具有高度的自觉性和积极性。反之,如果一个人对工作没有兴趣,他就不可能将自己的精力投入到工作中去,也就不可能取得成功。但兴趣、爱好也并不总起着正向的驱动作用,有时它也是一种耗散力。比如,有的大学生对什么都感兴趣,但没有形成自我特色;有的大学生兴趣面太窄,不能形成优势;有些大学生的兴趣与所学专业不一致等,这就给大学生的职业生涯规划带来困惑。这就要求大学生在进行职业生涯规划时,对自己的兴趣有一个客观分析,根据职业意向对自己的兴趣、爱好进行重新培养和调整。

一个人的能力特长是其成功地完成某种活动所必须具备的个性心理特征,是其在社会实践中所表现出来的身心力量。按照自己的能力特长进行职业生涯规划是大学生应特别注意的问题,这是因为任何一种职业都需要一定的能力,不同职业有不同的能力要求。能力特长对职业目标的确定起着筛选作用,是求职、择业以及事业成功的重要保证。

值得提醒的一点是，一个人知识多、学历高不一定能力强，大学生切不可将学习成绩作为评价能力高低的惟一尺度。大学生需要对自己的能力特长有一个正确的自我认知和评价，同时还需要根据自己的真才实学和能力特长进行职业生涯规划。

**4. 要针对自身目标行业的职业，有效积累相关的知识**

大学生只一味地研究自己的兴趣、爱好是远远不够的，还要针对这些目标行业的职业做一些"家庭作业"。例如，打算应聘会计事务所的朋友，不要等到应聘时才开始了解会计事务所到底是做什么的。如果大学生改了行，那么对如何到新的岗位上适应新环境，如何面对新的人、新的挑战，需要学习哪些方面新的知识等问题都要有所考虑和准备。

## 第二节　大学生职业生涯规划的准备

实现人生目标不仅要有聪明的头脑，还要选择一个适合自己的位置，使自己的聪明才智有用武之地。否则，我们很可能由于选择的位置不当，而不能发挥自己的主观能动性。职业生涯规划是一个有机的、动态的、逐步的过程，并需要掌握正确的方法。

### 一、职业生涯路线的选择

职业生涯路线的选择是人生发展的重要环节之一，是指一个人选定职业后，决定从什么方向实现自己的职业目标，是从事专业技术活动（如研究和开发）还是从事管理活动。不同的发展道路对人各方面能力和素质的要求是不同的。因此，在职业生涯规划时必须对此做出选择，以便安排今后的学习和工作，使其沿着职业生涯路线和预定的方向发展。在进行职业生涯路线选择时，可以从三个方面来考虑：

- 一个人希望向哪一条路线发展，主要考虑自己的职业价值观、理想和成就动机，确定自己的目标取向。
- 一个人适合向哪一条路线发展，主要考虑自己的职业兴趣、性格、特长、经历、学历等主观条件，确定自己的能力取向。
- 一个人能够向哪一条路线发展，主要考虑自身所处的社会环境、政治与经济环境、组织环境等，确定自己的机会取向。

职业生涯路线选择的重点是对生涯选择要素进行系统分析，在对上述要素分析的基础上确定自己的生涯路线（如图 5－1 所示）。职业生涯路线选定后可以画出职业生涯路线图。图 5－2 是比较顺利的职业生涯路线，此图提供了两种典型的职业生涯发展道路，假定一个人 22 岁大学毕业参加工作，起点是 22 岁，由此向上发展。图的左侧是行政管理路线，右侧是专业技术路线，按照年龄或时间将路线分为若干部分，并将专业技术等级和行政职务等级分别标在路线图上，作为自己职业生涯目标。当然，现在的职业生涯路线远远不止两种，而且会出现 S 型（螺旋上升型）、W 型（横向转换起伏型）等形态。这里主要是为了说明人们在进行职业生涯路线选择时的思路，因而没有刻意去描述职业生涯发展的曲折性。

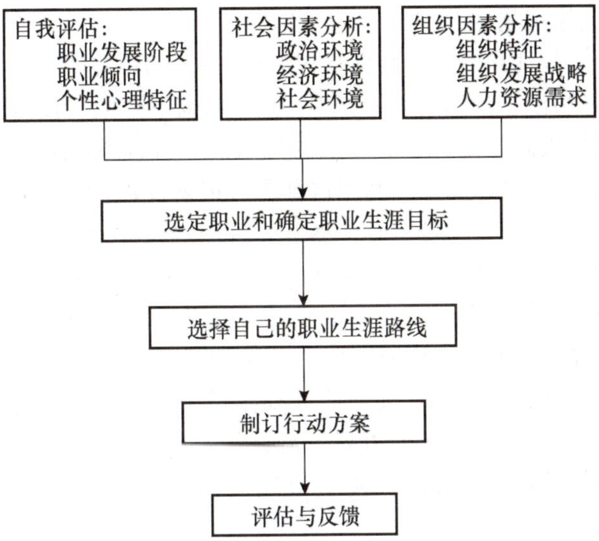


图 5-1 职业生涯路线的选择

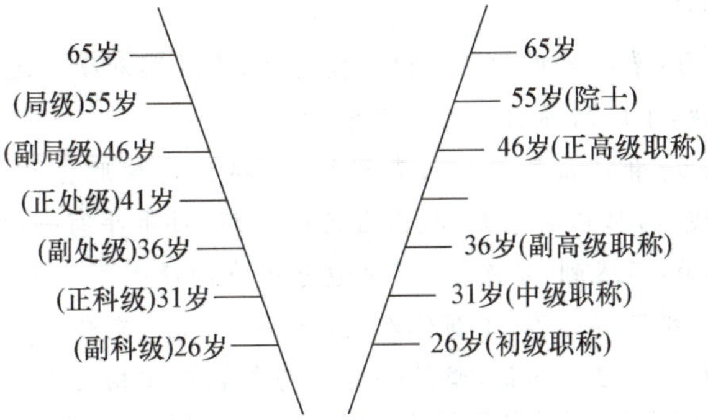


图 5-2 职业生涯确定上升发展路线

## 二、方法上的准备

### 1. 职业生涯规划的图形方法

对我们来说，有了积极的心态，只是有了发展的动力；只有动力是不够的，还需要技术与方法。为什么有的人能成功，有的人却不能成功呢？其根本的原因是后者缺乏职业生涯发展技术，缺乏工作技巧，说得具体一点，是对为人、处事、干工作方面缺乏周详的计划与经验，在实际工作中出现失误，导致目标落空，事业失败。为了使你的职业生涯目标得以实现，事业获得成功，下面介绍一种行之有效的方法。这种方法即一种图形策划技术(如图 5-3 所示)。

图 5-3 图形策划“八卦”图

此图就是一个“八卦图”，它是进行人生设计与职业生涯发展的一种有效的图形策划方法。这种方法曾被欧洲上流社会视为成功的“秘术”，如今又被欧洲工商界奉为个人奋斗的强化集训法。它的作用如此之大，那么，它是如何运用的呢？

(1)人生目标图形策划法

人生目标图形策划法是首先将目标写在图形中央，然后将实现目标的具体措施写在周围的空格内，最好写出八项，如果一时写不出八项也不要紧，暂时让它空着，等想起来后再填入。因为任何人思考问题都有一定的局限性和片面性，不是忽略这方面因素，就是忽略那方面因素，总是难以周全。利用这种图形策划技术，可提醒你进一步思考问题。当你看见这个图形时，你会想到是否有未尽事宜，自然就会动脑思考有关问题，有思考就会有新的收获，使空格逐步填满。当一个图的八个空格填满后，也就是说你已经考虑了八个方面。通常一个问题考虑了八个方面就已经足够了，但要想实现职业生涯目标，也许还有其他需要考虑的问题。你可将图中八项中的任何一项放在另一个"八卦图"的中心，再将其分成八个方面进行分析，使你的计划和措施完美无缺。例如，你刚参加工作，目标是五年升为科长，不妨利用图形策划一番。首先将"科长"这个目标放入图中央，然后将实现这一目标的具体措施与计划填入周边的空格内，设计填写方法如下：

- 时间：五年。
- 业务能力：虚心向老同志学习，在工作中不断探索本职工作的规律性，逐步独立开展工作，并具有创造性。
- 组织管理能力：学习掌握管理知识与技巧，注意观察和研究现有领导的管理方法，并分析其效果与反映，不断培养自己的管理能力。
- 政治思想方面：争取五年内加入党组织，其措施是按照党员标准严格要求自己。每季度找一位党员谈心，征求其意见，找出自己的差距，每半年写一份思想汇报。
- 组织纪律方面：不迟到，不早退，严格遵守规章制度。
- 情商方面：做到了解自己、了解他人，协调人际关系，充分激励自我。
- 学习方面：不断学习新知识，坚持每月读与本职工作相关的 3 本书，每年读 36 本，5 年共读 180 本，其中至少 10 本管理方面的书。

以上我们已经列出了七项措施，反映在人生目标策划"八卦"图中(如图 5-4 所示)，还有一个空格可根据自己的情况填写。

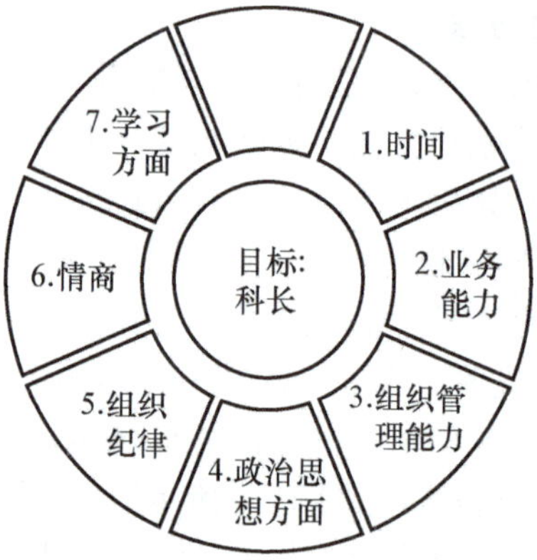


图 5-4　人生目标策划"八卦"图

(2)工作项目图形策划法

一个人能力的大小、水平的高低，都能在其处理每一件具体事情时得到反映。每个人都想把事情办好,但往往因为一些考虑不周的因素而失败,结果给人以能力不高、办事不力的印象。问题的关键是其缺乏工作技巧和方法。图形策划就是解决此类问题的有效方法之一。例如,领导让你组织筹备上半年的工作总结会,如何才能考虑周全,使会议顺利进行呢?不妨用图形策划技术策划一下。在图形的中央写上“工作总结会”,与总结会有关的事项写在图周边的空格里,想一想有哪些工作需要提前准备,逐项列出(如图5-5所示)。

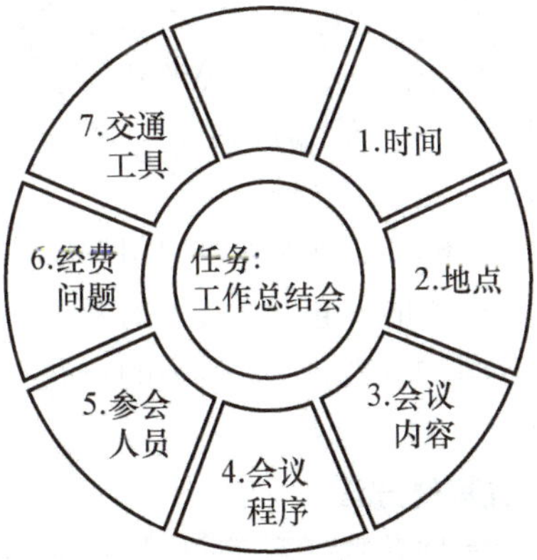


图5-5　工作目标策划“八卦”图

● 时间:会议时间定在哪月哪日的几点钟?

● 地点:会议地点安排在什么地方,哪个会议室,谁负责落实,什么时间落实?

● 会议内容:会议内容虽定为工作总结,但领导的具体要求是什么,领导讲话内容是什么?领导讲话稿由谁负责,什么时间完成?

● 会议程序:会议程序如何安排,谁先讲,谁后讲,谁主持,谁总结?

● 参会人员:哪些人参加会议,共多少人?

● 经费问题:会议有哪些经费支出项目,共需多少钱,领导同意支付多少钱,经费由谁负责?

● 交通工具:本次会议是否存在交通问题,哪些人需要接送,交通安排由谁负责?

(3)时间安排图形策划法

实现人生目标、获得事业成功的重要因素之一就是会利用时间。我们常听人说,我想干什么事情,就是没有时间;如果有时间的话,我可干成什么事情。这话似乎有些道理,但并不完全正确。时间对每一个人都是平等的,没有对谁偏爱。那么,为什么有的人能干成一番事业,有的人却干不成呢?问题就在于一个人会不会利用时间,能不能捕捉时间。如何利用时间、捕捉时间呢?方法有三个:

● 尽快完成手中的工作,挤出时间去做你想做的事情。

● 学会合理地安排和分配时间,提高时间的利用率。这两个方法是传统的方法,是行之有效的。

● 图形策划法。这是把第一种和第二种方法结合起来同时运用的一种方法(如图5-6所示)。

通过图形策划合理分配、利用时间的表现形式就是时程表。时程表不只是一天的,

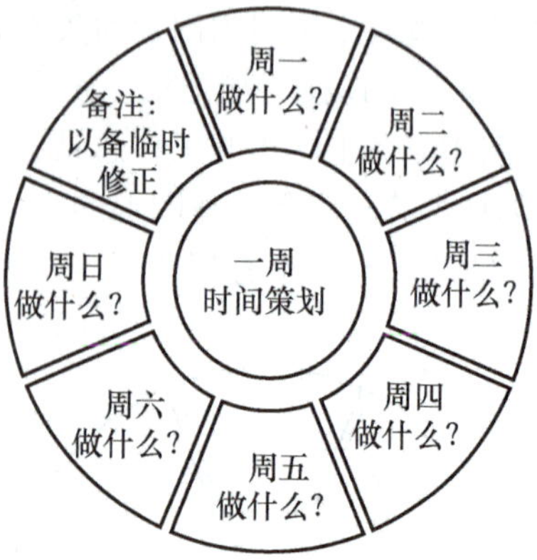


图 5-6　时间策划“八卦”图

它也可以是一周的、一个月的、一年的。它的主要特征是合理有效地、充分地利用时间。

图形策划技术可解决各方面的问题,上面列举的仅是几个方面,说明了其应用的基本方法,其他方面可依次类推。

**2. 大学生职业生涯规划的其他方法**

自我规划法是国外职业专家推荐的一种简单易行的方法。它需要大学生自己独立地思考并回答七个问题,找出自己职业生涯规划的优势和劣势,综合七个问题的答案,就可以设计出自己的职业生涯规划。七个问题的具体内容如下:

- 我是谁(Who I am)?
- 我想做什么(What do I want to do)?
- 我能做什么(What can I do)?
- 环境支持或允许我做什么(What can support me)?
- 我的优势(What is my advantage)?
- 我的劣势(What is my disadvantage)?
- 我的职业生涯规划是什么(What Can I be in the end)?

在回答第一个问题“我是谁”时,要先考虑你自己扮演的社会角色,如孙女(孙儿)、女儿(儿子)、姐妹(兄弟)、消费者、学生等,还要突显出自己的性格特点和能力素质,争取尽可能多地回答这个问题,帮助你认清自己的“真实面目”。随后再想想哪些答案是需要修改的,哪些还需要增加,尽量准确地表达自己的想法。确定答案齐备之后,按重要性对答案进行排序。

在回答第二个问题“我想做什么”时,要对自己职业理想的发展过程进行一次测试。在成长过程中,每个人在不同的时期都可能有不同的理想,这主要与不同阶段的环境、兴趣、性格有关。但随着年龄的增长,这种职业理想会逐渐固定下来,并有了较为明确的人生目标。大学生在具体回答的时候,需要回忆从童年到现在每个阶段的理想,依次把它们列出来,并查漏补缺,再依照理想实现程度的大小对这些答案排序。

在回答第三个问题“我能做什么”时,要注意这是对自己能力和潜力的考察。一个人的能力直接决定了他的职业定位,而他的潜力大小则决定了其职业发展空间的大小。那么,如何来了解一个人的发展潜力呢?我们应该从个人的兴趣、做事的毅力、处理事情的判断力、知识结构的健全程度以及能否跟上时代的发展，能否及时更新旧知识、旧观念等方面来认识。考虑成熟之后，就可以把自己确定的能力和潜在的能力归纳出来，然后认真地排序。

在回答第四个问题“环境支持或允许我做什么”时，要考虑影响个人职业生涯规划的主客观因素。主观因素包括个人的社会关系（亲戚关系）；客观因素包括职业选择地的经济发展状况、人事政策状况、企业制度、职业的发展空间等。我们在进行职业选择时应该把主、客观因素综合起来，把一切有利于自己发展的因素调动起来。在这些因素中，我们需要把对自己有帮助的因素单独列出来，考虑一下自己可以得到哪些支持和帮助，弄清楚之后按重要性排列出来。

在回答第五个问题“我的优势”时，需要从以下三个方面考虑：

● 你学习了什么？在大学期间，你从专业学习中获取了什么收益；在社会实践活动中提高与升华了哪些方面的知识和能力。努力学好专业课程是职业设计的重要前提，要善于学习，同时要善于归纳、总结，把单纯的知识真正转化为自己的智慧，为自己多准备点后备能源。

● 曾经做过什么？包括在学校期间担当的学生职务，社会实践活动取得的成就及工作经验的积累等。要提高自己经历的丰富性和突出性，你应该有针对性地选择与职业目标相一致的工作项目，坚持不懈地努力，这样才会使自己的经历有说服力。

● 最成功的是什么？你做过的事情中最成功的是什么，是如何成功的？通过分析，可以发现自己的长处，如坚强、智慧超群等，以此作为个人的动力之源和魅力闪光点，形成职业设计的有力支撑。

在回答第六个问题“我的劣势”时，应注意以下两点：

● 性格的弱点。人都有一些无法避免的弱点，这意味着你在某些方面存在着先天不足，是你难以改变的。静下心来，与别人好好沟通，看看别人眼中的你是什么样子，与你预想的是否一致，找出其中的偏差并弥补，这将有助于自我提高。

● 经验或经历中所欠缺的方面。欠缺并不可怕，怕的是自己还没有认识到或认识到了而一味地不懂装懂。正确的态度应该是认真对待、善于发现、努力克服和提高，你可以打出“给我时间，我可以做得更好”的旗号。

分析完前面六个问题之后，我们就可以找出对实现有关的职业目标有利和不利的条件，列出不利条件最少、自己想做并且能做的职业目标。至此，“我的职业生涯规划是什么”这个问题的答案就有了一个清楚的框架。

我们可以从前六个问题的答案中找出内容相同或者相近的，然后把它们连在一起，共同点最多的连线就是你以后职业的发展方向。确定了职业发展方向之后，接下来就要制订一系列行之有效的具体行动计划。针对每个目标列出相应的可执行的行动方案，然后全身心地投入到行动中，将一个个计划变成现实。

# 第三节　职业生涯规划的具体步骤

对于任何一个大学生来说，要想获得事业的成功，使自己成为某个行业中的佼佼者，就应该善于规划自己的人生，在做好人生规划的同时，做好自己的职业生涯规划。职业生涯规划可使大学生充分地认识自己，客观地分析环境，科学地树立目标，正确地选择职业，运用适当的方法、有效的措施克服职业生涯发展中的困难，避免人生陷阱，获得事业的成功。

大学生进行职业生涯规划，在一定意义上反映了其人生观、价值观。大学生职业生涯规划应包括自我评估、确定职业目标、职业的选择、制订行动计划与措施、评估与反馈五个方面。

## 一、自我评估

自我评估通常包括对自己的兴趣、特长、性格、学识、技能、智商、情商以及组织管理能力、协调能力、活动能力等的认识。自我评估有多方面的途径，比如自行思考、自我分析，也可以根据老师和同学们的评价来判断自己是一个较为外向开朗的人，还是一个内向稳重的人。我们还可以通过自己的亲人来了解自己，他们和自己接触的时间最长，会给出最准确、最诚恳的建议。

当然我们还可以通过职业测评软件和性格测验发现自己对哪些问题较为感兴趣，如经济问题或管理问题；用这些软件和性格测验发现自己擅长哪些技能，如分析能力、计算能力、语言表达能力等。同时我们还可以借助这样的软件分析出自己的一些弱点，然后再根据自己的缺点来逐步完善自己。

### 小锦囊

#### 如何进行正确的自我界定和分析

职业生涯的规划和设计，需要通过科学认知的方法，对自己的职业兴趣、气质、性格、能力等进行全面而综合的认识，清楚自己的优势与特长、劣势与不足。自我分析要客观、冷静，不要以点带面，既要看到自己的优点，又要看到自己的缺点。只有这样，才能避免职业生涯规划中的盲目性，从而设计出科学合理的职业生涯规划。

(1)明确自身优势

首先要明确自身的优势，就是要分析自己的能力，给自己打分，看看自己的优势和劣势，这就需要进行自我分析。通过对自己的分析，深入了解自身，根据过去的经验来选择、推断未来可能的工作方向与自己遇到的机会，从而彻底解决“我能干什么”的问题。只有从自身的实际情况出发，顺应社会潮流，有的放矢，才能马到成功。要知道每个个体都是独一无二的，我们要学会找出自己与众不同的闪光点并发扬光大。同时要学会定位，定位就是给自己亮出一个独特的招牌，让自己的才华更好地为用人单位所赏识。在进行定位时，对自己的认识分析一定要全面、客观、深刻，绝不回避缺点和短处。总之，优势就是个人所拥有的能力与潜力所在，因此一定要好好把握自己的优势。

(2)自己学到了什么

这就是说，大学生在学校期间，从所学专业中获得了怎样的收益，在社会实践活动中提高和升华了哪些方面的知识和能力。专业也许在未来的工作中并不起多大作用，但在一定程度上会决定自身的职业发展方向，因而尽自己最大努力学好专业课程是职业生涯规划的最根本的前提。要善于学习，要善于归纳和总结，从而把单纯的知识真正化作自己的后备能源。

(3)曾经做过什么

这就是说，要看看自己已有的人生经历和体验。如在学校期间担当过学生干部、曾经为某知名组织工作过等类似的社会实践活动，取得的成就以及经验的积累，获得过的奖励等，同时还要提高自己经历的丰富性和突出性。经历是一个人最宝贵的财富，往往可以从侧面反映出一个人的素质和潜能，因而是用人单位比较关注的。同时，经历也是自我简历的一个亮点和重要组成部分，因此绝对不能忽视。要有针对性地选择与职业目标相一致的工作项目，并且要坚持不懈地努力工作，只有这样才能使自己的经历更具有说服力。

(4)最成功的是什么

想一想自己做过的很多事情中最成功的是什么？是如何成功的？是偶然还是必然？只有通过对最成功事例的分析，我们才会发现自己优越的一面，譬如坚强、果断、智慧超群等。我们应该把这些优点作为个人的动力之源和魅力闪光点，从而使之成为对职业生涯规划有利的因素。大学生寻找职业方向时往往需要从自己的优势出发，以自己的优点立足社会。

(5)正视自己的不足

这就是说，大学生要正视自己性格的弱点。其实每个人都无法避免与生俱来的弱点，对这些弱点我们必须正视，但同时尽量减少这些不足对自己的影响。比如，一个独立性强的人会很难与他人默契合作，而一个优柔寡断的人难以担当组织管理者的重任。卡耐基曾经说过："人性的弱点并不可怕，关键要有正确的认识，认真对待，尽量寻找弥补、克服的方法，使自我趋于完善。"因此大学生需要静下心来，多跟别人好好沟通，尤其是与自己的父母、同学、朋友交谈。看看别人眼中的自己是什么样子的，这个样子与自己的预想是否一致，并找出其中的偏差，这样有助于自我的提高。

(6)寻找自己的欠缺和不足

一个人有欠缺并不可怕，可怕的是还没有认识到自己的不足。所谓"金无足赤，人无完人"。显然由于生活经历各不相同以及环境的局限，每个人都无法避免一些经验上的欠缺，尤其是面对招聘单位纷纷打出数年工作经验条件的时候。因此大学生要培养的正确态度是：认真对待，善于发现，并努力克服和提高。

## 二、确定职业目标

确定职业目标是我们追求成功的驱动力，是制订职业生涯规划的关键。大学生在进行职业生涯规划设计时，要确立志向，确定目标，这是职业生涯规划的核心。

一般来说，目标分短期目标、中期目标、长期目标。短期目标又可以分为日目标、周目标、月目标、年目标；中期目标的期限一般为 3～5 年；长期目标的期限一般为 5～10 年。大学生在校期间的规划主要是短期和中期目标，这也是确定职业目标的重点。短期目标一般是素质能力的提高，如通过某种等级考试、获得某项荣誉。中期目标要细化至具体工作，如毕业后进入国际知名管理顾问公司从事研究分析、咨询工作。

大学生应以社会利益为重，从社会需要出发选择职业。大学生在制订职业目标时，必须用发展的眼光和长远的观点来指导自己的择业，应根据社会经济发展的趋势和社会的需要以及自身的特点来选择自己的职业。服从社会的需要是大学生实现职业生涯规划的前提条件，只有社会上客观存在着劳动就业的可能性，我们才谈得上对职业的选择。

## 三、职业的选择

职业选择的正确与否，直接关系到人生、事业的成功与失败。据统计，在选错职业的人群当中，有 80%以上的人在事业上是失败者。在选择职业的过程中要考虑气质与职业的匹配、性格与职业的匹配、兴趣与职业的匹配、能力与职业的匹配等因素。

只有对自己的才能、性格、兴趣以及周围环境等信息进行分析，并以此为依据，我们才能够进行良好的职业选择。社会上的职业多种多样，不同的职业对从业人员的知识、技能、素质等要求都不尽相同。每一个毕业生所具备的条件也不相同，他们在个人素质、知识水平、专业能力等方面都存在着很大的差异。所以，是否适合自身特点才是大学生进行职业生涯规划的着眼点，不仅要从社会的现实需要出发，也要考虑自身的实际情况，扬长避短，只有这样才能做到人尽其才、才尽其用。因此，职业规划所考虑的因素是来自各个方面的，是众多原因的综合体，在进行职业规划的时候一定要综合考虑。

### 小锦囊

**如何做职业抉择**

扫码阅读

## 四、制订行动计划与措施

在确定了职业生涯规划目标后，行动和内容便成了关键的环节。如果没有达成目标的行动，此目标就难以实现，为实现职业生涯规划目标的行动计划一般都是具体的、可行性较强的。落实目标的具体措施主要包括教育、培训、实践等。

## 五、评估与反馈

职业生涯规划要求大学生一定要充分认识自己，这样才有可能获得事业的成功。然而，由于社会的快速变迁，经济竞争的不断加剧，在现代职业领域里，变化成了永恒的主题。要想制订成功的职业生涯规划，大学生朋友们需要时时审视内外环境的变化，不断对自己的规划进行评估和修订，并调整自己的前进步伐。影响职业生涯规划的因素有很多，有些因素是可以预测的，而有些因素则是难以预料的，因为人是善变的，环境也是多变的。所以,为了顺应时代的变化,大学生应及早做好职业生涯规划,认清自己,根据自身情况和时代的需要来选择职业,使自己实现人生理想,走向成功。

## 小锦囊

**如何进行职业发展成功的评价**

扫码阅读

# 第四节 职业生涯规划设计文案及典例

## 一、职业生涯规划文案

职业生涯规划是对个人职业发展道路进行选择和设计的过程,规划的内容和结果应该在规划过程中及规划后形成文字性的方案,以便理顺规划的思路,提供操作指引,随时评估与修正。结合有关专家学者的观点和建议,一个完整有效的职业生涯规划文案应该包括以下的八项内容:

### 1. 标 题

包括姓名、规划年限、年龄跨度、起止时间。规划年限不分长短,可以是半年、三年、五年,甚至是二十年,视个人的具体情况而定。

### 2. 目标确定

确立职业方向、阶段目标和总体目标。职业方向即从业方向,是对职业的选择;阶段目标是职业规划中每个时间段的目标;总体目标即当前可预见的最长远目标,也是在特定规划中的终极目标。在确定总体目标时,如果能适当地看得远些,定得高点,则有助于最大限度地激发规划者的潜能。

### 3. 个人分析结果

包括对自己目前的状况分析和对自己将来的基本展望,同时也包括对自己职业生涯有一定影响的角色建议。

### 4. 社会环境分析结果

指对政治、经济、文化、法律和职业环境等社会外部环境的分析。

### 5. 组织(企业)分析结果

主要是对职业、行业与用人单位的分析,包括对用人单位制度、背景、文化、产品或服务、发展领域等的分析。

### 6. 目标分解与目标组合

分析制定、实现目标的主要影响因素,通过目标分解和目标组合的方法做出果断明确的目标选择。目标分解是根据观念、知识、能力、心理素质等方面的差距,将职业生涯中的远大目标分解为有一定时间规定的阶段性分目标；目标组合是将若干阶段性目标按照内在的相互关系组合起来，达成更为有利的可操作目标。

**7. 实施方案**

首先找出自身观念、知识、能力、心理素质等方面与实现目标要求之间的差距，然后制定具体方案逐步缩小差距以实现各阶段目标。

**8. 评估标准**

设定衡量此规划是否成功的标准，如果在实施过程中，无法达到制定的目标则要修正和调整。

## 二、典　例

职业生涯规划是一个有意识地规划个人全部生活的过程，包括主要的生活领域、工作、学习、闲暇及各种关系，应该给自己设立阶段性发展目标，比如详细描述出自己三年、五年甚至十年后的工作和生活环境，然后把目标分解到年度、月度计划，同时积极采取行动，分步骤地在自己所处的社会环境中实践这些计划。下面是一位高职学生撰写的职业生涯规划设计，以供参考。

**大学生职业生涯规划设计——点燃青春的梦想**

扫码阅读

## 知识库

**职业生涯的几大误区**

扫码阅读

## 思考题

1. 什么是职业生涯规划？其出发点、意义各是什么？
2. 简述大学生职业生涯规划所要注意的问题。
3. 根据你的具体情况制定个性化的职业发展目标和成功标准。
4. 职业生涯规划的方法有哪些？
5. 根据你自己的实际情况，做一个职业生涯规划。

# 6 第六章　职业生涯规划的评估与调整

## 本章概述

职业生涯规划的制定实际上是一个动态的过程，由于现实社会中有许多不确定因素的存在，新的情况不断涌现，会使大学生原来制订好的职业生涯目标与现实情况有所偏差，这就要求大学生不断反省，并对目标和行动方案做出相应的修正或调整，从而保证最终实现人生理想。所以在职业生涯规划过程中，必须进行信息反馈。所谓反馈，就是沟通双方期望得到一种信息的回流。其实，反馈调整就是一个再认识、再发现的过程。这就要求我们时刻注意周围环境的变化，不断地审视自我，不断地调整自我，不断地修正策略和目标。这个过程就是反馈评估，它可以确保个人职业生涯规划的有效性。

## 内容点击

- 职业生涯规划的反馈和评估
- 职业生涯规划的调整与修正
- 职业成功及职业生涯的 PPDF 法

## 案例导读

### 一个广告主管的职业出路

“我现在的精神状态已经接近临界点了，再这样下去恐怕要崩溃了。”

小李一坐下来就这样说。毕业 4 年，小李一直在一家中型外企供职，刚开始在销售部做业务员，9 个月后调到市场部任广告主管，负责终端宣传物料的广告设计、制作。下面专柜、专卖店经常要海报、POP 要得很急，所以常常要广告公司赶时间设计、制作，也不时出现一些设计或印刷上的失误，她往往碍于情面收了货，结果遭到零售点的多次投诉。半年后，公司又把她调到客户服务中心做文员。工作是比较清闲，但小李心里的焦虑越来越强烈，越来越有危机感。她知道广告主管的职位并不适合自己，而文员又不可能做一辈子，必须要有所突破或是转型。但是往哪里转？转成什么？她不知道。

她也想再去拿一个本科文凭，但是学什么，她也不明确。有时候拿一些参考书来看，开始几天还比较认真，但慢慢就松懈了，一本书 3 个月也没看完，最后不了了之。

“我现在很害怕，因为女孩子其实就是那么几年的时间，再过几年，男孩子还可以奋斗，但女的就要考虑家庭和孩子。所以，我觉得如果这几年不能建立事业的基础，那以后真的就被淘汰了。”为了解决这些困惑，小李求助于成功职业指导中心。

成功职业指导中心分析结果：

(1)性格倾向

小李是一个“理想主义者”，内向，感情细腻，对人的心理很有兴趣，能设身处地为他人着想，喜欢与人交流。而且，非常注重与他人和谐的关系，不愿轻易拒绝别人的要求，比较容易让步。

(2)天赋

很善于捕捉别人情绪的细微之处，同时善于分析总结，从总体上把握事物，并挖掘事物的深层意义，有音乐天赋。

(3)职业积累与技能

4年外企文职、销售与广告主管的工作经验，一定的与人交流的能力。

(4)职业规划师分析

小李处在还没有明确的职业或人生目标的阶段，对什么是适合自己的并不了解，并拘泥于传统、固有的职业观念，不敢多做尝试。

结合她的职业经历和性格，明显可以看出她在从事着不擅长或是不能施展才能的工作。她之所以不能胜任广告主管的职位，在于她的性格——“更愿处在友好而非对抗的关系中，不愿意拒绝别人的要求，有时宁可自己吃亏也要与人方便，每当她要广告公司返工重做时，别人一求情，她就心软了，因为她担心别人因不高兴而不接纳自己。”这是典型的情感型倾向的表现。最后她从这个主管位置上退下来，是可想而知的。

另外，小李最感兴趣的是人，因此处理大量文件、物品的工作并不能令她满足。她喜欢与人打交道，但内向与情感价值取向使她更适合于在一个被人认同的环境里做事，害怕被人拒绝，因此她不适合从事主动销售的工作，或是类似需要主动出击联系客户的工作。

**思考：**如果你是一名职业顾问，针对小李的分析结果，你会给她什么样的建议？

## 第一节　职业生涯规划的反馈和评估

### 一、职业生涯反馈

#### 1. 反馈的类型

职业生涯规划的反馈包括3种类型：

(1)正式反馈

正式反馈即通过程序化的过程进行。大学的正式反馈通常使用大学生的综合素质反馈登记表，从教育学的角度来界定，可划分为思想道德素质、智育素质、体育素质、文化素质和心理素质等5部分。一般认为，不同大学、不同专业对学生素质结构的要求不同，但在进行必要的单位换算和加权处理后这5部分分值可形成一个综合素质评价值。该方法分为自评、互评、班评及综评4个评价阶段，满足大学对学生综合素质评价科学性的需求,可以使大学生知道自己的哪些能力需要提高,从而改进其学习、工作表现和行为。

(2)非正式反馈

非正式反馈即大学生在日常学习、工作、交流中互相提供反馈信息。它可以由老师或同学(朋友)对其所存在的缺点或错误提出意见,还可以通过写感谢信、当众表扬或老师当面赞许等方式来传递正面的反馈信息。例如:学习上相互帮助;上课前、寝室卧谈会的交流等以便取长补短;在实训课结束后马上进行总结。通过日常交流和非正式反馈,学生可建立重要的人际交流渠道,为职业生涯规划进行正式反馈铺平道路。

(3)绩效考评

绩效考评可采用多种形式:有的大学生把考研当作自己近期最主要的目标;有的大学生想节省时间,争取第二学位成了他们的最好选择;有的大学生准备毕业后踏入社会,为了给自己积累资本,各种职业证书就成了他们要攻克的难关;有的大学生想加入学生会,并将此作为大学阶段必不可少的一门实践课。大学生可以根据自己的不同职业生涯目标,提供正确的信息反馈,采取不同的管理方式,提高自身素质。

**2. 反馈的工作**

在职业生涯规划反馈时,通常是实施全方位反馈。全方位反馈,也称360度反馈,由被誉为"美国力量象征"的典范企业英特尔首先提出并加以实施的。在360度评价法中,评价者不仅包括被评价者的上级主管,还包括其他与之密切接触的人员(如同事、下属、客户等),同时也包括自评。可以说,这是一种基于上级、同事、下级和客户等搜集信息、评价绩效并提供反馈的方法。大学生职业生涯规划全方位反馈评价应包含学校领导、老师、学生和被评价者自身等主体。实施大学生职业生涯规划全方位反馈评价要重点做好以下工作:

(1)做好同学间评价

同学间提供评价意见可以借助同学们的智慧与经验,让被评价的学生更清醒地认识到自身的优势和不足,明确努力的方向。

(2)做好自我评价

自我评价便于大学生进行自我反思,由被动接受评价转变为主动反省和总结学习工作的得失,同时要求大学生用有限字数总结核心创新点,使大学生评估成为自我认识、自我改进、自我管理、自我完善的有效途径,使评价成为大学生专业发展的"助推器"。

(3)做实评价反馈

大学生全方位反馈评估最后能否改善我们的职业生涯规划状况,在很大程度上取决于评价结果的反馈,因而应选择合适的时间、地点和反馈途径,综合各方面的评估信息经过实际分析反馈给我们自己,并帮助我们评价和调整职业生涯规划的发展和行动计划,从而增强反馈的效能。

## 二、职业生涯规划的评估

**1. 评估的内容**

(1)职业生涯目标评估,即是否需要重新选择职业

假如一直无法找到我们所希望的学习机会和工作,那么将根据现实情况重新选择职业生涯目标;如果一直无法适应或胜任我们设计的职业生涯目标,在学习工作中得不到

应有的发展，导致我们长期压抑、不愉快，我们将考虑修正和调整职业生涯规划；如果在婚后，职业给家庭造成极多的不便，或者家人反对所从事的职业，将考虑修正和调整职业生涯规划。

(2)职业生涯路径评估，即是否需要调整发展方向

当出现更适合自身发展和职业生涯发展的机会，而原定发展方向缺少发展前景的时候，就尝试调整发展方向。

(3)实施策略评估，即是否需要改变行动策略

如果在其他地方可以找到一份令自己和家人都十分满意的工作，就前往该地；如果家人无法在自己工作的地方定居、工作，在征询父母意见后，可以考虑改变已订计划，前往它地；如果在已定区域和职业选择上实在得不到发展，可以考虑改变行动策略。

(4)其他因素评估，即身体、家庭、经济状况以及机遇、意外情况的评估

如果家庭需要更多的照顾，我们应该把更多的精力放在家庭，甚至暂时放下工作；如果身体条件不允许，应放低对自己的职业要求。

### 2. 评估的作用

许多人对职业生涯规划的认识都会走入一个误区，他们错误地认为只要根据实际情况制订好了职业生涯规划就会一劳永逸，但事实上并不是这样的。我们周围的环境每时每刻都在变化，我们自身的条件也不是一成不变的，所以，职业生涯规划是一个动态的过程。在实施职业生涯规划的过程中有些条件会发生变化，要根据实际情况对职业生涯规划进行不断地调整。如何调整，取决于评估的结果。评估具有以下作用：

(1)评估可以检测职业生涯策略是否得当

我们在制定职业生涯规划的时候，是先进行自我评估，在此基础上为自己的职业生涯定下目标，并制定相应的实施策略，包括学习计划、培训计划、工作计划等。这些计划都是为实现目标而服务的。但是，这些计划是否适当，是否有作用呢？是否觉得自己离实现目标更近了呢？也就是说，计划的实际效果如何，这应该是我们关心的问题。因为我们制订的这些计划都是在主观分析和经验的基础上的，所以上述问题的答案不得而知。因此，我们在实施这些计划的过程中，要不断地反省，定期对实际的效果进行检验。

(2)评估可以检测职业生涯目标是否适当

职业生涯规划的每项内容都是建立在自我分析和客观事实基础上的，但是正如前所述，我们身处的世界每天都在发生变化，大到国际形势突变、国家政策的调整，小到组织制度的改变、组织结构变革、自身条件的变化，这些都是影响我们制定职业生涯目标的客观因素。同时，大学生的心理不成熟，缺少社会阅历，加之大部分大学生对自己评价过高，对于职业生涯的期待过高，并不根据实际情况确定期望值，所以造成了大部分人在制定职业生涯规划时极度盲目，制定的事业生涯目标与实际有很大的偏差，缺乏可操作性。这正是近些年毕业生跳槽率偏高的原因。因此，要定期地对职业生涯规划进行评估，要考虑你所选择的职业是不是你心中最想做的工作，它是否适合你。这些问题只有在实际的工作中才能找到答案。

(3)进行阶段性的评估有助于我们及时调整职业生涯规划

我们经常强调,周围环境及我们自身都是不断变化的,如果我们不对职业生涯规划进行评估,或者说很长时间才评估一次,就不可能及时地发现问题,并迅速做出改变。许多的职业指导专家都建议至少每年做一次评估。因此,要根据实际情况,进行定期的评估,以及时纠正实施过程中出现的偏差。时间最好不要超过一年。但是每年评估一次是针对短期目标而言的,对于中期目标要每 3～4 年评估一次,对于长期目标则要每 7～10 年评估一次。一般情况下,对中长期目标的评估要比短期目标评估花更多的时间,而且有可能对职业目标有较大改动。

**3. 评估的步骤**

(1)确定评估的目的和任务

无论我们做什么事,在开始着手之前都要考虑一下,我们为什么要做这件事,即我们的目的是什么。所以,我们在做职业生涯规划的评估工作时要先确定评估的目的以及主要任务。从评估的内容就可以看出评估的目标,就是要确定职业生涯目标是否合适,是否需要更改职业生涯路径,策略是否得当等。

(2)进行自我评价

事实上,最了解自己的人还是自己。因此,无论是自我评估还是在职业生涯规划评估中,首先都要进行自我评价。自我评价包括两方面的内容:其一是按完成时间评估;其二是按完成性质评估。当我们做好了一份职业生涯规划时,我们都会按照时间来确定阶段性任务。所以,自我评估首先就要看我们是不是准时完成了计划中的任务。如果我们在规定的时间内完成了所定目标,说明计划比较合理,目标与策略设定得比较得当,可以继续实现下一个目标。如果我们在规定的时间内无法完成所定目标,那就应该进行反思,找出出现这种情况的原因及对策。我们在完成任务的时候不仅要按时,而且要保证质量。如果我们按时完成了目标,但是感觉完成起来非常困难,或者感觉效率很低,完成的质量不高,这时我们就要考虑:是我们定的职业目标太高,还是我们没有紧迫感,没有抓紧时间。若目标定得太高,可以考虑降低目标的难度;若我们在完成计划时未抓紧时间,那就应该加强紧迫感。还有一种情况就是,我们完成了既定目标,但是我们的生活过于安逸,那就意味着我们定的目标过低,这时可以考虑适当地提高目标。综上所述,在自我评价的过程中不要单纯地考虑按时完成,还要保证质量,这样才能更好地实现目标。

(3)对事先搜集的反馈信息的准确性和可用性进行评价

在搜集信息的过程中,由于客观原因会存在信息与实际不符的问题。如:有些人碍于“面子”,不肯讲出自己心里的真正想法,从而提供了一些无用的信息;有些人怕说出实话而得罪人,不进行客观的评价,一味恭维。因此我们在搜集好信息以后,要仔细地甄别和筛选,保留对自己有用的信息,丢掉那些无用的和不真实的信息,这样结论才会客观。

(4)运用适当的评估方法

科学的评估方法包括:

● 全方位反馈评估法

这种方法在员工绩效管理中经常用到,在职业生涯规划的评估中也是一种非常有效的方法。在这种方法中,通常是几种评估方式结合使用,即自我反思、调查对比和求教他人相结合。通过这种方法，可以较全面地了解自己设计的职业生涯规划的不足，及时进行调整。

● PPDF 法

即个人职业表现发展档案。这种方法在本章末有具体的介绍。

(5)得出结论

运用科学的评估方法，在对反馈信息进行分析以后，会得出最终结论。一般来说，只要每个步骤都依据客观事实来执行，得出的结论就比较正确，评估工作也就顺利完成了。

**小锦囊**

**评估应该注意的问题**

扫码阅读

## 第二节　职业生涯规划的调整与修正

调整即重新调配和安排，以适应新的情况和要求。而修正是改正、修改，使其正确的意思。其内容包括：职业的重新选择、职业生涯路线的选择、阶段目标的修正、实施措施与行动计划的变更等。职业生涯规划需要不断调整与修正，一个好的职业生涯规划需要具备可行性，需要有实施计划的具体措施和时间。但是职业生涯规划做得过细也会束缚自己的手脚，可能丧失随时到来的种种机会，又会因为不切实际而丧失可操作性。在影响职业生涯的许多因素难以预料的情况下，要使职业生涯行之有效，就必须使职业生涯规划具有足够的弹性，在实践中不断进行评估和调整。这就需要我们在实践中定时、定期地去检验目标完成的情况，评估环境的变化，从而做出正确的调整与修正，并根据评估的结果进行目标和策略方案的调整与修正。

### 一、调整与修正的必要性

计划赶不上变化。影响职业生涯规划的因素有很多，有的变化因素是可以预测的，而有的变化因素则难以预测。要使职业生涯规划行之有效，就须不断地对职业生涯规划进行评估、修正。调整的内容包括发展目标、发展阶梯、发展措施，调整的依据是发展的内、外条件的变化。

成功的职业生涯规划需要制订者时时审视内外环境的变化，并且不断对其进行调整。目标的存在只是为前进指示一个方向，而制订者是目标的创造者。制订者可以在不同时间、不同环境下更改目标，使之更符合自己的理想。一个人不断修正自己的目标，才能使自己立于不败之地。制订规划是为了发展，调整规划也是为了发展。在职业生涯的每个阶段，为适应社会变化，我们必须经常思考“我要怎么做”、“我的下一个工作要做什么”、“当我做现在的工作时将为下一个工作做什么准备”等问题，主动去调整职业生涯规划。调整规划并非轻易放弃自己的追求，而是让自己的规划更适应社会、更适合自己，万万不可因为外界的变化而丧失信心、怨天尤人、自暴自弃。

科学进步的重要标志是新技术、新工艺在生产中的广泛运用和推广。人们的就业岗位或因新技术、新工艺的运用推广，或因设备更新，或因其任务、职责的变化，而对就业者的要求发生变化。每一次变化都会使一些人由于不适应正在从事的职业而流动。而他们对新职业也要有一个适应的过程，如果适应不了则还会继续改变职业方向。

面对变化多端的职业岗位，我们自己到底适合干什么，不适合干什么，也还需要得到实践的检验。

在职业生涯发展的各个阶段，从业者都应经常称称自己的“斤两”，并分析所追求的目标及人生价值实现的情况。许多不成功的职业生涯规划都源于制订者对自己、对外界变化分析的忽视。调整职业生涯规划的实质就是要通过对以往成长经验的反省来检视自己的价值，使自己适应新的变化。

### 相关联接

**调整与修正的目的**

(1)对自己的强项充满自信；

(2)对自己的发展机会有清楚的了解；

(3)找出关键的有待改进之处；

(4)为这些有待改进之处制订详细的行为改变计划；

(5)以合适的方式答复那些给予反馈的人，并表示感谢；

(6)实施你的行动计划，确保你能取得显著的进步和成就。

## 二、调整与修正的时机

对于初次走上社会的我们，职业生涯规划调整的最佳时期有两个：一是毕业前夕，此时我们有了求职的实践，可根据新的就职信息和供需实际，在求职过程中进行调整；二是工作三年左右，此时我们有了从业的实践，可根据从业过程对自身条件的检验、周围环境和自身素质的变化，及时予以调整。这两次调整既可以是近期目标即具体职业岗位的调整，也可以是远期目标或职业生涯发展路线的调整。

在工作三年左右时调整的原因主要有三个：

● 一是我们初次择业，难以找到十分适合自己的职业；

● 二是在校时设计的职业生涯规划，毕竟是从学生的角度看社会而制订出的，自己确定的职业发展目标不一定符合实际，并且缺乏实践检验；

● 三是已有从业经历，对社会、对人生有了切身体验，有了更深刻的认识。因此，在就业两三年后，重新审视自己，及时调整发展方向，对今后几十年的职业生涯有重要意义。

就在一个公司内调动工作岗位而言，职业生涯发展路线可能有三种选择。一是纵向发展，即职务等级由低级到高级。二是横向发展，即在同一层次的不同职务之间调动，如由部门经理调到办公室任主任。这种横向发展可以发现自身才能与工作的最佳结合点，同时又可以积累各个方面的经验，为以后的发展创造更加有利的条件。三是向核心方向发展，即职务虽然没有晋升，但是却担负了更多的责任，有了更多的机会参与公司的各种决策活动。

## 三、调整与修正的内容

### 1. 职业方向的调整

职业方向的正确与否直接关系到职业生涯是否成功，它是职业生涯成功的关键因素。在实际工作中许多人都会发现自己职业发展不顺利，其原因是最初制订的职业方向是错的。有很多人会问，制订职业生涯规划的时候是依据科学的方法进行的，为什么还会出现职业方向选择错误的问题呢？其一是自己的爱好发生了变化。最初，职业方向在很大程度上是依据个人兴趣和爱好进行选择的。随着时间的推移，在一些内外环境和自身条件变化的影响下，我们的兴趣和爱好很可能随之变化，原来的职业方向与新的兴趣爱好相冲突，所以造成职业发展的不顺利。其二是缺乏对内外环境的客观分析。不少人在分析客观环境时不是进行实际的了解，而是进行主观判断，敷衍了事，这就使自己对内外环境的认识出现了偏差。其三是在制订职业生涯规划时，缺少对工作的真实体验，由于认识不够，导致职业方向选择出现问题。应该说，职业方向选择错误对于大学生来说是很正常的，不要因为选择错误就丧失信心，迷失方向。由于职业选择错误会直接导致职业目标和职业生涯路线的错误，因此，在综合分析、冷静思考的基础上，要对职业方向、职业目标和职业生涯路线做出修正与调整。

### 2. 策略和措施的调整

有时候我们发现，职业生涯发展不顺利并不是因为职业方向选错了或职业目标有问题，真正的原因可能是我们针对职业目标所制定的策略和措施不合适。在我们设计好的职业生涯规划中，我们会根据自己与职业目标之间的差距制订一些策略和措施。如为了达到职业目标要求的素质，我们计划参加一些培训、进行实践锻炼等。这些措施又可以具体到参加什么培训班，选择哪个老师等。这些都会影响职业目标的实现。因此，当职业发展不顺利的时候，如果不是职业方向出了问题，就要考虑是不是策略和措施制订得不好，如果有问题要及时进行修改，以免影响以后的发展进程。

### 3. 行为和心理的调整

当你发现职业发展不顺利时，原因可能是职业方向选择错误，或者是制订的策略和措施有问题。但是，有的时候这两方面都没有问题，而是我们的心理和行为不配合造成的。因此，我们要学会调整自己的心理状态。在职业生涯规划实施的过程中，首先，我们要自信，相信自己的选择和判断，不要妄自菲薄，也不要盲目自大。其次，在确定好了目标以后，一定要坚定不移地走下去，除非你发现你的目标出现了问题，否则不要轻易放弃自己的计划。最后，人不管在什么时候都要保持乐观、积极的态度，这样才会成功。

我们反复强调，职业生涯规划并不是一劳永逸的工作，它是一个动态过程，需要不断完善改进，以适应环境的变化。只有讲求实际，合理准确地评估自己，并不断地加以调整，才能合理定位职业生涯方向，才能每天朝着这一方向努力前进，才会获得最终的成功。

### ☞ 四、修订落实计划

即为制订措施创造条件，制订一个新的自我提升发展计划，进一步明确“我应该怎么干”。每过一段时间，我们都要审视内在和外在环境的变化，并且及时调整自己原定的职业生涯规划。调整并非放弃，而是与时俱进。当一个人的职业生涯并非一帆风顺时，调整的过程往往可以使其多方面能力得到提高。

职业生涯规划能力和调整能力是我们终身必备的，也是让我们终身受益的能力。在整个职业生涯过程中，我们不仅需要知道自己想从事什么工作、能从事什么工作，更重要的是需要知道以什么策略、手段实现进步。当今时代，一个人在一个单位的一个岗位上工作一辈子的可能性越来越小。人的一生可能要改换多次岗位，甚至改换多种职业。掌握有关职业生涯规划的知识，掌握职业生涯规划及其调整的能力，不仅是我们第一次求职时所必需的，而且也是未来整个职业生涯发展中不可或缺的。

## 第三节　职业成功及职业生涯的 PPDF 法

### ☞ 一、五种不同的职业成功方向

#### 1. 什么是职业成功

职业成功是职业生涯管理与开发的出发点和归宿，是人力资源管理理论与实践中的一个重要问题，同时也是我们在职业生涯中不断追求的目标。它的含义因人而异：在某些人的观念中，职业成功的定义往往局限于地位和财富，于是，他们为了达到成功的标准而苦苦追求。事实上，他们已走入观念误区。职业成功的标准不是唯一的，对不同的人来说，需求不同，目标各异。有的人以获得高社会地位和社会声望的职业为成功；有的人以有一个薪资不低、安稳轻松的职业为成功；有的人以获得金钱，有一种财富的满足感和职业成功感为成功；有的人以勤奋努力工作，取得成绩为成功；有的人以事业辉煌为成功；有的人以由于自己的存在能帮助许多人，使他们高兴和感到满足，同时也实现了自我的价值为成功。

#### 2. 职业成功方向

(1)德尔总结出的五种职业成功方向

● 进取型

这种类型的人在职业发展过程中更加注重晋升，注重他们的地位。他们通常追求高职位，甚至达到组织中的最高地位。

● 安全型

这种类型的人比较喜欢稳定的工作，追求认可与尊敬。

● 自由型

这种类型的人更喜欢在工作中自我控制，有工作时间和工作方法上的自由，而不是被控制。

● 攀登型

这种类型的人喜欢具有挑战性的工作,愿意冒险并从冒险中享受那种刺激的感觉。因此,他们更喜欢做创新工作。

● 平衡型

这种类型的人追求家庭、事业的协调发展,他们希望在工作、家庭关系和自我发展之间取得平衡,使工作不至于太乏味。

(2)当下的四种职业成功

在总结了前人关于职业成功方向的论述,并对其进行综合分析的基础上,我们认为职业成功的方向有以下四种:

● 个人的价值取向、能力、特质与其所选择的职业正相适合,且在这一职业岗位上工作得心应手。

● 个人有自我职业目标,无论是初就业便一直在某种职业岗位上,还是历经坎坷,发生职业流动或转移,最终个人既定职业目标得以实现,都是一种职业成功。

● 在所从事的职业岗位,尽职尽责,做出贡献,有一种自我满意感、成就感,得到社会、组织、他人的认同也是一种成功。

● 勇于创新,"不要总是顺着老路走,在没有路的地方去踏出一行新的脚印。"大凡这样的人,必是有所建树、有所成就者。所以,这也是个人职业的成功。

## ☞ 二、职业成功的个人因素

个人取得职业成功,其因素是多方面的:有企业的外部环境因素,如社会政治经济形势、经济体制等;有企业内部环境因素,如组织制度、领导管理水平、企业文化与人际关系等;除此之外,员工个人因素是最重要的、根本的、决定性因素。希尔从美国最成功的几百位名人的终生经验中提炼出 17 条人生成功的条件:积极的心态;确定的目的;多走些路;正确的思考方式;自我控制;集体心理;应用心理;令人愉快的个性;个人的首创精神;热情;集中注意力;协作精神;总结经验教训;创造性的见识;预算时间和金钱;保持身心健康;应用普遍规律的力量。

高度概括和总结已有的实践经验,我们欲获取职业成功,个人必须具备的决定性的基本要素或条件是:信心、目标、行动。

● 信　心

要想做一个成功者,首先做思想上的成功者,明白人生掌握在自己手中,一定要有坚定的意志和信念,这是成功的先决条件。

● 目　标

确定人生总目标、具体目标。人生的意义在于追求一个目标,不断打破现状,追求超越。

● 行　动

这是获取职业成功的关键。如果不付诸行动,信心、目标只是空谈。

## 小锦囊

**获得职业成功的几点方法**

(1)积极主动,坚持不懈,保持旺盛激情。必须付出极大努力和汗水,始终充满信心和热情,锲而不舍,积极、主动争取成功。

(2)适应形势与环境,不断有所创新。客观形势与环境是个人职业成功重要的影响和制约因素。个人面对经济政治形势、政策制度等大环境自然无能为力,但是可以不为其所左右,适应环境的要求与变化,以自己的想法、新的生活、新的活动作为催化剂,继续个人的职业成长。与此同时,对自己周围的小环境,变不利为有利。

(3)把握机遇,有助于职业成功。在职业人生中,一般会出现几次关键转折或几次大的考验,这正是争取个人职业成功的机遇,要善于把握机遇、创造机遇、发现和挖掘机遇。

(4)有超前眼光。要有远见,有预见力,如果比别人早一步行动,就先占了主动。

(5)善于利用时间。只有合理利用时间,才能创造更高的效率。

## 三、职业成功的标准

20世纪90年代以来,人们对职业生涯成功评价标准高度关注。对职业生涯成功标准的不同理解和评价会影响人们对职业行为的选择。科学、客观、有效的职业生涯成功标准具有强有力的激励和导向作用,会引导人们树立正确的职业价值观,帮助人们最大限度地开发潜力,在获得自我实现的同时又能为社会做出贡献;反之,则会使人误入歧途,甚至对个人和社会造成严重损害。以往职业生涯成功评价标准的研究主要集中在“客观标准”和“主观标准”两个方面,大多注重“结果”,忽视了“过程”。评价方法往往是孤立的、静止的、片面的。未来的趋势应该是,评价职业生涯成功应将“静态”和“动态”、“结果”和“过程”、“主观”和“客观”结合起来。

职业生涯成功标准的提出最早可追溯到1934年牛津大学出版社出版的《预测职业生涯成功》一书。伴随着职业环境由稳定到不确定性的变迁,职业生涯成功评价标准的研究主要是沿着“客观—主观—主客观统一”的路径而进行的。20世纪90年代初期之前,职业生涯成功评价标准的研究主要集中在“客观标准”上。90年代中期以来,无边界职业生涯兴起,学者们更加重视职业生涯成功的“主观标准”。

### 1. 客观评价标准

Hughes最早对职业生涯进行了主观和客观的分类,继而提出了职业生涯成功的主客观标准。关于客观成功,他认为,是指可证实的成就,如薪酬、晋升和职业地位。这是基于传统稳定的职业环境,被社会广泛认同的职业生涯成功的客观标准。传统的线性职业生涯环境迫使人们终生只得为一个组织服务,并按照组织的要求来设计和规划自己的职业发展。组织环境的稳定性和内部的金字塔结构使得人们对职业生涯成功的评价主要局限在“薪酬和职位”的客观标准上。20世纪90年代以来,新经济时代的兴起,为了适应超强竞争的需要,组织的结构日益扁平化,传统的金字塔式层级制度很多转向网络工作制。以“加薪和晋升”为主导的组织职业生涯管理面临更大的挑战。学者们又为职业生涯成功客观评价指标增加了新的内容。如Arthurs和Rousseau (1996)认为“个人市场竞争力”应成为职业生涯成功的一个客观评价指标。特别是在无边界职业生涯背景下，员工更看重个人在组织和市场中的稀缺性竞争能力，并以此形成自己的人力资本价值，从而降低被解雇的风险。

Nigel Nicholson 等学者对职业生涯成功的标准进行了更深入的研究。他们认为，客观成功由职业旅程中可证实的、可观察的富有价值的成果所构成，主要体现在“资源和其他能够获得优势和富足的条件”，具体包含“地位和头衔（等级职位），物质成功（财富、财产、赚钱能力），以及社会声誉、尊敬、威望和影响力”等客观成功的评价指标。他们还进一步指出，以上指标都存在逻辑和功能上的联系，但其中最强有力的指标还是“地位”，因为人一旦获得了较高的“职位”，其他成果也会相伴而生。

综合以上学者的研究，不难看出，职业生涯成功的客观标准从本质上讲主要还是集中在由社会认可的“较高的薪金和职位”上，其他指标可以随“薪金和职位”的获得而拥有。毋庸置疑，以可感知和证实的成就——“薪金和职位”作为客观成功的标准，使我们对职业生涯成功具有可操作的评价依据，同时也有助于人们明确职业追求的目标。问题是，我们在强调客观成功标准的同时不能忽视主观成功的标准。事实上，很多人在获得客观成功时，主观心理上却伴有失败感，因为“薪金和职位”并不能满足人的全部需要。片面地追求客观成功往往导致职业价值观的扭曲以及其他一系列不良后果。另外，客观成功标准的局限性还在于，它忽视了职业生涯成功因个体、民族、社会、时代的差异性等评价标准所具有的多元性和层次性。就个体职业的不同而言，如企业管理者、工程技术人员、官员、文化教育者、艺术工作者等其职业生涯成功评价就难以适用现行统一的客观标准。企业管理者可重物质成功（财富、财产、赚钱能力）；工程技术人员则重专业知识和技能；官员重地位和头衔（等级职位）；文化教育、艺术工作者往往侧重于主观精神上的满足和客观上的社会声誉、影响力。同样，不同的国家、社会、时代对职业生涯成功的评价标准也是不同的。

**2. 主观评价标准**

主观职业生涯成功的研究最早可追溯到 1934 年，Thorndike 认为职业生涯成功的主观标准是“工作满意度”。著名职业生涯管理研究学者 Super 指出，成功不仅仅是一个社会的客观问题，也是一个人的主观问题。Hughes 基于职业概念的二元性和完整性，提出仅从诸如收入、晋升等指标来定义职业生涯成功是危险的。他认为主观职业生涯成功是由个人对其职业经历的反应来决定。Karman 等学者研究了“职业生涯成功和个人的失败”这种现象。他们发现，一些被社会认可的成功经理人，其实对自己的职业生涯并不满意。如果从主观职业生涯成功的标准来看，他们常常认为自己是失败的。他们的这一研究引起了人们对职业生涯成功主观标准的高度重视。Nigel Nicholson 等学者在研究职业生涯成功客观标准的同时，更深入地研究了主观成功。他们引入了个人的自我实现和工作意义成分，具体包含“自我认同、工作满意和精神满足”等主观成功的评价指标。但主观职业生涯成功在大多数时候，可操作化的指标是“工作或职业满意度”。职业生涯成功主观标准的重视和提出弥补了以客观标准片面衡量职业生涯成功的某些不足。尽管如此，主观成功标准也有其自身的局限性：主观上的工作满意和精神满足只是一种个人化的心理感受，“职业满意度”并不能真正反映主观成功的本质内涵。一个实际上平庸、职业发展失败的人，在特定的时空背景下往往也会有较高的“职业满意度”。因此，应引入新的变量指标来衡量主观职业生涯成功。现有的职业生涯成功评价标准之所以存在诸多缺陷，是因为都是用片面的、孤立的方法进行评价。因此，我们应该进行创新，找出一个更好、更有效的标准。我们可以从两个方面加以改进。

- 我们可以使“主客统一”而非“主客分离”。以前，人们将主客观评价标准割裂开来去评价职业生涯成功。这种职业生涯成功评价方法具有片面性，易误导人们在追求客观成功的同时，忽视主观的意愿、兴趣和社会使命。很多人从客观标准来看职业是成功的，但他们在心理上却有失败感；反之亦然。所以，职业生涯成功的评价就不能简单、片面地采用单一的主观或客观标准，我们应从“主客统一”的角度去评价职业生涯成功。这意味着评价职业生涯成功要同时兼顾“主客观标准”，二者缺一不可。

- 传统观点认为，职业成功与否取决于我们的工作结果，这种标准是以“结果”为导向的。无疑，职业生涯成功评价指标的设定如“薪酬、晋升和职业满意度”等使得人们对职业生涯成功的评价更容易识别和度量，但这种评价方法忽视了对人们如何取得职业生涯成功这一“过程”本身的评价。评价标准的“过程导向”意味着对职业生涯成功的评价，首先应考察取得职业生涯成功这一过程中个体显示了怎样的优秀心理品质，如信念、勇气、坚韧等。在某种意义上，一个人在追求职业生涯成功过程中，所表现出来的这些可贵品质及其对“生命意义的审美体验”，往往比实际的结果更具有社会意义。因此，我们应从动态的视角去评价职业生涯成功，并将“过程成功”作为职业生涯成功的一个新标准。

## ☞ 四、个人职业生涯的 PPDF 法

### 1. 什么是 PPDF 法

PPDF 的英文全称是：Personal Performance Development File。中文意思是“个人职业表现发展档案”，也可译成个人职业生涯发展道路。在发达国家的不少企业里都有一种被称为 PPDF 的东西。这个东西看起来很简单，但是作用却非常大。有不少的企业、公司靠它将自己的员工形成了一种合力，形成了团队，为了单位的目标去努力实现自我价值。为什么它能起到这样的作用呢？主要是它将所有员工的个人发展同企业的发展紧紧地联系在一起。它为每个员工都设计了一条经过努力可以达到个人目标的道路，使他明确只有公司发展了，他个人的目标也就可以实现了。这实际上是一种极有效的人力资源开发的方法。正因为如此，许多企业纷纷效仿。

所谓职业生涯，是一个人一生的工作经历，特别是职业、职位的变动及工作理想实现的整个过程。职业生涯的管理，就是帮助员工具体设计及实现个人合理的职业生涯计划。

每个人对自己的一生都有良好的理想设计，这些设想有的可以实现，有的可能不会实现。当一个人在一个单位工作时，如果这个单位的管理者能够为他进行设计，他就会有一种追求感。管理者给员工进行具体的设计时，要使他们的职业生涯计划建立在现实的、合理的基础上，并且通过必要的培训、职务设计及有计划的晋升或职务调整，为他个人的职业生涯发展创造有利条件。

为员工设计职业生涯发展计划有许多好处：

- 可以更深地了解员工的兴趣、愿望、理想，以使他能够感觉到自己是受到重视的，

从而发挥更大的作用。

● 由于管理者和员工有时间接触，使得员工产生上进心，从而为单位的工作做出更大的贡献。

● 由于了解了员工希望达到的目的，管理者可以根据具体情况来安排对员工的培训。

● 可以适时地用各种方法引导员工进入单位的工作领域，从而使个人目标和单位的目标更好地统一起来，降低员工的失落感和挫折感。

● 能够使员工看到自己在这个单位的希望，从而达到稳定员工队伍的目的。

**2. PPDF 法的运用**

下面我们来看一个简单的 PPDF 法：

(1) PPDF 的主要目的

PPDF 是对员工工作经历的一种连续性的参考。它的设计使员工和他的主管领导，对该员工所取得的成就，以及员工将来想做些什么有一个系统的了解。它既指出员工现时的目标，也指出员工将来的目标及可能达到的目标。它标示出，你如果要达到这些目标，在某一阶段你应具有什么样的能力、技术及其他条件等。同时，它还帮助你在实施时进行认真思考，看你是否非常明确这些目标，以及你应具备的能力和条件。

(2)怎样使用 PPDF

PPDF 是两本完整的手册。当你希望达到某一目标时，它为你提供了一个非常灵活的档案。将 PPDF 的所有项目都填好后，交给你的直接领导一本，自己留一本。领导会找你，你要告诉他你想在什么时间内、以什么方式达到你的目标。他会同你一起研究、分析其中的每一项，给你指出哪一个目标设计得太远，应该再近一点儿；哪一个目标设计得太近，可以将它往远处推一推。他也可能告诉你，在什么时候应该与电大、夜大等业余培训单位联系。他也可能亲自为你设计一个更适合于你的方案。总之，不管怎样，你将单独地和你相信的领导一同探讨你该如何发展、奋斗。

(3) PPDF 的主要内容

①个人情况

● 个人简历：个人的生日、出生地、部门、职务、现住址等。

● 文化教育：初中以上的校名、地点、入学时间、主修专题、课题等。所修课程是否拿到学历，在学校负责过何种社会活动等。

● 学历情况：填入所有的学历、取得时间、考试时间、课题以及分数等。

● 曾接受过的培训：曾受过何种与工作有关的培训(如在校、业余还是在职培训)、课题、形式、开始时间等。

● 工作经历：按顺序填写你以前工作过的单位名称、工种、工作地点等。

● 有成果的工作经历：写上你认为以前有成绩的工作是哪些，不要写现在的。

● 以前的行为管理论述：写你对工作进行的评价，以及关于行为管理的事情。

● 评估小结：对档案里所列的情况进行自我评估。

②现在的行为

● 现时工作情况：填写你现在的工作岗位、岗位职责等。

● 现时行为管理文档:做你现在的行为管理文档记录,可以在这里加一些注释。

● 现时目标行为计划:设计一个目标,同时列出和此目标有关的专业、经历等。这个目标是有时限的,要考虑到成本、时间、质量和数量的记录。如果有问题,可以立刻同你的上司探讨解决。

● 如果你有了现时目标,它是什么?

● 怎样为每一个目标设定具体的期限?此处写出你和上司谈话的主要内容。

③未来的发展

● 职业目标:在今后3~5年里,你准备在单位做到什么位置。

● 所需要的能力、知识:为了达到你的目标,你认为应该拥有哪些新的技术、技巧、能力和经验。

● 发展行动计划:为了获得这些能力、知识等,你准备采用哪些方法和实际行动。其中,哪一种是最好、最有效的,谁对执行这些行动负责,什么时间能完成。

● 发展行动日志:写发展行动计划的具体活动安排、所选用的培训方法,如听课、自学、所需日期、开始的时间、取得的成果等。这不仅是为了自己,也是为了了解工作、了解行为。同时,你还要对照自己的行为和经验等,写上你从中学到了什么。

PPDF法操作起来十分方便、简单,它不仅对在职人员有极大用处,对大学生的职业生涯规划也具有同样的意义。PPDF绝不是一种转瞬即逝的潮流,也不是陈酒装新瓶,而是一场实实在在的观念和实践的深刻变革。PPDF工具的自我构建和评价使用,直接挑战和冲击着残留的封闭、保守的传统文化与心理。事实上,并不是每个人都能准确、到位地做好自己的职业生涯规划。由此,HR(人力资源)的职业价值也有了彰显本职的可能,即为每一个员工的"个人职业表现发展档案"做好参考与指导。毕希纳曾说:"每个人都是一个深渊,当人们往下看的时候,会觉得头晕目眩。"在尊重与承认人的价值的人本时代,一定程度上HR就是为每一个员工挖掘"深渊"的人,以"向下看"的姿态与心理对待每一个员工。那时,评估HR成功就在于能因为员工的职业表现与专业发展而感到"头晕目眩"。

## 思考题

1. 职业生涯反馈的类型有哪些?
2. 评估工作的作用是什么?
3. 评估包括哪些内容?具体步骤是什么?
4. 评估过程中应该注意哪些问题?
5. 修正与调整包括哪三个方面?
6. 想想自己对于职业成功的定义属于哪种方向?
7. 运用PPDF法对自己制订的职业生涯规划进行简单评估。

# 7 第七章 心理健康与自我管理

## 本章概述

随着社会的快速发展变化和职业竞争日趋激烈，生涯规划的实现与心理健康之间的关系越来越紧密。中国人民大学的俞国良教授比较早地研究了心理健康视野下的生涯规划，他认为心理健康视野下的生涯规划研究的根本任务是建构完整的人格，有效地适应社会，有效地进行自我管理，终极目标是自我实现。因此心理健康视野下的生涯规划对于个体的发展具有深远的意义，其学习教育意义不容忽视。本章主要讨论如何在实现自己职业理想过程中同时达到幸福快乐。

## 内容点击

- 心理健康与生涯规划
- 缓解职业心理压力的对策
- 树立健康心理的正确理念
- 毅力的培养
- 做好自我管理

## 案例导读

上海大学财会专业的张伟大学毕业后，很幸运地被一家著名的会计事务所录用。上班后的第一个月，他就拿到6000元的工资，事务所还对他承诺，一年后他的收入就可翻一番。于是，拿了高薪的张伟很快成为同学们羡慕和追逐的目标，他自己也把小腰板挺得直直的。

然而，工作几个月后，张伟的腰板就再也挺不起来了：每天，他至少要工作10多个小时，还经常加班到凌晨两点。他越来越觉得自己被压得喘不过气来。这还不是主要的，最让他受不了的，是那工作没思路、工作方法陈旧却不允许提意见的顶头上司，他工作干出成绩，这位上司就阴阳怪气地说他运气好，下次肯定做砸；他工作若有了失误，这位上司便会暴跳如雷地骂他"窝囊废"。

最后，张伟在忍无可忍的情况下，抱着"宁可不挣钱、也不受这份气"的想法辞去了高薪工作，重新找了份薪水比原来少一半，却能正常上下班、人际关系融洽的公司工作。他说："通过这件事我清醒了很多，能在一个宽松、和谐的气氛下快乐工作，这比什么都重要。我不能把自己的青春葬送在高薪工作中。"

有位夏女士跟她的男朋友相爱多年，终于要修成正果了。大家都为她高兴，可是她却无论如何高兴不起来。原因是：她所供职的公司虽然是个名噪一时的企业，但是却长年累月没有休假，任何人、任何事，都不是请假的理由。果不其然，新婚第三天，夏女士就被领导一个电话揪回办公室开会。没有困难也要创造困难，然后一定能克服困难——这是大家对公司历次会议的精彩总结。会议中，夏女士接到老公好几个电话，一向温和的老公恶狠狠地用家乡话逼着夏女士把电话交给会议组织者听。除了员工不得休假外，公司还不给员工外出学习培训的机会，员工就像一台台干活的机器，无休止地转动却不给加油、维修。

渐渐地，胸前那曾被她视为骄傲的亮闪闪的公司徽章，光鲜的写字楼都成为她心中的隐痛，尽管脚下穿着500元以上的鞋，但是夏女士却没有了轻松愉快的心情，失去了曾经生动的青春。

据前不久智联招聘发布的调查显示，目前，有六成以上的白领员工尽管拿着高薪，却感觉幸福指数并不高。而半数以上的人为跳槽方便，只肯与公司签一年期的工作合同。

专家指出，幸福与否要看用于情感交流的支出占整个支出的比重。现实情况是，白领员工收入虽然高，但金钱不能与幸福直接对应。不少人忙得歇不下来，根本没有与家人和朋友、同事充分聊天沟通及享受生活的时间。如此这样就会产生被工作、被时间奴役的感觉。

**思考：**张伟和夏女士为什么拿高薪但缺乏工作的幸福感？如何使工作和生活达到平衡？你会选择高薪而没有幸福感的工作还是选择低薪、自由稳定、有幸福感的工作？

## 第一节 心理健康与生涯规划

### 一、心理健康与工作需要

"应当有工作"可以说是天经地义的一句话，没有人会怀疑它的真实性。工作在社会上、在经济上、在道德行为上的意义是十分明显的，不过除了这些以外，它还有其在心理方面的意义，它是保持及增进心理健康的重要因素。有人称之为心理方面的维生素也不为过，因为它是人不可或缺的。健康的人都有工作，而没有工作的人，颇难维持其身心健康。塞尔尼医师毕生致力于心理紧张和压力的研究，他指出工作是达到"寿而康"的必经之路。我们应该认识到工作的重要性。它不仅具有经济上的意义，同时还关系着我们身体和心理的健康。所以每个人都得有一份工作，有一份适合于自己的工作。为了协助人们达到这个目的，近代社会中对于职业辅导工作非常重视。职业辅导的原则是：使每个人能安置在最适合他的工作位置上；同时使每一项工作或职位能找到最适当的人员。这是对个人、对社会都有益处的事情。

**1. 工作给予个体"自我表现"的机会**

在个人发展的过程中，儿童的行为逐渐社会化。他要学着循社会所容许的途径，满足其本身的需求，也要学着以社会所认可的方式，来表现本身的意见和愿望。同时也要使本身的能力与才华，获得施展的机会。于是工作就成了最合宜的自我表现的途径。

严格说来，自我表现不仅是人类共有的动机，也是做人的基本责任。从整个文化发展的观点看，每个人其实都担负着承前启后的责任，把过去累积的知识接受过来，和本身的智慧、经验融合在一起，再以各种不同的方式表现出来，传递到后一代去。这中间有的只是保存了以往的成就，有的或是将它改进了，扩展了；有的是新的发明或创造性的成果。这些若不表现出来，则文化的传递工作就将受到影响。而这种传递的过程显然是通过各种工作形式在进行的。

**2. 工作可以排除不必要的忧惧**

过去人们以为清闲是一个人的福气，现在大家知道这个想法不甚正确，清闲通常只会为人添一些不必要的烦恼，所以正常人都要做些工作。即使已经从职位上退休的人也不例外。近数十年来医院对于病人也摒弃了所谓休养的方法，让病者把思想和注意力逐渐转移到实际而具体的工作上来，而不复有机会思虑那些不必要忧惧的问题，同时也从工作中体会到适应生活环境和人际关系的情况。

所谓不必要的忧惧，是指那些没有实际危险的情况，或是虽有危险而我们无法做有效控制的事件，用工作去排除不必要的忧惧。“不必要”三个字颇为重要。因为正常的忧愁和恐惧，是表示当事者遇到了真正困难或危险的情境，而必须采取适当措施去应付的。有些人把自己的生活，安排得十分忙碌，使其对于一些应当处理的问题，也无暇顾及。那只是一种变相的逃避方式，而不是健全的态度。

**3. 工作可以增进个体的发展**

有人曾经用狗做过一个试验：将狗关在笼子里，饲养约一个月，然后在其右后腿上施行手术取出一条肌肉，在显微镜下仔细观察肌肉纤维的数目及其大小。当狗的伤口痊愈之后，就让它出笼跑动。开始每天跑得不多，以后逐渐增加，至 20 日后，每天约跑 20 公里。这样经过了 40 天之后，再在它的左后腿施行同样的手术。取出和前次相同的肌肉，将其和前次所取的两相比较。结果发现从左腿上取得的肌肉较右腿上所取的大了约一半，虽然肌肉纤维的数目并没有增加。这个实验证明了我们平日的想法：适当的运动，将增进身体的发展。

工作和运动，从运用身体器官的观点来看，并没有区别，比如像上述的运动，对狗来说其实具有工作意义。我们工作的时候，也是在运用身体的器官；而运用的部分则依工作性质而异。在某些工作中感觉器官负担较重，有些工作中运动器官较为辛苦。事实说明身体各部分需要经常的运用，才能充分发展；而工作正是给身体器官获得被运用的机会。自然生长的进度和年龄有关系。不过有一个与此关系密切的现象是经常存在的，即缺少适当的运用时，身体器官将呈现萎缩的现象。

**4. 工作可以使你获得满足感**

研究行为动机的人，都知道“追求成就”是人类行为极重要的动机。每个人都有过很多这样的经验：上课时计算了一道难题，旅行时爬到了山顶，在家里修好了电灯开关，帮助一个小孩或老年人走过一座小桥……大家也定能记得在做完那些事以后的愉快和满足之感。那正是我们所需要的。

为了满足这方面的需要，人们会去做各种各样的工作。工程师设计房屋和桥梁等建筑，科学家埋首于实验室的研究，画家整天浸润在调色盘中，小孩子在用心垒他的积木……各人所做的工作不同，但当他们完成了其所做的工作时，最大的报酬就是他们内心满足的感受；工作中所经历的辛苦，也完全消失了。随着成就而来的，乃是对自己的信心。做成了一件事，就让自己确切知道本身具有某项工作的能力。很多时候，一件工作可能看上去十分繁复，当事者没有把握能将其完成，不能确定自己是否胜任；只有在实际做的时候，一步一步的成就，使其信心增加；而在有了较高的自信心时，本身的能力常常更能获得充分的发挥，取得更大的成就。对工作者来说，这是极宝贵的经验。

**5. 工作可以使人不过于注意自己**

过分注意自己的一个毛病，就常会将原来正常的现象看成不正常或病态，给自己添了若干不必要的烦恼。内科医师经常听到病人诉说一些病状：如“我听到自己的心跳”、“我摸不到自己脉搏”、“我的小便颜色太黄了”……事实上那些现象都是正常的。心脏是无时不在跳动的，平时我们忙于工作，不去注意它，就听不到它的跳动，夜深人静时，你若未曾睡着，就常能听到；此时你倘若误以为那是病象，因而有点紧张，心跳就将加速，于是你将听得更清楚。这些人的病，常只是“自扰”而已。有些病人经常察看自己的气色，随时去按自己的脉搏，等到去看医生时，能道出一大串症状，“如数家珍”。有时因为毛病太多了，还得事先写个条儿，照着去念出来，以免遗漏。通常医师们遇到了这些口袋里带个条儿的病人，就已晓得几分病情：他们太过于注意自己。正常有工作的人多不会如此。

**6. 工作可以保持和现实环境的接触**

健康的人应当生活在现实的世界里，和现实相对的是幻想的世界，这并不是说健康的人就完全没有幻想。每个人都偶尔会有些幻想，像幻想自己在某方面有卓越的成就，幻想自身因某一原因获得别人的赞赏，幻想自己在某方面获得极大的满足等，是十分普遍的。已有的研究指出：在大学生中，几乎每个人都曾有过这类“英雄式”的幻想。不过健康人的幻想通常是十分短暂的，不会妨碍他的工作和人际关系；而且他们常可以利用它来补偿在工作过程中未能获得的满足，或加强工作的动机。心理不健康的人却往往生活在幻想中。

消除幻想最好的方法，就是工作。工作总是实实在在的事。工作时，每个人总是在接触一些实际的事物，在一个实际的环境中活动，和另一些人发生交往，这些经验都是很实际的。同时为了增进工作的效果，他必须努力去认识其所在的环境，了解其所进行工作的性质，因此他就易于留在现实里。他甚至可以利用幻想中的蓝图，逐步改善实际的情况；那样幻想就成了理想或计划，成为了工作的动力，而不再具有消极的作用了。

## 二、心理健康与生涯规划的关系

生涯规划作为一种体现人之主动性、创造性的动态的过程，已成为实现心理健康的计划、蓝图和行动方针；而心理健康作为一种具有相对稳定的心理状态，是个体进行适宜的生涯规划的基础和保证。个体在生涯规划的过程中实现着心理健康，心理健康继而影响着生涯规划的整个过程，两者在个体身上构成一种循环和整合，相互依存、相互促进。

**1. 生涯规划与生涯角色的心路历程**

个体的发展要经历不同的人生阶段，而个体在每个阶段都会面临一些来自社会环境的要求或任务，比如入学问题、就业问题、婚恋问题等。这些要求或任务与个体身心特征的交互作用推动着个体的发展。美国职业心理学家舒伯基于发展心理学的这一基本理论，提出了生涯发展论。他认为，生涯就是终其一生，不同时期不同角色的组合；个体生涯的发展是由生命广度和生活空间交织而成的一个复杂过程；生涯规划就是在这个纵横交织的生涯发展框架中展开的，目的在于帮助个体成功地应对各阶段的发展任务；在应对过程中形成必备的身体、情感和认知特征，为下一阶段更高一级的生涯规划做好准备，推动生涯的发展。

(1)生活空间

所谓生活空间，是指发展历程中各个阶段个人所扮演的各种角色，诸如儿女、学生、公民、休闲者、工作者、配偶、父母和退休者等。个体在不同的生涯阶段需承担不同的社会角色：成长阶段和探索阶段的主要角色是儿女和学生；建立阶段和维持阶段的主要角色是工作者、家长和公民；衰退阶段的主要角色是家长、公民和休闲者。当然，角色也会随着社会环境和个体需求的变化而变化，一个处于维持阶段的个体为了追求更高的工作成就和自我实现，可能会中断当前的工作角色，回到学校"充电"，这样学生角色就会再次出现。尽管个体在其生活空间中要扮演多样化的角色，但是这些角色并不是彼此分离、毫无关系的。个体在生涯规划过程中会根据内在的自我概念系统，对承载着不同要求和期望的角色进行协调与整合，使各个层面的生涯角色成为一个有机的整体，从而避免因角色冲突和角色过度负荷影响心理健康。同时，生涯规划要力图保持生涯角色系统与自我概念系统的一致性。个体所接纳和追求的角色往往有利于发展自己所期望的品质，有利于实现自己的目标。当个体认为自己所要追求的角色无法获得时，会主动地进行自我调节，以解决自我概念与环境中现有的机会之间的冲突，使两者重获和谐的关系。个体在生涯规划过程中能否成功调整自我概念与生涯角色之间的关系，也就是能否有效地适应生活、适应社会，这是生涯满意度和心理健康水平的重要预测指标。

(2)生命广度

所谓生命广度，是指跨越一生的发展历程。个体从一个人生阶段过渡到另一个人生阶段，也会经历成长、探索、建立、维持和衰退五个周期。换句话说，个体的一生要经历从成长到衰退这一大的周期，同时个体在不同的人生时段，尤其是面临过渡和转型的时候，也会经历从成长到衰退这一小周期。因此，一个 18 岁的少年和一个 80 岁的老年人都有可能经历成长、探索、建立、维持和衰退这样的过程。这说明个体生涯的发展是一个存在诸多反复的非线性过程。另外，随着社会变迁的加快、工作稳定性的降低、选择机会的增多，个体在进行生涯规划时可能经常需要经历这样的生涯小周期，以适应环境，追求成长。因此，生涯规划作为一个积极能动的过程，是在适应—不适应—适应、平衡—不平衡—平衡的循环中不断进行内外的调整，以实现与环境动态的协调，进而追求成长与发展的过程。这一特点与心理健康观的要义是不谋而合的。

**2. 生涯规划与自我实现**

生涯规划所追求的最高目标是人本主义心理学家马斯洛所说的自我实现，也就是充分利用和开发天资、能力、潜能等，让每个个体都能走到自己力所能及的高度，最大限度地发掘人性所蕴涵的潜能，展现出人性的美好与丰富色彩。尽管每个个体由于天赋、兴趣、能力以及成长经历、家庭环境的不同，其接受能力、探索能力等也会有所不同，但只要教育者认识到每一位学习者的独特性，给予宽容、尊重和欣赏，并以正确的方法引导其充分发挥自我的潜能，这样，即使学习者某方面所取得的成就不如他人，对于其自身而言，也是成功的经历。自我实现不可能是尽善尽美的，它强调个体竭尽所能，在最大程度上实现自我价值，并全面展现自己的才能。因此，自我实现是不完善的个体努力追求完善的动态过程。

自我实现是心理健康所追求的理想状态。尽管通常把平衡和适应作为心理健康者的特征，但心理健康本质上决不推崇一种满足于现状、没有追求、不思进取，因而无挫折、无冲突的“平衡”，以及逢人说人话、逢鬼说鬼话、上下讨好、左右逢源的“适应”。消除过度的紧张不安而达到内部平衡状态，以及对环境的顺从是“消极的”或“低层次的”心理健康，“积极的”或“高层次的”心理健康意味着不仅追求内部的平衡，更重要的是追求不断成长与自我实现，即追求崇高的目标，学会有效学习，发展建设性的人际关系，从事具有社会价值的创造，渴望生活的挑战，提高生活质量和人生的价值。

**3. 生涯规划与体验学习**

生涯规划中的体验学习意指个体身体力行地参与到真实或模拟的情境中去亲身体验，在体验中领悟，进而重新建构自己的知识经验，获得“生涯智慧”，形成健康的人生态度的过程。生涯智慧是近年来颇受关注的一个概念，意指个体能够认识到生涯的复杂性和动态性，理解生涯是平衡与波动、有序与无序、稳定与变化、可预测与不可预测的对立统一过程，并能接受和把握生涯发展的这种矛盾性，在生活、学习和工作中既能意识到自身所受的限制，又能充分利用内外资源，发挥潜能，建构有价值、有意义的人生。生涯智慧是形成健康人格的基础，是个体自我调节机制的核心，是心理健康的重要保证。一般而言，个人的生涯智慧无法通过灌输式的传统教育获得，而必须通过身体力行的亲身体验和不断的反思、领悟才能获得。因此，心理健康教育也把活动探索和体验学习作为维护和促进学生心理健康的主要途径，强调通过形式多样的活动探索，各种可利用的方式开展体验学习，比如通过引导学生参与课堂活动、学生工作、课外活动和实地实习进行体验学习，在活动、体验、反思和领悟的过程中获得真正属于自己的生涯智慧，进而发展出自我生长的调节机制。

**4. 生涯规划与完整人格的建构**

受系统理论和混沌理论的影响，个体的心理被视为一个完整而开放的系统，而生涯就是个体在毕生发展过程中心理系统与环境中其他系统之间的相互作用。在个体毕生生涯发展过程中，个体的心理系统与外部环境系统不断进行物质、能量、信息和知识的交流，并在这个交流过程中重组内部的心理结构，这个过程是平衡与波动、有序与无序的对立统一，是适应与障碍、成长与危机的交替。在这个过程中的关键机制是心理系统的重组。所谓系统重组，显然不是单独几个成分的改变，而是力求系统的整体优化和内部各成分之间的均衡与协调。这种系统重组的观点在生涯规划中，表现为人们对人格的完整和均衡发展的重视，可以说，生涯规划的根本任务即建构完整的人格。因此，教育者在进行生涯规划指导时，教育目标是使个体充分而完整地发展自身的潜能，不仅要实现个体在智力和职业能力方面的发展，而且要实现个体在生理、社会、道德、精神、伦理、创造性各方面的发展;在教育原则方面,必须充分尊重受教育者对健康人格的追求;在教育内容方面,个体的学习内容必须加以统整,兼顾认知与情意、人文与科技、专业与基础,因此个体需要了解从生命开始到成长的最后阶段;在教育方法方面,教育者必须提供学生充分探究身心潜能的机会,兼重思考与操作、观念与实践、分工与合作、欣赏与创作。

这种生涯规划的系统观,完全符合当今人们对心理健康者人格特征的理解。心理健康也强调完整的人格,认为个体的心理是统一的整体,整体并不等于部分的相加,某个部分有所欠缺并不意味着整体功能的失调,一些心智方面存在一定缺陷的个体,如果得到成熟平稳的情感意志的控制,也是完全能保持心理健康状态的。

## 三、生涯智慧与生涯规划

**1. 注重心理健康的生涯规划有助于个体身心健康的全面发展**

生涯规划是在个体毕生生涯发展的框架中展开的,是个体一生中不间断地追求健康人格和自我实现的过程,对于个体的终身发展与全面发展具有重要意义。在我国,生涯规划的理念和实践模式,对于儿童青少年的成长和教育体现出更加特殊的价值。其实,我国广大家长和教育者非常重视生涯规划,父母甚至在孩子还未出生时就开始“规划”他们将来的生活。然而,这种“生涯规划”的实质与这里所探讨的生涯规划是背道而驰的,这种“生涯规划”本质上是围绕升学活动而展开的“升学规划”。用升学规划代替生涯规划会直接导致长期以来注重智力和知识的考核,忽视价值观、情感意志品质以及人文素养的考核。因此,家庭、学校以及学生自己自然在提高智力和增长知识方面投入过多的资源,致使其他方面未能获得正常的发展。长此以往,这种在潜能开发上存在的严重偏差会导致他们的人格逐渐失衡、分裂,变得残缺不全,从而变成一个“单面人”,而不是“健康人”。

由此可见,被短期利益所束缚的升学规划是无益于个体的终身发展和全面发展的,只有着眼于完整人生的生涯规划,才能使个体在成长历程中逐渐发展为“健康人”,并获得自我实现。

**2. 注重心理健康的生涯规划有助于健全个体发展自我成长的调节机制**

注重心理健康的生涯规划所强调的活动和体验学习,是个体对未来生活的一种主动的准备过程,其根本目的是在活动、体验、思考和领悟中获得生涯智慧,进而发展出自我成长的调节机制。这种机制为个体获得终身学习和自我成长的能力奠定了基础,使个体能够有预见地应对未来的发展任务,以及来自环境的挑战和危机,并在现实的应对过程中合理地发挥主观能动性,在有限的条件下挖掘、利用自身的潜能以实现个人的目标,同时保持自身与环境的协调,逐渐趋近“随心所欲不逾矩”的心理健康状态。

**3. 自我成长的调节机制的核心是生涯智慧**

生涯智慧的关键是对生涯的矛盾本质的认识和把握。具有生涯智慧的个体对整个生涯的认识与生涯复杂而动态的真实面貌保持一致,体现出辩证性和开放性。比如,他们能清醒地认识到生涯规划既包含个人控制的成分,诸如计划、策略和积极的行动等,也包含不确定性的成分,诸如不完善的知识、非线性的变化和无法预测的结果等。然而,我们应该看到,生涯决策不是完全的控制或完全的不确定,生涯乃至所有的人类经验都是有序和无序、稳定与波动、成长与危机的辩证统一。生涯智慧使个体在面临生涯中的种种不确定性时，可以避免产生自我经验与现实世界的强烈冲突，以及由此引发的消极应对和各种心理行为问题，同时使个体有可能运用辩证、开放的思维将现实生涯中的不确定性转化为“积极的不确定”，也是利用不确定性所伴随的自由度的提高和选择空间的扩大，充分发挥自身的潜能和创造力，追求富有创意的、自我实现的生涯。

在目前的时代背景下，生涯智慧和自我成长的调节机制对于个体的成长和发展具有极其重要的意义。因为随着经济全球化的发展、社会的迅速变迁，环境中的不确定性因素增多，生活和职场中往往充满了变化，工作稳定性降低。比如，人们的工作变动性越来越大，生涯发展路径更加难以界定和预测；工作环境更复杂，影响因素更加多样化，意外事件的作用越来越明显等。在这种全球化和信息化的时代背景下，生涯智慧的自我成长的调节机制对于学生身心健康发展是必不可少的。惟其如此，生涯规划在这样的社会现状下将凸显其至关重要的教育价值。如何通过教育帮助下一代从生命的早期开始进行有效、有序、有力的生涯规划，逐渐通过体验学习获得生涯智慧，发展自我成长的调节机制，学会在充满机遇、挑战、选择和变化的社会中把握方向、发挥潜能并实现自我，是教育理论工作者、教育实践工作者的共同使命和历史责任。

**小锦囊**

**职场常见的病态心理及自我调适**

扫码阅读

## 第二节 缓解职业心理压力的对策

### 一、什么是职业心理压力

现代社会生活中的压力症，是人们身心疾患发生的根源。当人们遇上“压力”时，最初的反应便是“迎击”或者“逃避”。这是由人们的精神能量及体内对“压力”的免疫强度所决定的，即精神能量高，免疫系统机能强的人采取“迎战”的方法；反之，则采取“避开”的战术，以免损害身体中的健康防卫系统。

但是最近的精神科学研究发现，对于“压力”采取一种完全无反应、无视的态度，也有助于维持身心的健康。欧美的体育、企业方面的心理专家提出“压力管理学说”，主张通过幽默，控制情绪、动机、态度，放松神经训练，食物疗法，呼吸训练，想象、视觉化训练等方法来有效地对付“压力症”。

职场中人对付、处理“压力症”，有必要掌握一些心理策略和科学方法。首先重要的是，遇上“压力”时，要仔细地区分一下，是“长期压力”还是“短期压力”；是“突发性、急性压力”，还是“缓慢性、进展性的压力”，做到对“症”下“药”，有的放矢。

## ☞ 二、解除“压力”的心理策略

解除“压力”，大致有两大方法。一是治本。即把产生压力的原因加以消除，因此亦叫“预防”。二是治表。寻找“疏导口”，将体内积蓄的“压力”，有效地“疏导”出去，使之不危及身心健康，因此也叫做“排泄”疗法(净化疗法)。

以下提供11种解除“压力”的心理策略和治疗方法。

- 在纸上写出你在家庭、职业、社会生活中的压力及其原因，每一条“压力”，请思考三种不同处理方法，必要时与心理医生协商。
- 给亲朋好友写信，将你的压力、烦恼一吐为快。
- 有时候要“自我吹嘘”，自我“赞美”一番，保持自我良好感觉。
- 不要将责任都揽到自己身上，要设法学会同他人合作，同他人分担责任。
- 在人际关系中，要保持意思的明确交流。少批评，多提议。不要说：“你不可以这样干。”而要说：“你是不是可以用另一种方法干?”
- 勇于决断。错误的决断比不决断、犹豫不决要好。决断错误，可以修正。不决断，犹豫不决，导致“压力”增大，有损身体健康。
- 全局着眼，不拘泥于细部琐碎的小事。每一件小事、细节之处过分担心，长此以往，将被“压力”压垮。
- 不要过分拘泥于成功。失败是成功之母，“有意义、有经验的失败”要比“简单的成功”获益更大。
- 及早预防，早期解除产生压力的原因。
- 睡眠时间要充分，要补足。
- 运用幽默、微笑、催眠法和呼吸放松疗法保护大脑神经健康。

## ☞ 三、缓解心理压力的对策

中国CDC精神卫生中心执委、国家劳动与社会保障部心理咨询职业鉴定专家委员会专家委员赵国秋教授提出了如何清理“心灵垃圾”，让自己拥有一颗健康的心的十条应对策略。

### 1. 学会说“不”

当人们请求你帮他们做事情而给你造成压力时，你通常很难说“不”。考虑一下你是否能够做或者愿意做他们要求你做的事情。如果你不能够或不想做，要学会有效地拒绝他人的请求。

### 2. 改变生活方式

- 确定一个“放松时段”融入到日常生活里。试着养成放松的习惯。
- 尽可能多做令你感到愉快的事情。
- 不要让压力积累起来。
- 做到劳逸结合。
- 坚持在家里和工作中应有的权利。
- 避免劳累过度或接受太多的工作任务。
- 不要躲避令你感到害怕的事情。

● 要学会记住自己的成绩和进步，并学会表扬自己。

**3. 说出你的想法**

诚实地表达你的意见，这一点很重要，虽然这有可能会惹恼别人或引起争论。如果确信别人的某个请求是不合理的，你就得说出来。当愤怒和挫折无法宣泄时，人就会郁闷、沉默、唠叨、指责或背后诽谤，不能表达自己的意见会导致"消极—挑衅"的行为，这种行为对健康有害，因为被压抑的挫折或愤怒会对免疫系统造成伤害。

**4. 自我激励**

承认你能从错误中吸取教训，下一次更正。告诉你自己："我已经做得最好，对我来说已经足够好了"，"金无足赤，人无完人"，"即使我不时地失败，人们仍会喜欢我"，"犯错误并不意味着做人的失败"。

**5. 建设性的批评**

说出你的感受，解释为什么别人的行为伤害了你或给你带来了不便，告诉别人你是多么希望他们能够改变。

**6. 处理冲突**

● 避免争执

每个人都遇到过与朋友、家人或同事在某个问题上产生冲突的情况。争执会造成压力，但冷静克制、自信以及据理力争会缓解这种压力。

● 处理冲突

要谨慎地选择你的语言，要诚实、自信、得体。

● 保持中性

处理冲突的一个技巧叫"保持中性"，它是把话中的"刺"剔掉，重新组织起话的内容。举个例子，如果有人说"我无法和老板相处"，你回答，"你想讨论改善你和老板的关系。"

**7. 学做三件事**

● 学会关门

即学会关紧昨天和明天这两扇门，过好每一个今天，每一个今天过得好就是一辈子过得好。

● 学会计算

即学会计算自己的幸福和计算自己做对的事情。计算幸福会使自己越计算越幸福，计算做对的事情会使自己越计算对自己越有信心。

● 学会放弃

特别推荐汉语中一个非常好的词，这就是"舍得"。记住，是"舍"在先，"得"在后。世界上的事情总是有"舍"才有"得"，或者说是"舍"了一定会"得"，而"一点都不肯舍"或"样样都想得到"必将事与愿违或一事无成。

**8. 学会"三乐"、"三不要"**

"三乐"即：助人为乐、知足常乐、自得其乐。进一步说就是在自己好的时候要多助人为乐，在自己过得一般的时候要知足常乐，而当自己处于逆境中时则要学会自得其乐。

"三不要"：

● 不要拿别人的错误来惩罚自己。

现实生活中有许多人一不怕苦，二不怕死，再重的担子压不垮他，再大的困难也吓不倒他，但是他受不起委屈、冤枉。其实，委屈、冤枉就是别人犯错误，你没犯错误；而受不起委屈和冤枉就是拿别人的错误来惩罚自己。

懂了这个道理，再遇到这种情况，对付它的最好办法就是一笑了之，不把它当一回事。

- 不要拿自己的错误来惩罚别人。

当自己受到冤枉或不公正待遇后，也冤枉别人或不公正地对待别人。事实上当你伤害别人时，自己会再次受到伤害。

- 不要拿自己的错误来惩罚自己。

何谓好人？我们认为，如果交给他(她)做10件事，他(她)能做对7～8件，就是好人。显然，这句话潜藏着另外一层含义就是好人也会做错事，好人也会犯错误。所以，好人做错了事，一点都不要紧，犯了再大的错误也不要紧，只要认真地找出原因，认真地吸取教训，改了就好。

**9. 学说三句话**

- “算了！”

即指对于一个无法改变的事实的最好办法就是接受这个事实。

- “不要紧！”

即不管发生什么事情，哪怕是天大的事情，也要对自己说：“不要紧！”记住，积极乐观的态度是解决任何问题和战胜任何困难的第一步。

- “会过去的！”

不管雨下得多么大，连续下了多少天也不停，你都要对天会放晴充满信心，因为天不会总是阴的。自然界是这样，生活也是这样。

**10. 自我测试**

以下列出的是一些应对压力事件的比较常用的办法，哪些是你的行为特征或者是你的常用办法，请注上标记。

- 我将自己的需求忽略，只是埋头工作，拼命工作。
- 我寻找朋友进行交流并获得他们的支持。
- 我比平时吃更多的东西。
- 我进行某种形式的体育锻炼。
- 我发怒，并将周围的烦恼统统赶走。
- 我花些时间来放松，喘口气，做伸展运动。
- 我抽支香烟，喝那些含有咖啡因的饮料。
- 我面对压力的根源，做工作改变它。
- 我收回自己的感情，远离人群只做自己的事情。
- 我改变自己对问题的看法，以求更加透彻地看待它。
- 我睡觉的时间比我真正需要的时间长。
- 我花一些时间离开自己的工作环境。
- 我外出购物，用买东西的办法使自己感觉良好。

● 我和朋友们开玩笑，用幽默的办法来钝化困难的锐气。

● 我比平时喝更多的酒。

● 我沉溺在个人的爱好或兴趣中，它使我放松并感觉良好。

● 我吃药来使自己放松或者改善睡眠。

● 我让自己保持健康的饮食。

● 我只是忽视问题，并且希望很快地过去。

● 我祈祷，思考，丰富自己的精神生活。

● 我对存在的问题担心，害怕去做任何触及到它的事情。

● 我集中精力对付那些我能够控制以及能够接受的事情。

以上的各项条目中，偶数的条目是一些更具有建设性的策略，而奇数的条目趋向于不太好的应对压力的策略。如果你选择的是奇数的条目，那么你就应该考虑一下对你的思考方式和行为方式是否要做一些改变。你可以尝试着采用过去没有采用过的偶数条目策略的方法。

## 四、繁忙中的心灵休憩方法

人类社会进入了21世纪，在高速度、快节奏的环境下，每天工作的你会觉得现在的生活节奏太快、压力太大，人过得太累。我们所生活的当代大都市，如同一个“高压锅”，拥挤的交通、狭小的住宅、行色匆匆的路人……这一切都在告诉人们：这是一个繁忙的国度。在这样一个竞争日益激烈的社会中，白领们长期置身于精神的紧张与亢奋之中，许多人都患上了“现代病”。

于是，很多人的工作、生活理念正在悄然发生变化：渴望在工作之余找到一片能使身心放松、压力缓解的“绿洲”。其实，在工作的同时你也可以享受到它的快乐，可以让自己过得轻松愉快。

### 1. 要对工作保持良好的心态，努力去营造一个轻松愉快、友好和谐的工作环境

试想：我们对工作的态度、对同事的态度是否都曾经或正在困扰着我们呢？这种困扰是否曾经使我们与同事之间产生矛盾甚至怨恨呢？这种困扰是否使我们的心情烦闷，从而使工作停滞不前呢？

事实上，要避免这样的困扰并不是什么困难的事，只要我们稍稍改变一下看待事物的角度，情况就会有很大的不同。

下一次出门去上班，不知这一天怎么过时，先别担忧。下定决心，采用一种全新的方式去处事待人，就试这么一天。积极乐观一点，你也许会使自己的所作所为有所改观。

● 就试这么一天，对同事尽量友善。把他们当做恩人来看待，好像你能留在这个岗位上工作全该归功于他们，因此幸得有他们做同事。

● 就试这么一天，不再吹毛求疵，挑剔别人。设法找出每一件事物的优点，并且找出每一个跟你一起工作的人值得称赞的优点。

● 就试这么一天，如果要纠正别人，就尽量以幽默示之，不要出言伤人；设身处地，就像被纠正的人是自己。

● 就试这么一天，不要求自己所做的事都尽善尽美，也不再尝试打破纪录。称职地做好眼前的工作，不强自己所难。

● 就试这么一天，如果自己对工作胜任有余，那就不再不停地反躬自问：我的表现跟职位和酬薪是否相称？

● 就试这么一天，心存感激，庆幸自己活在这个社会和时代，无须在恶劣环境下做劳累讨厌的工作。为能在自由国度里工作而感恩不尽："在这个国家里没有人强迫我工作。"

● 就试这么一天，为自己有工作做、活得好而满心欣喜，庆幸自己不是在战壕里躲避枪弹，或是在医院里等待动手术。

● 就试这么一天，不去预期别人会如何对待你，不拿自己的酬薪、地位跟别人比较——就因为你是你，所以你很高兴。

● 就试这么一天，不计较事情"对我有什么好处"，只想到在每件事情上你帮得了什么忙。

● 就试这么一天，下班后不再想今天做了什么，还有什么没有做。反之，盼望傍晚到来，不管完成了什么都感到欣慰。

这些想法都不复杂，更非天方夜谭。它们的好处是可以令你活得更有意义、更快乐。最重要的是，它们能使你心境平静，而这是最珍贵的东西。

**2. 我们要懂得在紧张的工作状态中调节自己，放松自己。要有良好的生活习惯，起居规律，保证充足的睡眠**

● 早上的交通时间，放松一下自己，不要去考虑工作。而且在这时候，你就需要给自己的一天定一个愉快的基调：看看报纸（千万不要只局限于商业版），听听音乐或广播。找一件让自己高兴的事，打发掉路上的无聊时间。选择安静优美的路线，利用一切机会，接近大自然。

● 午餐时间是好好接触一下大自然，休息的时候，我们愿意惬意地呆在大自然的怀抱里。工作的时候，忙得昏天暗地的，也只有在午餐的时候，才会有机会走出写字楼。

● 美化你的周围环境，你的办公环境是一个影响你心情的要素。将桌上的那堆废纸清理掉，面对杂乱的办公桌，好心情也会变坏；你还需要给办公桌一点装饰，如放上爱人的相片，或一张美丽的风景照片——最重要的是，让办公桌变成你愿意呆的地方。

● 学会合理安排工作，给任务分级：确定你做完了最重要的工作后，再接着干别的。这样你会发现，给了自己轻松的同时，效率也提高了。

● 学习一个时间只做一件事情的艺术，更好地管理自己的时间。例如，不要打断手上的工作去看 E-mail，确定你一天只看三次 E-mail：早上、午餐后和下班前。

● 此外，试一试"慢"的哲学。在休假的时候，你之所以非常放松，是因为你放慢了生活的节奏。匆忙让身体分泌了更多的肾上腺素，导致身体感觉到压力。所以，为什么要跑着去复印呢？为什么要一手接电话，另一手还在打电脑呢？这只能给你带来更多的压力。

**小锦囊**

**教你10招在压力中拯救自己**

扫码阅读

## 第三节　树立健康心理的正确理念

健康的心理不可能天生具有也不可能总靠别人诱导，其根本就是要树立正确的世界观、人生观，正确的理念是一个人心理健康的基础。

### 一、学会宽容

宽容是一种善，宽容是一种美，宽容是一种人性，宽容是一种胸怀和气度更是一种境界。只有善良的心胸中才有宽容，只有慈悲的心灵才能放下宽容，只有曾经受到过伤害的人才能具有真正的宽容。

**1. 理解和体谅是宽容的基础**

理解和体谅是宽容的基础，而理解和体谅则要以设身处地的思维方式作前提来进行的。那个因信奉佛教而舍身饲虎的尼泊尔王子的故事，在今天那些满脑子自我意识私欲膨胀的人看来是不可思议的事情。因为他们从来没有替他人设身处地地设想过。他们所信奉的人生准则是“宁可我负天下人而不可天下人负我”。他们对于他人和自然只有掠夺与被掠夺的关系、压迫与被压迫的关系、剥削与被剥削的关系、损害与被损害的关系。他们的世界是二元的，非此即彼、你死我活、或胜或败，没有调和、没有双赢、没有共存、没有和谐，总之一句话就是没有宽容。

**2. 宽容是对于人的宽容**

宽容自然是对于人的宽容，人是一种本质上需要经常不断地宽容的动物，因为人是一种不断犯错的动物，而只有错误才需要宽容。犯错是人类的重要本质之一，人类是在不断的犯错中成长成熟和前进的。如果说犯错是进步的前提，那么宽容就应该是进步的基础。

**3. 宽容并不等同于“忍”**

忍只是一种制怒与压抑，忍缺乏宽容的海涵与包容。忍的姿态是一种屈辱的姿态，是一种卑贱的姿态，是很容易使人变成阿Q的。而宽容却是一种恬淡、淡泊、旷达、豁然、超越、超脱。宽容者不仅予人以慈，而且还给人一种境界高超、人格高尚的飘逸之感。

宽容自然是一种修养、一种成熟，这种修养表现出来的不是软弱，相反是力量、是魅力、是过人的目光与胸怀；是对于人性的深度理解；是对于利益的整体把握；是对于个性的充分尊重；是对于共存原则的贯彻与实施。宽容是一种整体观念是一种高瞻远瞩。试想一个成熟的人怎会在一个耍无赖的小孩面前不宽容而与之对打对耍无赖？试想一个君子在小人的小伎俩面前怎会与之计较？宽容的表现形式常常是退让与大度，即古人所说的退一步海阔天空。计较与争斗不是人与人之间相处的好方法。面对许多的纠葛、伤害、误会，事后想来进一步与退一步、争斗与宽容二者之间往往是后者为上策。而宽容的结果也常常使人格获得尊重、问题得到解决、关系得到融洽、友谊得到深化。

### 4. 宽容是一种境界和一个广阔的世界

天宽地宽海宽，而时间能容，容下了古往今来的一切血腥杀戮和残酷。历史能容，容纳下一切的仇恨、隔阂、冷漠。人何时才能法天法地法时间与历史，真正达到大肚能容容天容地容世间难容之事，开颜一笑笑古笑今笑世间可笑之人？

宽容作为一种境界，是一种水平的体现，是一种对于被宽容者的理解和体谅，是一种深度与才能，是一种睿智和明达。相反，不宽容才是一种愚蠢，一种首先是对自己不宽容的愚蠢，那些不宽容者忽略了人类最起码的常识：他人不仅是你的地狱更是你的镜子。地狱是不能涉足的，一旦涉足就真是一失足成千古恨。不宽容的人不懂得一宽容即成天堂，一憎恶憎恨仇视狭隘即成地狱。他人是你的镜子即是意味着你对镜子里面的人张牙舞爪，镜子里的人也会对你张牙舞爪；你对镜子里面的人拳打脚踢，镜子里面的人同样也会对你拳打脚踢；你冲镜子里面的人哭笑愤怒，镜子里面的人亦会以同样方式回敬你。如果说只有忠诚才能换取忠诚，那么同样可以说只有宽容才能得到宽容。换言之，即宽容者得宽容，不宽容者得仇恨狭隘与不快。

严格地来说，宽容是一种居高临下的俯瞰的态势，宽容是一种善与美的投入。因此我们首先可以将宽容界定为一种智慧。这种智慧的源泉来自于文化的修养和思想的明智与深刻。宽容的人一定有一种祥和的心态，这种心态又多来自于阅历和沧桑。如果阅历很浅而又未曾经历过沧桑的人具备宽容精神的话，那他无疑是具有一种不争的人生态度和一颗善良的心。除此以外如果还要找寻原因的话，话题又得回到智商与情商的层面去。许多高智商与高情商的人虽然不具备我前面所说的条件却也能达到宽容的彼岸，只是因为他们能够权衡得失并能预见到不宽容的后果。

## 二、学会感恩

### 1. 感恩的含义

“感恩”是个舶来词，“感恩”二字牛津字典给的定义是：“乐于把得到好处的感激呈现出来且回馈他人。”“感恩”是因为我们生活在这个世界上，一切的一切包括一草一木都对我们有恩情！

● “感恩”是一种认同

这种认同应该是从我们的心灵里的一种认同。我们生活在大自然里，大自然给予我们的恩赐太多。没有大自然谁也活不下去，这是最简单的道理。对太阳的“感恩”，那是对温暖的领悟；对蓝天的“感恩”，那是我们对蓝得一无所有的纯净的一种认可；对草原的“感恩”，那是我们对“野火烧不尽，春风吹又生”的叹服；对大海的“感恩”，那是我们对兼收并蓄的一种倾听。

● “感恩”是一种回报

我们从母亲的子宫里走出，而后母亲用乳汁将我们哺育，而更伟大的是母亲从不希望她得到什么，就像太阳每天都会把它的温暖给予我们，从不要求回报，但是我们必须明白"感恩"。

● "感恩"是一种钦佩

这种钦佩应该是从我们血管里喷涌出的一种钦佩。

● "感恩"是一种处世哲学,是生活中的大智慧

感恩可以消解内心所有积怨,感恩可以涤荡世间一切尘埃。人生在世,不可能一帆风顺,种种失败、无奈都需要我们勇敢地面对、豁达地处理。

● "感恩"是一种生活态度,是一种品德,是一句肺腑之言

如果人与人之间缺乏感恩之心,必然会导致人际关系的冷淡,所以,每个人都应该学会"感恩",这对于现在的孩子来说尤其重要。因为,现在的孩子都是家庭的中心,他们只知有自己,不知爱别人。所以,要让他们学会"感恩",其实就是让他们学会懂得尊重他人。对他人的帮助时时怀有感激之心,感恩教育让孩子知道每个人都在享受着别人的付出给自己带来的快乐的生活。当孩子们感谢他人的善行时,第一反应常常是今后自己也应该这样做,这就给孩子一种行为上的暗示,让他们从小知道爱别人、帮助别人。

● "感恩"是尊重的基础

在道德价值的坐标体系中,坐标的原点是"我",我与他人,我与社会,我与自然,一切的关系都是由主体"我"而发射。尊重是以自尊为起点,尊重他人、社会、自然、知识,在自己与他人、社会相互尊重以及对自然和谐共处中追求生命的意义,展现、发展自己独立人格。"感恩"是一切良好非智力因素的精神底色,感恩是学会做人的支点;感恩让世界这样多彩,感恩让我们如此美丽!

**2. 感恩的对象**

(1)对父母感恩

对父母的感恩主要体现在孝顺上。父母生育了我们,养育了我们,对父母感恩天经地义,这个道理大家都明白。但提起自己的父母来,现在很多人都感慨万千,遗憾自己太忙者有之,叹息自己没有钱者有之。有人甚至说,"等咱有了钱,让父母住别墅,坐豪车!"这不啻为一种豪言壮语。

孔子曰:父母在,不远游。反映出孝敬父母的地位是超越个人名利的。封建朝廷经常封一些孝廉之士为官,彰显其为社会楷模,树立道德标杆,号召大众学习。也正因为严苛的伦理规范,社会伦常才稳定了几千年,只是到了近代才逐步退化。

怎么才能做到对父母的感恩呢?如果从子女角度讲主要是孝顺,它是一种感情,是一种真情流露,是一种时时的牵挂;对父母而言,子女的孝顺主要是一种心头的感觉,感受到子女孝心后的一种幸福感、满足感,被子女孝心包裹后的安全感。从这个意义上来说,对父母感恩并不难,也不需要花很多钱,钱的多少也不是决定因素,关键是自己的真情,真正地把孝顺父母当做一件很重要的事情挂在心中,让父母感受到我们的心,感受到我们的爱,感受到我们的付出。

其实,对父母感恩的关键在于我们的心,在于依据每个人自身的条件,一点一滴、连绵不断、涓涓溪流般做到为人子女应尽的孝心,而不是花多少钱。古诗云:树欲静而风不止,子欲养而亲不待。所以说,人生无常,即便你一切如愿了,也许已时过境迁,再也没有机会了。不如趁早抓紧,尽到自己的孝心。

(2)对天地感恩

我们国家传统结婚礼仪中，新人有三拜，一拜天地，二拜父母，然后是夫妻对拜，古人将这个仪式称为“拜天地”。现在可能已经很少有人去追究拜天地的深意了，只是简单理解为一种仪式而已。其实，在古人眼里，天地是孕育我们生命的神灵，是保障国泰民安、四季风调雨顺、老百姓健康平安的保护神。在古人看来，天地赐给我们土地、水源、动植物等生活所需的一切，我们没有理由不对大自然感恩。史书上记载的古代帝王的封禅活动，如记载比较多的泰山封禅，都是古代帝王代表天下苍生跪拜天地，表达对天地的敬畏，并为天下众生祈福。

大自然在亿万年的历史中形成了今天的生态平衡，是其长期自然选择的结果，以我们人类有限的历史还不足以破译自然界的全部奥秘，我们没有理由随便改变它。纵观人类近代史，由于大规模改造环境所引发的生态灾难，屡见不鲜。在经过历次教训后，世界各国政府和科学家已经达成共识，那就是要尽可能地回避大规模改造环境的行为。比如说大型或特大型水利工程、核电站等，现代西方社会一般是不做或者尽量少做。这是因为我们目前的科技手段还不足以对由此带来的生态改变做出全面评估，一旦造成大规模生态改变，超出自然界的自然调节和承载能力，这种影响将是致命、不可逆转的，我们将无法承受这种巨大损失。

值得庆幸的是，我们的党和政府已经充分认识到由此而来的严重后果，正在逐步扭转这一局面，特别是“十六大”以来，我们党和政府将“科学发展观”，“构建和谐社会”，“人与自然和谐相处”等作为纲领性指导思想统筹国民经济的发展，又进一步提出，“要建设资源节约型、环境友好型社会”。何谓环境友好，其实就是尊重自然，人与自然和谐相处。

(3)夫妻间的感恩

古人说，“一日夫妻百日恩”，强调夫妻间主要是恩，而不是情。古人认为，只有夫妻间相互感恩，才能保持家庭的稳定。现在很多人强调的所谓爱情，其实是强调爱情的“情”，也就是情欲，而不是“爱”，爱主要指感恩。

“爱情”两个字主要强调的是“爱”，也就是“恩”，强调情应附着在爱上。因为“恩”是超越“情”这个层次面的，即便是年老体弱，“情”不在了，但“恩”依然能维持夫妻的百年之好。但夫妻双方如果强调的是“情”，强调爱附着在情上，恐怕情欲退去，爱也就不复存在，夫妻的缘分也就尽了。这也是现代社会离婚率逐年攀高、两性关系混乱的一个重要原因。

古代婚姻强调父母之命、媒妁之言，婚姻主要为父母包办。现代人婚姻自由，自己认识、亲友介绍、各类婚姻平台、婚姻快餐，特别是互联网，都为现代人提供了自由婚姻的平台，那么，我想问一下，现代人的婚姻幸福了吗？其实，不管采用父母包办还是自由婚姻都不是最主要的，关键是尊重夫妻间的伦理，有了夫妻间的情，就要相互负责、相互感恩，这不仅仅关乎个人的问题，其实是关系到人类社会千秋万代的稳定问题。只有夫妻间知道互相感恩，夫妻才能真正幸福。

(4)感恩一切曾经帮助过我们的人

在我们人生的道路上，离不开方方面面的帮助，如老师、同学、亲朋好友，乃至单位的领导和同事，都曾在人生的某个阶段关心、支持或帮助过我们。我们在条件允许的情况下，理应回报他们，报答他们的恩情。常言说，“一日为师，终身为父”，这讲的就是对老师的感恩。“士为知己者死”,讲的是知遇之恩。“与朋友交,言而有信”,讲的是朋友间的诚信之恩。饮水思源,凡是帮助过我们的人,我们都应该铭记在心,时刻不忘。

(5)感恩我们的社会和单位

我们每个人都应该感恩社会,树立社会责任感。我们现在也看到了,每个人要取得哪怕一点点成就,都离不开社会的支持,离不开单位或社会提供的平台。个人与社会(单位)其实是一个有机的整体,只有产生互动,从而整个社会(单位)支持个人,个人回馈社会(单位),建立正的循环反馈系统,才能形成良性循环,成为和谐的有机体。

因此,政治家应该感恩于人民的支持,真正的“权为民所用,利为民所谋,情为民所系”;企业家要回报社会大众,感谢社会大众成就了他的地位和财富;领导要体恤部属,感谢部属的配合让他完成了自己的角色;部属也要感恩领导,感谢领导的关心和支持……

(6)感恩对手

劲草感恩疾风,是因为疾风赋予了它更加顽强的生命力;落花感恩流水,是因为流水让它看到了更加美丽的大千世界。感恩对手,是因为对手锻炼了我们坚强的毅力与不懈的精神,帮助我们跨向成功的彼岸。

人,都有一种与生俱来的惰性——好逸恶劳。只有克服这种惰性,人们才能获得成功。那么,是谁帮助我们克服了它,又是谁帮助我们走向成功的彼岸呢?是的,正是我们的对手——无时无刻不在威胁着我们的对手。或许每个人都不希望有一个强大的对手,但是每个人却又不得不拥有一个强大的对手。

就好似疾风才能知劲草,我们也需要对手来磨砺我们的意志,锻造我们的精神。要知道:苦难是良师,逆境出人才。曾经有人做过这样的一个实验:将200只鹿分在东西两岸,东岸有狼群,而西岸只有一望无际的大草原。但结果却出乎所有人的意料:东岸的鹿比原来更多了,而且非常健壮;而西岸的鹿却数量锐减,直至消失殆尽。由此观之,在某种程度上,对手还赋予了我们继续生活的动力。因此我们感恩对手,感恩对手赋予我们更加顽强的生命力。

(7)对自己祖宗、先人的感恩

人生活于人世间,之所以有今天的一切,除了自身的原因外,与自己的祖先、先人的福祉都有一定的关系,从大的方面讲,是我们民族的祖先开创了这个环境;从小的方面讲,我们继承了自己祖宗的基因。我们应该感谢他们。

在古代,每个家族都有祖坟,大家族还有族谱、祠堂等,逢年过节,大家都要上香烧纸,祭奠自己的先人,表达对先人的怀念。子女们在这种环境下,耳濡目染,不断加深这种印象,以致代代相传,提醒人们勿忘本。一个忘记自己祖先、忘记民族历史的民族,不会有国家、民族和集体主义精神。

先烈和民族英雄应该万代不忘、世代祭奠,没有他们的流血牺牲也许就没有我们的今天。我们的政府官员每年有没有例行祭奠我们的先烈和民族英雄呢?每年有多少民众自愿到烈士陵园、英雄纪念碑前祭奠呢?又有多少人每年到自家祖坟上烧纸上香呢?如果我们在这方面不能树立榜样,不能教育后人,我们民族的历史、我们先人的业绩将很快为我们的后人所遗弃,振兴中华也将成为一种空谈。

## 三、追求自我和谐

### 1. 自我和谐的含义

什么是自我和谐呢？温家宝在中国文联中国作协全国代表大会上的讲话中将自我和谐精辟地概括为:“人能够做到正确处理自我与社会的关系,正确对待荣誉、挫折和困难,这就是自我和谐”。人的“自我和谐”,就是个人从生活到工作、学习,从身体到心理,从个人到家庭与社会,都是和谐的。现代社会没有绝对孤立的个人,每个人的自身和谐是全社会和谐的个体人格化保证。例如,每个人都要对自己负责,对家庭负责,对社会负责,在工作和学习中尽心尽力,注意身体和心理健康等。这其中还包括尽管各体成员在自我的各个方面以及跟他人相比存在某些差异,但是自我能够和谐相处、跟他人也能够和谐相处,心态健康,心理平衡。同时,自我和谐又是动态的,因为自己、社会发生变化,周围的生活环境、自然环境、物理环境都会发生变化,因此这是一个时空的动态的和谐状态。

心理学中对自我的研究有很长的历史,其中最有影响的有两个人,一个是罗杰斯提出了以自我与经验的一致性作为心理健康的重要标志。所谓自我与经验的一致性是指每个人对自我的看法与他的实际表现是一致的或者说是和谐的。每个人对自我的看法还包括对理想自我和实际自我的认识,以及如何最大限度地实现自己的潜力,这是人性的最基本特征。与罗杰斯同属于人本主义心理学阵营的还有马斯洛,他提出了需要的层次及其满足的程度会影响一个人的心理健康水平。从人本主义心理学观点来看,自我以及对自我的认识与看法跟实际表现的一致性,或者基本需要满足层次越高自我也就越和谐。

### 2. 影响自我和谐的因素

心理健康是自我和谐的重要标志之一。影响自我和谐的个人因素很多,包括精神追求、需要层次、思维方式、个性特点和行为方式等。首先一个人要达到自我和谐,要身体健康,其次还要满足基本的生理需求和安全需求。现在有些地方的社会治安不好,想在这些地方建立和谐社会很难,因为人们基本的安全需要都没有得到满足。还有些地方人的基本的温饱问题、住宿问题都没有得到很好的解决。因此构建和谐社会最基本的前提就是人们能够满足自己生理与安全的需要。

● 从个人发展的角度看,作为影响自我和谐的个人因素还包括能够感知到下一个目标正在实现中,或者是能够实现的。如果说已经到了发展的尽头了,那么这个时候要达到自我和谐是比较难的。还有感知到终极目标正在逐步实现,也就是能把目前的努力与更长远的目标联系起来,而且能够感知到与期望的差异时仍能保持和谐。一个人的现实自我与他最终要达到的目标之间一定会有差距的,那么自我和谐的人就是能够在这种情况下保持良好的心理状态,这也就是自我和谐的本来含义。能够看到和别人的差距,也能保持和谐。这既是自我和谐的标志,也是影响自我和谐的因素。

● 从社会方面来讲,要想达到自我和谐,有很多最基本的因素。社会要为个人提供基本的保障,尊重个人价值选择,各个阶层间相互开放、平等进入。也就是说,比较高的社会地位应该对所有的人都是开放的,每个人应该有平等的进入的机会。社会公正及资源配置的原则应该有法制约束。这些都是从外部对自我和谐有影响的因素。另外还包括尊重个人价值选择。在人本主义心理学中有一个重要的观点,人们之所以会出现心理障碍,之所以会出现个人不和谐,是因为他感觉到内心的需求没有办法得到实现,或这些需求即使得到了实现,也得不到社会的赞许。因此对每个人的选择的尊重程度越低,要达到自我和谐的可能性也就越小。因此,外部能够提供的促进自我和谐的因素是什么呢?对每个人所做的个人选择,只要不违法、不害人,都应该尊重、接受。

**3. 实现自我和谐的方法**

人的全面发展首先取决于人自身的和谐关系。自我和谐是可以通过自我的努力来实现的。

(1)讲究学养

所谓学养强调的是从道德和能力的角度,提高自己的素质,强调在学术上的创新精神,包括学问、阅历和在某一领域的专业造诣,同时包括学德、学术良心。学养要通过教育,更需要个人的奋斗和努力。学养,强调“学”,要有较多的学识,还要强调“养”。“养”按朱熹的解释是:“谓涵育熏陶,俟其自化也”,要学以致用。学识大致分为人文学识和科技学识。人文学识主要是讲社会和谐的道理,这些道理不光是讲给别人听的,自己更要身体力行。

孔子认为人之所以为人,是因为人有精神生活,特别是在于人须有道德,所以孔子以“仁爱”为中心,推演出“温、良、恭、俭、让、仁、义、礼、智、信”,把培养有道德的人作为学问的根本,认为这是社会稳定和谐的根基。道家也主张以谦下不争、清静无为的方式来达到人的身心和谐。“挫其锐,解其纷,和其光,同其尘”。有了和谐的人格,就能消除自我的痼弊,以开豁的心胸与无所偏执的心境去看待一切。佛家讲修来世,力图以事事无碍的超然态度进入一种彻悟的心灵境界,实现自我身心的和谐。通过对这些中华传统的学习,即所谓“自化”和“养”的过程,真正融入自己的内心世界,成为自觉的行动。

自我身心的和谐,是人与人的和谐、人与自然的和谐、人与社会的和谐的基础,自我身心和谐了,就会通过正心、诚意、修身来规范自我的行为,就会给他人创造一个宽厚处世的人际环境。孔子提出的“仁爱”原则,实施途径两条:一是“己欲立而立人,己欲达而达人”;二是“己所不欲,勿施于人”。其中,“己所不欲,勿施于人”在世界各大文化与宗教中都有相同表述,被公认为是处理人际关系的“道德黄金律”。孔子还特别强调“和”是“君子”人格中不可缺少的重要方面。

(2)讲究修养

主要是自我修养,从道德的角度提高自己的素质,使自己能够有力量、有目的地不断进行自我克制与心理调适。中国古代哲学家强调人的“内美”。西方哲学家如康德,赞美每个人心中的道德律,讲的都是自我修养。修养看似很抽象,实际上很具体,就是自我克制能力,坚决不做伤天害理的事,这是修养的底线、起点、最基本要求。人自身和谐的最高境界就是克己爱人,将对物的欲望限制在有限的范围内,用有限的生命去追求无限的精神享受。自我修养有着鲜明的针对性,针对的是贪欲和邪念。历来因贪财、恋色、弄权而作恶多端者,现实社会中不断揭露出来的腐败分子,其根源皆由贪欲、邪念所致,皆由内心不和谐所致,可见修养的重要。如果说修养的起点是不做坏事,不贪不占,不因恶小而为之,那么修养的高层次则是为他人为社会多做有益的事。自我和谐的人,有一个基本特点，就是心理平衡，不抱怨，不攀高，积极对待人生，对名利地位旷达以待、泰然处之。

(3)讲究涵养

涵养主要是指做人的道理。涵养强调的是处理好人际关系，这对于更好施展自己的才能和抱负至关重要。人的性格、爱好、志趣各不相同，如何和谐融洽相处，需要有涵养，涵养强调的是包容，对他人要大度，理解人、尊重人、赞美人。每个人的社会地位社会角色各不相同，每个人又都有一个期望，那就是期望自己在这个社会中生活得好一些。为了改善自己的生存状况和生存环境，采取的方式可以说是五花八门，只要是正当的，也就是通过自己的智力体力去达到的，都应给予理解和支持，排斥、歧视、看不惯、不顺眼，是人与人之间相互沟通理解的顽固障碍。每个人都有自己的人格尊严，都应受到尊重，人格侮辱是对人的极大伤害。无论社会地位、社会角色的差异如何，人格是互相平等的。以自己的优长而傲视他人，是没有涵养、内心不和谐的表现。社会地位高的能自觉地平易近人，社会地位低的能努力地不卑不亢，就值得赞美和尊敬。赞美人是君子之风，赞美人不是低俗的、虚伪的恭维，而是要充分地看到别人的长处，对别人的成就由衷地认可。社会每个人都能有一颗宽容、包容和善良之心，就会使得冲突减少，矛盾化解，社会和谐。

**小锦囊**

如何能做到有涵养

扫码阅读

# 第四节 毅力的培养

## 一、毅力的概念

毅力也叫意志力，是人们为达到预定的目标而自觉克服困难、努力实现目标的一种意志品质。

毅力，是人的一种"心理忍耐力"，是一个人完成学习、工作、事业的"持久力"。当它与人的期望、目标结合起来后，就会发挥巨大的作用。在所有的成功者中，有没有毅力，坚强不坚强，起着决定性的作用；而对失败者来说，缺乏毅力几乎是他们共同的弱点。所以毅力这个东西，很重要，也很可贵。毅力会帮助你克服恐惧、沮丧和冷漠；会不断地增强你应付、解决各种困难问题的能力；会将偶然来的机遇转变为现实；会帮助你实现他人实现不了的理想……因此，古今中外的先人、哲人、伟人、名人，都对它作了高度的评价。

"古之立大事者，不唯有超世之才，亦必有坚忍不拔之志。"(苏轼)

"最后的成功，归于最后的努力者。"(孙中山)

"顽强的毅力可以克服任何障碍。"(达·芬奇)

“战士是不知道畏缩的。他的脚步很坚定。他看定目标，便一直向前走去。他不怕被绊脚石摔倒，没有一种障碍能使他改变心思。”（巴金）

“在科学上没有平坦的大道，只有不畏劳苦沿着陡峭山路攀登的人，才有希望达到光辉的顶点。”（马克思）

## 二、毅力的作用

在一路奔波的人生经历中，大家都有个深切的体会：想做成点事太难了，有时“难于上青天”。虽然用意也好，目的也好，方案也好，就是做不成或者是屡战屡败。这种时候就应该算是人碰到挫折的时候、遇到困难的时候、不顺心的时候吧。

回想起来，我们在这些挫折面前，有时候是持了坚持的态度，顶着压力，冒着风险，“排除万难，去争取胜利”了；也有的时候是打退堂鼓，放弃了，投降了，屈服了。这时候想的是人家愿怎么着就怎么着吧！无论有重大成就还是有重大损失都不会与自己有关，别逞能了，干脆“躲进小楼成一统，管他春夏与秋冬”了。虽然有些消极，却无奈。这其中面对挫折的反应差别就在于毅力的差别。

红军二万五千里长征，举世闻名。上有敌机侦察轰炸，下有国民党军队围追堵截，而红军的装备呢？衣不遮体，小米加步枪，陷人的草地，难翻的雪山，经常断炊，有时甚至靠吃皮带充饥，其艰难程度非一般人所能想象。但是，红军终于走过来了，它向世人宣告红军不愧是英雄汉。红军二万五千里长征的胜利的确是中国革命的成功转折点。红军长征的胜利靠的是什么？一是靠有毛泽东的领导，二是靠广大红军对革命事业坚定的信念，三是靠顽强的意志，靠将革命事业坚持到底的毅力。

## 三、什么样的人没有毅力

毅力是人的一种好品质，谁都想具有这种品质。但是，是不是所有的人都会具有较强毅力？不一定。以下类型的人是很难具有毅力这种品质的。

### 1. 不自信者，不会有毅力

这类人对自己缺乏信心，不相信自己的力量，事情还没有办，考虑的却是个人的得失，失败了怎么办？如何向领导交代？往往是进一步，退两步，结果呢？因为没有自信，夸大了自己的弱势，让弱势遮住了自己的强势，自己就显得毫无力量……这类人的失败，不是由于他人，而是在于自己，也就谈不到什么毅力不毅力的了。

### 2. 心不专者，不会有毅力

唐人张文成在《游仙窟》中说过：“心欲专，凿可穿”。可是有的人就是做不到这一点，不专一，目标太多，期望值有无数个，好高骛远，一个目标还没有达到，就想到了另一个，这山望着那山高，什么都是三心二意，虽很努力，却是竹篮打水一场空，因为缺乏恒心，结果什么事情都办不了，什么事情都办不好。的确，一个人做事若无恒心，那是什么事情都做不成的。

### 3. 不能自制者，不会有毅力

这类人不能压抑欲望，随心所欲，想怎么干就怎么干，好情绪化，好冲动，不能顺从理性，不知道如何克制自己，因而满怀本是属于可敬可赞的雄心壮志，常被那些卑小的欲望所干扰，最终一败涂地。

**4. 办事不果断者，不会有毅力**

这类人独立性差，没有主见，干工作缺乏办法，没有气派，优柔寡断，前怕狼、后怕虎，总有说不清的顾虑，总是担心这个或那个，就是不担心成功。这类人还有一个毛病：容易接受他人暗示和影响，因而经常改变自己的初衷，将事情搞得不伦不类。

**5. 不能忍受挫折者，不会有毅力**

为什么有的人大落之后能东山再起？就在于他能忍受得住挫折，忍受得住失败，忍受得住考验，忍受得住痛苦，坚持信念，不停顿地前进，不停顿地拼搏、奋斗，因而能屡败屡战，最终成功。所以法国拿破仑说的一句话还是很有道理的："人生之光荣，不在永不失败，而在能屡仆屡起。"

总之，毅力是一个人自信、专注、果断、自制和忍受挫折的结晶。

## 四、毅力的培养

毅力，这个东西不是天生的，也不是说来就来，说坚强就坚强的，它是人的一种习惯，是在人的实践活动中逐渐培养、发展起来的。关键是怎么培养。对此，以下几点可供读者参考。

- 为自己建立明确的、通过努力可以实现的奋斗目标：长期目标、中期目标和短期目标。
- 确立自信心，"天生我材必有用"，相信自己是有能力完成目标的。
- 要以一种超人的献身精神来实施目标，战略上藐视，战术上重视。
- 随时随地提醒自己：要有一种不服输的精神，即便是遇到困难也决不半途而废，在任何恶势力面前都要显示一种不低头的战斗精神。
- 当自己觉得一个人实现目标有困难时，要动员或组织一切可以帮助自己完成目标的力量。

总之，对一个人的事业成长来说，这里有一个树立信心、坚定毅力、锻炼意志的问题。年轻人要懂得做任何事业都是一个艰难过程，人的能力提高也是一个很辛苦的过程，人的能力非天生，需要经受磨砺。

孔老夫子说过："生而知之者，首也；学而知之者，次也，吾为次。"其实，生而知之者，无也，学而知之者，众也！意志的坚强、毅力的培养、信念的坚定、能力的成长，需经过实践的积累和理性的升华，需付出辛勤的代价和年华的时光！要做好充分的思想准备，矢志自己的目标，磨炼自己的意志，增强自己的信心，坚定自己的毅力，不因困难而退却，不因强手而畏缩！

## 知识库

### 热爱与毅力的魅力

成就一项事业，必须具有一种原动力——热爱和毅力。

热爱是心灵内部迸发出来的一种力量。它能驱动人奔向光明的前程，激励人唤醒沉睡的潜能，发挥无穷的才干和活力。一位哲人曾经说过："任何人都会有热情，所不同的是，有的人让热情转变成了热爱，而对事业热爱的人，终究会有成功的一天。”

无数事例证明，一项革新的诞生，一项发明的成功，一项科研成果的获得，少则几十天，多则几年、十几年甚至几十年，这中间该有多少坎坷和艰险，没有孜孜以求的热情和坚韧不拔的意志，就可能半途夭折，正是有了坚韧不拔的创新精神，许多发明者才能克服种种困难和阻力，经受住挫折和暂时失败的考验，最终取得发明创新的成功。

过去，人们多强调智商(IQ)对一个人成功的重要性，后来又开始强调情商(EQ)，现在，又有专家提出了意志力商数(AQ)，又可称为逆境商数。一个人，只有IQ、EQ和AQ同时达到一定水准，才算具备了成功的素质。因此，人在遇到压力、挫折、失败和突发事件时的心理承受力非常重要。也就是说在逆境中仍能保持热情和毅力，保持对事物坚韧不拔地追求和探索的人才会最终到达成功的彼岸。

在这个世界上，有阳光，就必定有乌云；有晴天，就必定有风雨。从乌云中解脱出来的阳光更加灿烂，经历过风雨的天空才能绽放出美丽的彩虹。

人们都希望自己的生活中能够多一些快乐，少一些痛苦，多一些顺利，少一些挫折。可是命运却似乎总爱捉弄人、折磨人，总是给人以更多的失落、痛苦和挫折。有这样一则故事：草地上有一个蛹，被一个小孩发现并带回了家。过了几天，蛹上出现了一道小裂缝，里面的蝴蝶挣扎了好长时间，身子似乎被卡住了，一直出不来。天真的孩子看到蛹中的蝴蝶痛苦挣扎的样子十分不忍。于是，他便拿起剪刀把蛹壳剪开，帮助蝴蝶脱蛹出来。然而，由于这只蝴蝶没有经过破蛹前必须经过的痛苦挣扎，以致出壳后身躯臃肿，翅膀干瘪，根本飞不起来，不久就死了。自然，这只蝴蝶的欢乐也就随着它的死亡而永远地消失了。这个小故事也说明了一个人生的道理，要得到欢乐就必须能够承受痛苦和挫折。这是对人的磨炼，也是一个人成长必经的过程。

## 第五节　做好自我管理

### 一、自我管理的作用

从小到大，我们周围都有一些非常出色的人，他们身上散发着与众不同的光芒，或是在学业上出众、或是在事业上如日中天，或是过着众人称羡的富裕生活，或是在情场上一帆风顺，总之，他们在人生生涯中无往而不利，越发衬托出我们的平庸，让我们感到自卑，好像他们天生就是注定幸运的人。

但实际上，那些春风得意的人无论是智力还是外貌，与我们并无大的区别，在资质方面很普通，上天也没有对他们格外地眷顾。只因为他们懂得让好习惯替他们创造好机缘。深入那些所谓的佼佼者之中，不难发现他们身上的确有着异于一般人的特质，他们的心从不受到束缚，几乎顽固地坚持自己的理想，为此甘愿承受重负；他们有着果决的行动力；对人生他们一向抱着积极热忱的态度；他们有着行之有效的自律生活，以及毫不虚华、踏实的生活态度，所以他们理当受到生活的厚遇，在平庸中脱颖而出。

著名成功学大师告诉我们：人们都希望获得成功，都在探索成功的奥秘，其实，这比你想象中要简单，因为，那些成功的人们——奥林匹克的运动员、商业界总经理、政府领导人等和其他人中间有着一条明显的界线。这个边界并非标示特殊环境或具有高智商,也不是高等教育或天赋差异的归类,更不是靠时来运转。成功的关键是态度、是对自我的管理。什么是不简单?每天都能把十分枯燥琐碎简单的事情做对就是不简单,日积月累就是成功。

## 相关联接

### 成功者应奉行的三个箴言

成功者的态度包含众多的层面。但是,最重要的是具有自信心。要做到这一点,你必须奉行三个重要的箴言。

**1. 为自己的行为负责**

种瓜得瓜,种豆得豆。我们所得的报酬取决于我们所做的努力。或许,生活中有些让你不甚满意的事情,而且你非常想改善它。有责任心的人,则会看清自己所处的环境,在适当时机,摆脱束缚自己的枷锁,宣告自己的独立。

**2. 发现自己的才能,追求自己的目标**

在莎士比亚的著名戏剧《哈姆雷特》中,大臣波洛涅斯告诉他的儿子:最重要的是,你必须对自己诚实;正如同白昼续接黑夜一样,对自己诚实,才不会欺骗别人。波洛涅斯在劝告儿子要根据自身最坚定的信念和能力去生活,去正视不同的世界。同时,也必须尊重他人的权利。

然而,大多数人总发现自己活在犹豫之中。怎样才能知道自己选择了合适的职业或恰当的目标呢?

专家的研究结果证实,与其让双亲、老师、朋友或经济学家为我们制订长远规划,还不如了解自己擅长做什么。

微软公司总裁比尔·盖茨,虽只拿着高中毕业的文凭(因为在哈佛大学他没有读完就经营他的计算机公司去了),但他发现了自己的长处,并果断地去经营自己长处,他成为世界首富不足为奇。

人生的诀窍就是经营自己的长处。在人生的坐标系里,一个人如果站错了位置——用他的短处而不是长处来谋职的话,那是非常可怕的,他可能会永远沉溺在卑微和失意中。因此,对一技之长保持兴趣相当重要,即使它不怎么高雅入流,也可能是你改变命运的一大财富。

在选择职业时同样也是这个道理,你无须考虑这个职业能带给你多少利益,能不能使你成名,你应该选择最能使你全力以赴的职业,应该选择最能使你的长处得到充分发挥的职业,那么,才不至于日复一日地与工作无力感为伴。

这是因为经营自己的长处能为你的人生增值,经营自己的短处会使你的人生贬值。富兰克林说过:“宝贝放错了地方便是废物”,就是这个意思。

**3. 适应现实**

成功的关键取决于你对环境的适应力。

压力之下，我们许多人会变得沮丧，失去对生活的向往和追求。而借着酗酒，大量地吸烟或依赖镇静药剂，以麻痹自己，企图忘记现实生活中的许多不如意。酒精和其他抗抑郁药虽可以暂时减缓我们对失败和痛苦的畏惧心理，但也阻碍了我们去学会承受这些压力。

适应生活压力的最好方法之一，就是将它们看做美好的东西加以接受。对于生活中的逆境和失败，如果我们把它们视为大好的磨炼机会来看待，就会帮助我们增强免疫力，好比我们的身体不能单靠药物对抗病菌一样，心智也须挫折来锻炼。

成功者之所以能有这番作为，在于他们能改变压力的定义。不惧怕、不逃避。他们热爱与压力斗争，并相信自己一切会安好，他们终会获胜。这并非指我们须默默承受压力，而是应该转压力为动力。倘若只是一味承担压力的重量，你的身心是完全无法抵挡压力的。

总而言之，失败者乞求机遇降临，成功者致力改造现况，铺设未来。

## 二、自我管理的心态

人生就像走钢丝，时时刻刻都要掌握自己的平衡。比如事业和家庭的平衡、健康与奋斗的平衡、工作与休闲的平衡等。在这里着重讲讲进取心和平常心的平衡。每个人都要有进取心，这是我们人生奋进的动力和取得美好人生的前提。每个人都要有平常心，这是我们人生健康心态的基础和保证。进取心与平常心是一对辩证的、对立统一的矛盾关系，在生活和工作中，我们要辩证地处理好这一关系。

### 1. 对挣钱要有进取心，对花钱要有平常心

在经济社会的今天，金钱是体现一个人对社会的贡献的同时，得到的相应的回报，如比尔·盖茨、姚明等。金钱不但能代表一个人的富有和生活质量的不同，而且也能证明一个人的自身能力和价值。在遵纪守法的前提下，靠自己每天的拼搏进取和聪明才智，在为社会贡献的同时，尽可能多地创造自己的财富，体现出自己人生的存在价值。

但是，在花钱时要有一颗平常心。一是钱来之不易，要靠自己的聪明才智和辛勤劳动换来。二是花钱时大手大脚、铺张浪费是一种资源的犯罪。我们应向比尔·盖茨学习，通过自己的智商、运作和劳动成为世界的首富，证明了自己的存在价值；通过慈善事业把自己的资产回报社会，真正做到“取之于社会，回报于社会”。

### 2. 对今天要有进取心，对昨天要有平常心

昨天，是过去时；明天，是未来时；只有抓住今天这个现在时，奋力拼搏进取，保证每天比昨天前进一点点，创造出美好的每天！

对于已过去的昨天，有很多不尽如人意的地方，有很多做得不如人家的地方，有很多差距的存在。要用一颗平常心看待昨天存在的差距，那是由个人的优势与特长、客观环境及机遇的出现等多种情况组成的，要承认差距，正视差距，理解差距的存在。但要相信自己，变差距为动力，通过每一个今天的不断进取，一定会缩小现有的差距，逐步地迎头赶上来。

### 3. 对工作要有进取心，对关系要有平常心

工作中的进取心是前进的动力、进步的保证。只有不断超越自己，坚持每天进步一点点，才能保证自己不断前进和成长。所以，进取心是使你的人生斑斓多姿、丰富多彩的

基础和保证。

在对待人们之间的关系的问题上，要保持一颗平常心。对比你生活好的人，包括你的上司们，要羡慕，不要忌妒。他们利用自己的各方面特长和优势，抓住了机遇，创造出比我们生活好的条件。我们应向他们学习，充分利用我们的特长和优势，善于学习，决不放过任何一个机遇，争取不断超越自己，赶上他们！

对比你生活差一些的人，要帮助，不要嫌弃。每个人的智商都是差不多的，只不过有的人缺少好的条件和优势，出现的机遇没有抓住。我们要多关心他们，以实际行动帮助他们提高生活水平，培养他们的生活技能，让他们的生活水准不断得到提升！

## 三、自我管理的内容

一个人能不能自我管理是非常重要的。印度雷缪尔集团总经理，哈佛商学院的MBA，伦敦商学院、欧洲INSEAD商学院、瑞士国际管理发展学院、中国中欧国际工商学院等多所商学院的访问教授帕瑞克博士曾经说过："除非你能管理'自我'，否则你不能管理任何人或任何东西。"

自我管理在管理界非常受重视，对于孩子来说，自我管理也是非常重要的。孩子走上社会前，必须学会进行自我管理。而走向社会后也要持续不断地在以下几方面对自己进行管理。

### 1. 管理好自己的生活

能不能在生活中管好自己，这是自我管理能力中最重要的。如果无法管理自己的生活起居和家庭生活，我们很难想象他能够管好其他事情。

### 2. 管理好自己的健康

应该明白这样的道理，健康是"1"，所有的名和利都是"1"后面的零，因此，从心理、生活、营养、锻炼和养生等各方面保持自己身心健康是自我管理的第一要义。

### 3. 管理好自己的情绪

遇事不如意或遭遇突发事件时，人们往往会表现出情绪不稳定，或者是大喜大悲，或者是做事不顾后果，容易冲动。而善于自我管理的人就知道情绪是怎么回事，情绪的体验是什么，应该怎样去正确释放自己的情绪等。管理控制自己的情绪，才能减少或避免给自己、给他人带来不可磨灭的伤害。

### 4. 管理好自己的学习

学习对我们每一个人来说都是一辈子的事情，小时候，父母亲和老师管理我们的学习，进入大学，要管理好自己的学习，包括时间安排、学习科目和学习计划，走向社会在管理好自己进行学习的同时，更重要的是如何向实践学习。

### 5. 管理好自己的人际关系

良好的人际关系既是个人成功的基础，也是职业生涯个人健康快乐的来源。

### 6. 管理好自我财产

管理好自己的财产，一要保证财产的安全；二要做好投资理财，使自己的财产能够保值增值。

### 7. 控制好自己的行为

一般来说，随着年龄的增长，人的自制力在增强，但有些人成年以后，自制力仍然很差，比如打麻将赌博上瘾的人就属于这一类。无法想象，一个缺乏自制力的人在职业生涯中能够取得成功。因此，要想获得成功，必须控制好自己的行为，该做的坚持做好，不该做的事坚决不做，这需要忍耐、决心、毅力和强大的个人自制力。

**8. 管理好自我安全**

管理保护好自己和家人的人身安全是自我管理的重要内容。一般来说，生活中难免会遇到水灾、火灾、地震、触电、溺水、车祸、迷路、遇上坏人等特殊事件，因此，个人要有处理各种突发事件的知识和本领，记住紧急情况下的求救信息和基本方法。

## ☞ 四、自我管理策略

如果你对自己的现状不满意，那么，改变你的人生轨迹，从现在开始。不要为受挫而烦恼，这是给你带来转机的征兆；你可以发挥得更加充分，只是需要增加一点激情。

为什么有的人目标性强、办事效率高、成功率大？除了一般性的时间管理外，更重要的是管理策略的应用。

**1. 做正确的事与把事做正确**

管理上有一个理论："要做正确的事，而不是把事情做正确。"这是一个非常重要的问题，倘若一个人仅仅是把事情做正确，那么，尽管他做正确了许多事，但是或许对他而言都不是重要的，对他的一生也不产生什么影响；而另一个人一生就做正确了一件事，这一件事就让他闻名于世，这是什么原因呢？这要结合下面的理论来考察。

**2. 极其重要的少数与无关紧要的多数**

这个理论称为帕累托原理，适用于各个领域，例如政治上极其重要的少数国家主宰了无关紧要的多数国家的命运；经济上极其重要的少数人的财富超过了无关紧要的多数人的财富；文化上极其重要的少数作品流传下来而淘汰了无关紧要的绝大多数作品，等等，不胜枚举。

对一个人而言，他的一生中可以有许多问题或决策，但是极其重要的几个问题或决策是决定他一生的。用文学的语言来说，一个人的一生路途漫漫，但关键的却只有几步而已。

什么问题或决策是极其重要的呢？这又要结合第三个理论来考察。

**3. 发现优势，利用优势**

凡成功人士必定是充分发挥和利用了自己的优势，虽然其中可能大部分是无意识的，有时可能是偶然的，但其作用肯定是决定性的。

管理策略的作用在于变无意识为有意识、变被动为主动、变偶然为必然，从而掌握自己人生发展的轨迹，真正做到自己的命运自己掌握。

为了便于发现和利用自己的优势，可以从自我"三问"开始：你的优势是什么？在哪里发挥你的优势？你如何发挥优势？

● 你的优势是什么？每个人都是有他自己的优势的，再笨的人也有长处。我们要在自己的长、短处中找出长处；在长处中找出优势；在优势中找出第一优势，只有找到优势，才有可能发挥和利用优势。

● 在哪里发挥你的优势？如果是在甲方的话，你目前精力的投放是在甲方还是在乙方或丙方？如果在甲方则很理想；而如果不在甲方，怎样才能转移到甲方？

● 你如何发挥优势？优势发挥的目的在于有价值的实现，这也就是利用优势的动因，只有优势转化成了价值，发现并利用优势才完成了使命。

## 小锦囊

**自我时间管理技巧**

扫码阅读

## 思考题

1. 为什么说心理健康与生涯规划是相互依存、相互促进的关系？
2. 为什么说工作有益于心理健康？如何才能快乐地工作？
3. 职场中人对付、处理“压力症”的心理策略和方法有哪些？
4. 个人如何才能实现自我心理和谐？
5. 为什么说一个人要学会感恩？为什么也要感恩对手？
6. 宽容的内涵是什么？为什么要学会宽容？
7. 为什么说优秀的人是自我管理出来的？

# 8 第八章 求职技巧

## 本章概述

生涯决策的规划和求职过程是以信息加工为基础的。尽管我们与未来招聘者的沟通方式已经受到科技的影响，但这并没有减少我们用各种文字方式进行沟通的需要。在求职信和简历中呈现任职条件时，应该考虑到自我知识（你的技能、兴趣和价值观）以及工作所需的知识。求职者除了书面沟通之外，也需要口头和人际沟通技能。一个人可能不交简历，或者不填写申请就能获得一个工作机会，但是几乎无法想像一个人没有进行面试就能得到一份工作。求职基本上可以说是一个社交过程，需要与不同的人见面谈话。求职者无法逃避这种现实。

## 内容点击

- 求职中的书面沟通
- 求职中的人际沟通

## 案例导读

### 适合自己的才是最好的

楚某是某高校汽车专业毕业的学生。毕业后，其父母先后为她联系了两家单位。父亲认为女孩子适合到出版社工作，为她联系了一家经济效益比较好的出版社。但是，她从来没有学习过怎样做编辑，有关编辑的基本常识她也并不清楚。结果，她负责编辑的第一本书错误百出，受到了编辑室主任的严肃批评。出版社进行业务考核时，楚某的业绩倒数第一，刚上班两个月就被辞退了。

没过几天，母亲又通过关系给她在一家广告公司找了一份工作。对于广告，楚某更是一窍不通。没到一个月，她就不干了。于是，她开始到人才市场自己找工作。

有一次，她去参加汽车展销会。展台上有一辆新款车，车旁站着一个漂亮的女模特。这时，来了一个40多岁的中年人，向女模特询问该车的性能，女模特讲解不清。这时楚某说话了，她给那位中年人做了认真的讲解。中年人对她的讲解十分满意，并当场决定买下这部车。待中年人买完车后，经理走到楚某跟前热情地问："请问你怎么对车这么内行？"楚某说："我是学汽车专业的中职生，所以略知一二。"

"你愿意到我们汽车进出口有限公司工作吗?"

楚某对这突如其来的邀请感觉很意外,高兴地说:"我试试吧。"

第二天,楚某就到汽车进出口有限公司上班了。她如鱼得水,干得非常出色,不久就被提升为公司的销售主管。

**思考:**如果从求职的技巧角度出发,请讲一讲楚某为什么能获得成功?

# 第一节　求职中的书面沟通

当在阅读有关怎样运用书面沟通来求职的相关内容时,一定要注意学会怎样运用这些信息来改进个人生涯理论和战略性生涯思考等问题。这些信息将会怎样影响你在求职活动中的行为类型,你在这些活动中会花多少时间?怎样以及什么时候你将开始准备这些材料?我们的目标是提供一些信息和知识,它们将帮助你改善你的个人生涯理论和解决求职问题所需要的技巧。

## 一、求职信

### 1. 求职信的形式

我们知道,求职沟通中最常见的类型就是传统的求职信。尽管工作场所发生了很大变化,也产生了新的与老板沟通的方法,但近几年来,这种沟通的基本形式在本质上并没有改变。尽管求职信包括各种风格、形式和内容,但两种基本的形式应对你有所帮助,即猎枪型和步枪型。

(1)猎枪型

在这种类型的求职信中,求职者在他们的领域内向很多招聘者寻找可能性而不是给每一个招聘者单独发信。在一个广泛的领域内找工作和有很多工作目标的求职者通常会使用这种方式。利用这种形式,你实际上是在玩数字游戏,也就是说,如果你寄出去很多信的话,最起码可以指望有几个积极反馈。尽管在找具体工作的时候,猎枪型信件没有得到典型的应用,但把信件个性化是很明智的。这样的一些例子有"我写信向您表示我具备作为销售代表的任职资格……"或者"我深深认识到今天的(医院、诊所等)护士正在发生的角色变化"。加入合适的词和短语,你就可以润色每一封信而无须花精力单独写每一封信。确定并陈述你对这个机构感兴趣的地方,然后,解释它为什么令你感兴趣。你对机构了解得越多,根据机构的需要和兴趣调整你的信件内容就会越容易。

信中要突出你的优势和技能。所寻找的职位类型要尽量具体,并且把它与你对机构的知识和它的业务、产品和服务联系在一起。

(2)步枪型

这种类型的求职信可用于具体的、有目标的求职活动。你也许是在回复一条报纸上的广告、网上的清单,或者是听从了你的职业安置或就业服务中心、亲戚、朋友或同事的建议。因为你了解职位的性质,所以你可以通过建构你的信来显示你的能力和资格可以满足招聘者的需要。在信中,你要在你的职业目标、专业背景与招聘者的需要之间建立一种匹配。事实上,你是逐字向招聘者推销你自己。

你也可以提些你在谈话中或者通过对机构的研究所了解的具体信息，这种类型的信息你可以这样来陈述，比如“我的学术背景和工作经验让我有足够的能力胜任美国快递公司( American Express)的会计总监”，或者“贵公司通过基金认购所获得的持续发展给我留下了深刻的印象”。

写信时，首先确定机构的正确联系人是很重要的，尽管有时候这是不可能的。比如，你也许会发现你寄信的地址是报纸目录中的一个信箱号。直接把信寄给你所申请工作的主管人员或者部门经理是明智的，但在有些比较大的机构中，你也许被要求通过人才中心或者人事部门来申请，比如就业经理、招募处或者人事部。

## 小锦囊

**准备信件的小技巧**

扫码阅读

### 2. 求职过程中的信件

(1)询问信

在求职中用到的最普通的信件通常是指求职信或申请信。它通常是老板首先看到的信息，一般会和简历放在一起。在求职信之前的信称为咨询信或者“询问”信。

询问信不如标准求职信那样广为人知。很多时候，在求职过程中，你也许不知道你所期望的老板那里是否有工作机会。一些学者建议在你正式向这个机构申请前先写一封“询问信”或者“信息咨询信”。在准备了可能有你所寻找职位的机构清单后，你可以给老板寄一封询问信索取求职信息。对这个机构有尽可能多的了解是很重要的，这样可以增加你的询问信的可信度。

在“即时”沟通的今天，这种类型的信件可能用得不多。很多你希望通过书面的方式所了解的东西可以通过一个电话甚至一封电子邮件就能得到。这种求职沟通方式的最大优势就在于它能帮助你获得更多有用的信息，并且它让老板有机会看到你的文字沟通技能。有时候在求职前和老板的直接交流是必要的。从询问信中了解到的信息能改进你在求职信中的内容或者让你知道也许根本不值得花时间去申请(例如，你通过与老板邮件或电话的接触了解到他们刚与一个跨国企业合并，正要解雇 3 000 名员工)。

(2)面试感谢信

通常，面试后应该写封感谢信以表达对占用了面试者时间的谢意。感谢信是找工作中最有效也最容易被忽视的工具之一。这不仅是一种公认的礼貌，你的信也能恢复会见时你在面试者心目中的印象。如果是到现场与面试者会见，你可以把会见的费用一起附在感谢信中。

写感谢信时,下面所列内容会帮助你形成你的书面沟通。

- 对面试者的考虑和会见的安排表示谢意。
- 写上面试的日期及面试者的名字。
- 通过提及最初面试中忘记的或后来又意识到一些新的要点或优势条件来重申你对招聘者和职位的兴趣。
- 你可以再询问任何最初面试时没有得到回答的问题。
- 表达你期望收到招聘者的决定。
- 确保写上你的电话号码和电子邮件地址。

(3)致谢信

一旦你收到了招聘者或组织的录用通知,立即作出回应是很重要的。尽管没有必要马上回答"行"或"不行",但要迅速地对录用通知致以谢意。你可以通过电话来表达,但在这件事情上你最好用写信来回应,这种类型的信件一般包括下面这些信息:

- 对收到录用通知表示感谢。
- 表达对录用通知的感激。
- 向招聘者说明你打算做决定的日期。

(4)接受信

一旦你决定接受一个录用通知,要立即通知招聘者。没有必要一直等到录用通知的最后日期再去和所选择的组织的招聘者或聘用人员联系。招聘者将会很欣赏你的快捷,这样会让他们对人事选择过程状况的评估更有效率。你也可以打电话表示接受录用通知,但是随后的书面确认也很重要,它包括下面的一些信息:

- 对录用通知、口头的录用通知或电话录用通知表示谢意。
- 要尽量具体,提出初始工资和主管的名字。确保列出并详细说明录用通知中答应的条件(福利、行为考核、调动费用等)。
- 指出什么时候你可以去报到。如果录用通知上额外列出了某些条件,如获得学位、通过体检等,那么你要表明自己了解这些情况。
- 对联系人和招聘过程中任何提供特殊帮助的人表达感激之情。
- 询问是否需要其他信息,或者报到前应该注意的一些额外的细节。

(5)谢绝信

出于礼貌,你在拒绝组织的录用后应写一封谢绝信。尽管这种通信方式可能有负面性,但让其他招聘者知道你的决定是至关重要的。你除了写一封谢绝录用的信外,通常也需要回复一个电话,但是信件会让你的决定成为记录,帮助你避免任何通过言语沟通产生的事后麻烦。

一封谢绝信中的信息包含如下一些内容:

- 对被录用表示感谢。
- 提出可能的主管人的名字。
- 说出你曾经考虑的具体职位。

- 有礼貌地拒绝。
- 实事求是，并简短地解释做这个决定的原因。
- 不必过多地道歉——再次表示感谢。

## 小锦囊

### 求职信中可以做和不可以做的事情

下面是更多的一些与求职信件有关的“可以做的和不可以做的”信息。

可以做的：

- 遵守标准商业信件的规格和格式。
- 在任何可能的时候，把信寄给个人，并附上正确的头衔。
- 文字拼写正确，加标点和分段。
- 用自己的话和对话的语言书写。
- 手写而不是打印出你的签名。
- 打印在质地优良的纸张上。
- 简洁、抓住重点。
- 利用与招聘者的任何联系让你占有一席之地，在竞争中占据优势。

不可以做的：

- 使用僵硬的语言和措辞。
- “玩弄手法”或“故作风雅”，试图显得与众不同，聪明过人。
- 满纸的第一人称“我”。
- 用高傲的语气，或者暗示你“考虑”这个职位是帮了招聘者的大忙。
- 过多地强调你的可依靠性、努力工作的能力或者你的聪明才智。这种自我赞扬总让人觉得是夸大其词。

## 二、简　历

在求职活动中最广泛认可的书面沟通形式就是简历。我们将考察简历的目的，简历的风格，包括长度和样式，简历的形式，简历的组织和范畴，简历样例以及与简历的评论和复制有关的问题。当你在了解为简历所做的准备时，请记住：尽管写简历花费了你的时间和金钱，但你付出的努力可享用一生。

简历记录了一个人申请某个职位的资格。事实上，许多年前，简历被称为“资格简介”。它是自我推销的工具，应该在内容和形式上都非常独特，以此突出与工作或职位有关的个人事件。一份简历是对一个人自身的教育和工作经验的资格的概括。记住简历的目的是帮助寻找面试的机会，它不应该是一个完整的生命历史。

申请人可以用简历申请工作、研究生院校或者奖学金。有时简历甚至可以用来申请抵押借款。

### 1. 简历的风格

尽管在写简历时没有一条绝对正确的道路，但在书写简历时仍有一些固定的传统已经成为标准。介绍的内容旨在帮助你创造出一个能满足你的个人需要并突出你的资格。你写简历时所选择的风格将给它定下基调并具有个人气息，这种风格可使你的简历更添风采，也会使它贬损形象。不要忘记：简历是推销工具，必须呈现出一种积极的形象。记住，虽然简历是求职活动中的基本工具，但这并不意味着它能代替面试（尽管它是在面试之前）。有些人觉得简历应该是行动取向的，这会在某种程度上反映出你自己是一个自信的求职者。其他人则更习惯于中性的口吻，显示资格和兴趣，而没有过多地关注自信和说服力。

大部分简历长度都是1～3页。简历的长度应该是可以简洁地展示你的资格。根据美国大学与雇主全国联合会（NACE）的调查，73％的招聘者表示，传统年龄（18～23岁）的大学生在申请职员层的职位时偏爱用1页的简历。对于申请管理层职位的受过更多教育、有更多管理经验的个人来说，2到3页的简历比较合适。简历的一种变异形式——个人履历——通常要长得多，这在本章稍后的部分将谈到。

你的简历的样式应该富有吸引力，让看的人产生兴趣。创建一份简历时，为你的信息选择合适的分类，并按照与主题相关的程度从多到少地组织它们。用大写字母、下划线、黑体字、缩进和空白来突出重要信息。但是，一旦你选择了一种样式，就要保持风格一致。简历应该具有可读性，赏心悦目。近来发展的新样式，即简历扫描系统的不断流行和网上张贴简历也许会影响你的简历的样式。

### 2. 简历的形式

（1）在网上张贴的简历

求职中的一种最新形式就是在网上张贴简历。据一篇文章介绍，这种形式的电子招聘将会变得越来越普遍。在网上发布简历也许不会增加你面试的机会，但这也许是你在求职中需要做的一个基础工作，特别是在你寻找技术取向的职位时。在网上张贴你的简历之前，需要考虑如下一些建议：

- 文章中每一行字不能超过65个，包括空格。
- 密切注意简历中的选词。在网上搜索简历的招聘者一般会用关键字搜索程序来寻找感兴趣的简历，如果你的简历没有包含这些关键字，在搜索过程中就不会被检索到。在选择关键字时，考虑你所寻找的职位所必需的具体技术和条件。
- 要知道世界上任何能上网看简历的人都能得到你在简历中所公布的信息，所以不要把你的秘密信息包含在内，比如你的通讯地址和电话号码，用你的电子邮件地址作为联络点就可以了。

（2）可扫描的简历

越来越多的招聘者开始用技术来处理他们收到的大量简历。这个过程是通过把简历扫描进电脑存储器的系统来实现的。然后招聘者就可以搜索与特殊工作必需的技术最相匹配的简历。当构造一份可扫描的简历时，记住下面的技巧：

● 把你掌握的技术具体化，用名词而不是动词。例如，“负责培训”应该说成“新雇员的培训者”。

● 用大量的空白来帮助计算机识别信息。

● 不要用下划线、黑体字、各式各样的字体或者其他的奇特的版式选项。这些会误导信息，也许会使你失去面试的机会。

● 用大家都能识别的字。扫描程序上也许没有装配词典，所以难的字也许会被忽略。

● 不要折叠或装订将被扫描的简历。如果你担心在求职活动中你寻找的招聘者是否会扫描简历，你也许可以提前打电话核实一下。

**3. 简历的组织**

有两条基本的途径可用来组织简历中的信息：

(1)按时间顺序排列型或普通型

按时间顺序排列型或普通型的简历分别列举、描述和按时间顺序排列每个工作的细节和教育背景。在每个范畴下面列表，按照与时间的相反顺序来排列，从最近的学校或工作经历开始。如果在求职期间你有连续不间断的工作经历，这种方式是最合适的。这也是最普通的方式。招聘者一般对这种样式比较熟悉。

目前，按时间顺序排列的简历的一种变式已流行起来。它以相关技能和条件的概述开始。这个部分后面是按传统的时间顺序组织的信息。加进这一部分，你就能很快地吸引招聘者注意那些与你所求职位类型最直接相关的条件。

(2)功能型

功能型的简历只包含你所有经历中与所找工作相关的部分。在每个类别下面列举出资格、技能、经历等，这些将合理地支持你在各个功能领域中的工作目标，这些领域有管理、研究、写作、教学及销售或者人际关系。这种简历比较难以组织，但是它在陈述你想要表现的技能或功用时比较有效，尤其是在你的背景发生变化的时候。如果你的就业和教育这两个阶段的时间间隔很长，这种方式也许更加合适。

**4. 简历的范畴**

就像前面说过的，简历书写中的某些固定传统已经成为标准。在这一点上，再也没有比简历所包含信息的范畴体现得更为明显的了。下面的一些范畴已经被公认为是简历书写的必要成分。

(1)身　份

你的名字、地址全称、电话号码和地方区号应该是简历的首要内容。如果你的住址是暂时的，你可以把它加在固定住址的后面或者代替固定住址，这要根据当时的境况来定。你也可以选择你的电子邮箱地址或传真号码，如果你愿意以这种方式来联系的话。这一部分信息的主要目的是让招聘者在任何时候都能迅速地联系到你。

(2)职业目标

简历中的职业目标也许是最有争议和最难确定的。招聘者、职业咨询师和求职书籍在关于怎样处理简历的这一部分时总是给出非常不同的建议，其中有人建议你完全删掉这部分。此外，简历的其他部分比较容易填充内容，因为它们是你个人生活历史数据库的一部分，而确定职业目标涉及计划将来，即在一张简表上写下你用一生想要做的事！一些人直到教育和培训结束也没有过多地考虑过这个问题。

记住，不管你在简历中是否阐明你的目标，你都应对这一问题进行认真思考。当你求职联系圈中的人或未来的招聘者问你"你有兴趣做什么?"或者"你在找哪种类型的职位?"时，你的心中应该有一些清楚具体的想法。说"我干什么都行"永远对你是不利的，这个问题在于它并不能传达大多数求职者的本意(肯定有一些工作他们不会做)，而且它使你缩减你的工作目标变得几乎不可能。你的求职活动中的评估阶段应该给你留下 3 至 5 个很集中的工作目标。你可以在任何时候再添加目标，但是你需要一个易操作的目标数目来开始你的求职。

(3)教育情况

最高的教育水平应该写在前面(即使你再有几个月才毕业)，然后在后面续上所有其他上过的学校、获得的学位或者得到的培训。无须介绍中学的教育经历。但是，如果中学背景的一些项目显示了很高的荣誉或者加强了求职目标，那么应该加进相关的资料。你应该列出学校的名称、入学和毕业日期、获得的学位和主修/辅修的科目。

在这个范畴下扩展的可能性是无限制的，你可以列举你所选的课程、特别的课外自修项目、所得到的学术荣誉、学术专长、你参加的活动。注意，如果你在这方面有一个很长的清单，那么明智的做法是只选择其中最重要的而忽略其他项目，或者把它们单独列在如"荣誉/奖励"、"活动"的范畴下面。把所有这些项目都包括在"教育"范畴下面可能会淡化你的学位声誉，而且会使你的简历看起来混乱不清。

(4)经　历

这个范畴反映了你曾有过的有偿和无偿的工作经历。它可以包括实习阶段、志愿者工作、特别的科研项目或者军事上的经历。如果你有几种经历与目标联系密切，你可以把这些放在"相关经历"的范畴下，其他的经历放在"其他"或"其他的经历"下面。

在每种"经历"下面列出职位名称、机构的名字、地点、日期和职责。同样地，组织这部分内容时，为简历选择一种样式，把与你的目标联系最紧密的材料放在前面。这里有两个不同的例子：

假日酒店，亚特兰大，佐治亚州

前台接待(1999 年 1 月到现在)

或者：

前台接待——假日酒店，亚特兰大，佐治亚州

1999 年 1 月到现在

招聘者主要感兴趣的是你所担任的职责身份和你获得的技能。在略述你的职责时，试着以最积极的方式呈现关于你的经历的信息，同时把你的经历和你的职业目标联系起来。这里有一个例子：

麦当劳，塔拉哈西，佛罗里达，员工主管(1996 年 9 月～1998 年 7 月)

- 管理日常的食物准备和其他业务
- 监督管理其他员工
- 汇编库存数据，维持库存
- 协助挑选、聘用和培训新员工

(5)个人信息

在你的简历中要不要包含个人信息，或者如果简历中有这个范畴应该包含哪些内容，专家在这方面的建议是很不同的。在你找工作时评估个人资料的有用性，考虑未来招聘者对这种信息的可能反应是明智的。

如果你选择把你的出生日期、婚姻状况、健康状况、宗教信仰、工作地点的偏爱等信息包含在内，它应该出现在接近简历末尾的地方。这样的考虑是因为先出现的信息可能会使招聘者形成先入之见。完全忽略这个范畴也是有争议的。

(6)其他的范畴

我们刚刚所略述的范畴是一个简历的基本内容。此外，简历也许应包括更多的范畴。如果你感觉某些信息很重要，但不适合于上面任何一个范畴，那么你就可以为这些信息创造新的范畴。下面是一些可能的范畴：

- 活动
- 奖励/荣誉
- 背景
- 证书
- 语言
- 会员
- 特殊技能
- 学术讨论/研究会

**5. 评论你的简历**

我们建议让几个你所尊重的人评论一下你草拟的最好的简历。也可以把简历带到你们学校的职业中心，那里的职员将会很乐意和你一起讨论。或者你也许想要回顾一下《学生手册》中有关“评论简历”的内容。

**6. 复制你的简历**

只有很多人看到你的简历，它才能起到积极的作用，这意味着你将需要做很多副本，也许要上百份，大量复制简历时需要考虑以下一些因素。

作为复制的原件，要质地好、干净、对比度高。制作原件时，可以打印出简历，对它进行排版或者进行文字处理。

一份经过文字处理的简历原件通常是在个人电脑上完成的。打印的原件应该用色带好的打印机打印在铜板纸上。一份排版的原件(称为待印制的副本)应该由专业人员在照排机上完成。你可以通过职业中心或查询电话黄页获得照排和文字处理服务人员的名字及服务费用。打印、排版和文字处理的简历在外观和费用上有所不同，只有你可以决定哪一种最适合你的情况。如果需要简历制作方面的服务，可以考察一下周围商店的工作质量。

简历制作方面的技术进步表现在简历撰写软件包的广泛使用。这些软件包通常提供几种现成的格式来指引你进行简历的准备，并且还可提供简历准备方面的其他有帮助的技巧。有些人就喜欢这种现成的格式，他们所要做的就是“填写空白处”。而有些人则喜欢使用文字处理软件来制作简历的文本。你可以决定哪一种最适合你。

如果简历是打印的，你可以用任何复印机来复印。如果简历是照排的，印刷厂可以为你复制。如果是用文字处理软件来做的简历，很显然，你可以在制作者的打印机上打印（激光打印机将提供最好的质量）。

在真正开始写简历的草稿之前，请彻底熟悉一下下面所略述的“可以做的和不可以做的”。遵循这些技巧有助于你将自己的优势条件陈述得清晰易懂。运用第一部分所获得的自我知识，考虑一下你想怎样把自己推销给未来的招聘者。尽管很多资料显示按照这些要求做成的简历更有竞争性，更易获得成功，但是记住：中心的问题是你的需要和目标。思考一下哪些提示能帮助做出最适合你求职目标的简历。

**小锦囊**

**制作简历过程中可以做或不可以做的事**

扫码阅读

## 三、证明人和推荐信

在求职活动中也会出现工作证明的问题。可以利用给招聘者的信件和简历来沟通可能的证明人的信息。求职过程中的证明人通常包括 3 到 4 位，他们能与未来的招聘者交谈你的任职条件和性格，特别是当这些与一个空缺的职位有关时。

对于刚毕业的学生而言，证明人通常包括现在和过去的招聘者，还有校园里的一些人，如教员、学生组织指导老师或者其他对你非常了解的职员。对于有很长工作经验和更多工作经历的求职者，证明人通常是他们最近的招聘者。通常不太需要那些被称为“个人证明人”的证明人，他们可能是邻居，看着你长大的人，你所属的宗教团体中的人和类似的个人。

招聘者通常对能够诚实和精确地描述你作为未来雇员所具备的条件的证明人更感兴趣。他们对你的工作习惯感兴趣，并且他们想证实一下简历中的信息。对你来说最重要的事情是在列出证明人并给招聘者之前，问一下证明人他们是否愿意接受。

一些证明人也许愿意为每个你所申请的职位书写具体的信件（这是最理想的情况），

另一些人也许更愿意简单地写信“给有关的人”（to whom it may concern），这类信往往是一般性的信件。在后一种情况中，应该保存这些信件并在招聘者要求时寄送副本。另外一种选择是把证明信存档放在职业中心的证书服务处。

## 第二节 求职中的人际沟通

求职中所需要的人际沟通技能有不同的形式，包括信息面谈、工作网络、初始面试以及二次面试或现场参观。掌握与这些不同的面试情境有关的技能将在很大程度上提高你作为求职者的成功潜能。

### ☞ 一、信息面谈

#### 1. 信息面谈的概念

搜索潜在的招聘者或者职业发展领域的一个方法是通过“非正式”的信息资源。信息面谈是指直接与选定的人进行会谈，以获得关于一个行业、职业、组织或者培训计划的“内部”信息，这也许能回答出版物或者电子资源上没有包括的问题。信息面谈可以帮助你了解与工作领域有关的特殊问题或需要，以及应该如何适应工作情境。

无论是否有现存的工作空缺都可以安排信息面谈。相反，如果没有职位空缺，招聘者可能不同意进行工作面试。与工作面试不同，信息面谈需要你主动和招聘者联系并安排见面时间。如果已经通过朋友、家庭、以前的招聘者或者协会被引荐了，那么就可以直接给会见者打电话在他方便的时候和他见面。如果没有被引荐，可以通过以下方式取得联系：你们学校的生涯服务人员、教员或者其他大学职员、职业组织或者贸易协会的成员、当地报纸和杂志，或者你可以给招聘者打电话向接待员询问。在确定了信息面谈之后，一个可行的引入话题是解释你正在感兴趣的领域进行个人职业探索。

#### 2. 信息面谈的准备

为信息面谈做准备，并知道在会见中怎么做是很重要的，这些与工作面试有一些不同。必须是真地很想从招聘者那里获得信息，并且有已经准备好的有关职业和工作领域的问题，以便了解更多信息。

不应该以不诚实的方式将信息面谈当成是获得与招聘者面试的机会。比如，当你已经掌握了那些信息时，不要将需要某个职位或组织的信息作为面谈的借口。招聘者通常很快就能明白你的意图，这很可能会损害你将来的就业机会。

信息面谈不应该用来获得那些可以在其他地方，比如招聘者的著作、录像带、CD或者网站就能获得的信息。并且，在你打电话要求信息面谈之前应先做一些准备工作，通过阅读职业生涯著作来了解想要进入的领域。可以通过信息面谈来证实从阅读材料中所获得的印象。

## 小锦囊

一些在信息面谈中可能想问的问题

扫码阅读

**3. 安排信息面谈**

为了安排一次信息面谈，打电话、写信或者发电子邮件给你想要会见的人请求在他们方便的时候和他们进行简短会谈(20 到 30 分钟)。“因为没有人有义务让你占用他们的时间和信息，所以你的态度将在一定程度上决定了你成功的速度。”如果能通过别人的引荐来介绍自己会更好，比如，“人力服务部的琼斯建议我跟你联系，以便获得更多的关于老人医学领域的职业信息。”如果想联系的人很忙，那么可以问问将来什么时候更合适和他或她谈，或者让他(她)推荐其他在组织中能回答你问题的人。

做好准备面对可能不让你进去的接待员。一定要坚持。要意识到一点，由于被其他求职者滥用了信息面谈的机会，一些招聘者可能会持怀疑态度，他们可能会直接询问你想要和他们见面的动机和目的。准备好回答你为什么想要进行会谈。一些人只要一听到“面试”这个词，立即用“我们这里没有工作空缺”或者其他类似的话来把你推走。你需要很清楚你的目的——你在寻找一些你感兴趣的行业或者领域的“真实世界”的信息，而这些信息通过印刷资源找不到。预期到招聘者会提出这些问题，这样你就不会有被吓唬或慌乱的感觉，礼貌而坚定地解释你想要和他们进行面对面会谈的目的。

虽然面对面的信息面谈比较好，但是当打电话过去约定见面时，那个人可能会说“我现在就有一些时间——你想知道什么呢?”要为这种情况做好准备。这意味着在你打电话之前就要设计好面谈内容，并且在打电话时那些问题就在面前，这样你就不会被面谈者心血来潮想要马上跟你谈而搞得措手不及。

## 小锦囊

处理信息面谈的技巧

● 如果信息面谈对你来说是一个新技巧的话，可以和一个能帮你更自然地提问的朋友一起练习。

● 就像参加实际的工作面试那样穿着。第一印象一直都是很重要的，会见者很可能会对你进行面谈的行为方式留下印象，也许以后会为你提供实习或工作面试的机会。

● 提前几分钟到约定的地方，并礼貌对待你遇见的每一个人——秘书、接待员以及保安。

● 在面试中采取主动态度。应向接待者主动提问。问一些开放性的问题以促进讨论，不能用一两个词回答。使面试变成谈话，接下来问一些你感兴趣的问题。

● 走进公司之后，要看看周围。你发现了什么样的工作环境？着装风格是什么样的？沟通模式是什么样的？办公室是怎么布置的？组织文化是什么样的？这是你想被培训或者工作的地方吗？

● 不要超出你要求的面谈时间，但要做好准备可能呆得久一点，以备面谈者可能愿意超出预约时间继续谈话。

### 4. 面谈之后

在信息面谈之后，做一些后续工作。送一个卡片感谢那个人愿意花时间与你会谈。如果在会谈之后，希望能在那个组织工作，可以随后给他们寄一封求职信、简历或申请。记录你在面谈中获得的信息：姓名、评论、新的推荐人。和那些推荐人约好以后的面谈。每一个信息面谈的联系都有希望为你的工作网络圈增加一些人的名字。

评估你的经验。你对面谈过程感到满意吗？你得到你想要的信息了吗？你还缺少什么信息？下一次你需要做什么？有时候人们信息面谈回来之后会说："真是浪费时间，他们根本没有工作空缺。"这种说法反映了你对信息面谈缺乏理解。如果每个信息面谈都能打开"隐藏的"工作空缺的话那是很理想的，但是你需要理解，在大多数情况下所获得的是帮助你探索选择机会和招聘者的独特的信息资源，以及有助于联系其他工作的推荐人名单。一切关于具体职位空缺的信息都是额外的好处——一份奖金。获得工作线索不应该是进行信息面谈的首要目标。

信息面谈能让你成为见多识广的求职者，并能够让你制定更好的关于未来选择的决定，包括实习、培训计划、组织偏好。很多求职的书籍都介绍了信息面谈的各种技巧。如果不确定如何在求职中最好地使用信息面谈，或者对于开始实施信息面谈觉得很犹豫，可以从这些书上了解相关信息，或者与职业生涯指导者讨论如何在求职中有效运用这一工具。

## ☞ 二、社会关系网络

和信息面谈相似，社会关系网络也是求职过程中一个有效的工具。关系网络可以提供以下信息：

● 关于工作机会的信息，特别是"隐藏的"工作市场。

● 在寻找工作的过程中进行有价值联络的方法。

● 获得关于生涯领域和行业发展趋势一般信息的方法。

研究一致表明，关系网络是一种很有效的求职策略。很显然，许多关于职业、工作空缺、在组织中发生了什么以及行业发展趋势的有用信息，是通过探索而不是通过印刷材料而获得的。关系网络中的人际联络与很多印刷材料的资源一样重要(有时候甚至更重要)，特别是考虑到工作场所快速改变的特性。人脉资源不仅可使你获得有关特定领域或组织的最新信息，也能使你直接接近那些做出录用决定的人。

记住这几个与关系网络相关的重要因素是很有用的：

● 建立关系网络是一项可以习得和改善的可迁移技能。

● 关系网络并不是"利用人们"的礼貌术语。

● 关系网络不是只有少数有特权的人才能用的求职工具。

**小锦囊**

**利用关系网络时应注意的问题**

扫码阅读

## 三、工作面试

任何求职策略的最终目标都是获得一份工作。然而,获得工作录用通知的必经之路是面对面的面试过程。最初的工作面试可能发生在大学的背景中(经常称为“校园面试”)、会议上、工作场所甚至是饭店的房间。正如在求职过程中所使用的其他形式的人际沟通一样,工作面试也是一项可以习得和改善的技能。我们现在将要讨论在最初的工作面试之前必须要准备什么,在工作面试中期待什么,在面试之后该做什么。

### 1. 为面试做准备

你约好了一次面试,那么为这次面试做好充分准备是非常必要的。在这一过程中要用到两个关键方面的知识:自我知识和招聘者知识。这两方面的知识都是你在面试前需要准备的重要内容。

(1)了解你自己

你需要了解招聘者,招聘者也需要了解你以便做出公正的判断,你们双方都在寻找兴趣、技能和价值观的恰当匹配。在面试之前,很重要的是要了解你能给潜在招聘者提供什么。根据你的优势以及你可以怎样将这些优势变为未来招聘者可以用的技能来对自己进行评估。了解你的弱点也会很有帮助,因为没有人是完美的。如果你陈述了一个弱点,不要详细描述它,相反,试图让它反过来成为对组织有利的潜在力量。

思考你的兴趣、技能和价值观是否与正要面试的组织类型或者职位相匹配。可以通过某种形式来对它们排序。比如,如果你的一个价值观是赚钱,那么这个价值观是否比其他你认为重要的工作价值观,如工作安全感、有休闲时间、帮助他人更重要呢?

(2)准备好谈论你的生涯目标,短期或者长期的目标以及你的兴趣

研究你的简历,并熟悉你的教育和工作背景。练习举例说明课外活动是如何反映了你的领导能力和责任心的。在准备面试时要记住的最重要一点是,未来招聘者最想雇用的是能对组织做出有价值贡献的人。

准备好告诉招聘者为什么你应该被雇用。有很多人申请同一个工作,现在由你来说服面试者在所有被面试的人中你是最好的选择。

(3)了解你的招聘者

一旦完成了对自己的探索,就需要将你最好的探索技能用于了解你的潜在招聘者。你可以通过很多方法,利用不同的模式来研究招聘者,比如地理区域、一个具体的行业、一个协会、一个具体的职位、一个具体的组织或者以上所有因素。

- 如果你知道你想去哪里工作,比如北京,你就可以根据地理位置来研究招聘者。

● 如果你想在某一个行业工作，比如卫生保健，你也可以用这种方法研究招聘者。

● 如果你想在一个特定的情境中工作，比如疗养院，你可以根据为老年人提供服务的协会和专门小组来研究招聘者。

● 如果你对某个职业或者职位感兴趣，比如护理，你也可以根据这类职位来研究招聘者。

● 最后，当你已经确定了你想去工作的组织之后，你就可以根据招聘者的名字来搜索信息了。

虽然研究招聘者是个体在求职过程中应该一直进行的过程，但在实际面试之前，它变得更加重要。有很多理由可以说明研究潜在招聘者是很有用的。

● 招聘者寻找那些真正对他们组织感兴趣的人，而你的个人研究反映了你的兴趣、一丝不苟和热情。这是表现你如何完成重要任务的第一个机会。

● 当你对一个组织有了一些了解之后，你可以用更多相关的术语来描述你可以怎样在那种文化中工作，或者你的技能可以怎样帮助该组织获得成功。熟悉一个组织也能帮助你回答"你为什么对我们组织感兴趣?"、"我的个性是否适合这个环境?"、"我的目标与晋升结构一致吗?"等问题。

● 很多组织的实际情况远比你所看到的多。如果你还没有研究就假定你对一个潜在的招聘者有了足够的了解，你很可能会忽视重要的信息。比如，大多数人都知道普瑞纳(Purina)公司是做宠物食品的，但是你是否知道普瑞纳公司也做谷类食品并且拥有一家很大的金枪鱼公司呢? 你可能一直在谈论的都是那些大公司的附属公司，而并没有真正了解它。

● 研究招聘者并询问很有见地的问题将会增强你的应聘力度，并帮助你在面试中建立积极的第一印象。根据调查确定的目标问题，也能帮助你得出是否接受工作录用通知的答案。

你在面试中的任务是发现招聘者需要和正在寻找的是哪种员工。这是一个展示个人调查技能的机会。对你来说，尽可能多地找出你要去面试的公司的历史和文化是很重要的。在调查中应聚焦的领域包括行业知识、特定的招聘者、职业和职位。问问你自己以下问题：

● 这个组织是做什么的? 它提供的是什么样的服务?

● 组织的规模怎么样? 它的组织结构是什么? 在这种结构中，升职的可能性有多大?

● 组织的官员、行政人员、领导者是谁? 他们的背景以及最近的成就是什么?

● 招聘者的人事政策是什么? 员工一般可以获得什么好处?

在调查中，尽量找出你所感兴趣的职位在整个组织中是怎样构建的。可以在生涯中心图书馆、大学图书馆或者当地的公共图书馆找到一些这样的信息。很多招聘者都在因特网上设有主页，这将是有用的信息资源。在研究某个具体的招聘者时，早点开始是很关键的。你可能会找到很多信息，需要进行筛选以找出最重要的。另一方面，可能找不到任何书面的信息，因此需要打电话询问或者约定一个信息面谈以回答你的问题。

## 小锦囊

需要了解的招聘者情况列表

扫码阅读

对招聘者的调查不仅能够增强自信,也可以给面试者留下好印象。他们会把你看成一个对组织真正感兴趣的人,因为你花时间去了解它。然而,如果不能有效地使用那些信息,那么,仅仅从招聘者那里获得信息并不能保证面试成功。只有当知道如何巧妙地将知识运用于面试时,关于产品和机会的知识才是有用的。一下子说出我们知道的事实或者用大量我们记住的细节来提问不能向招聘者证明你的兴趣或知识。虽然对你个人和招聘者的研究是面试前准备的关键方面,但是在面试真正进行前反复练习你要说的内容才是很好地使用这些研究材料的关键。

**2. 初始面试**

注意到面试可采取不同的形式是很重要的。面试的形式可能是你和组织中的雇员,比如人事部负责人、校园招聘人员或者部门经理之间一对一的接触,也可能是由多个代表不同的水平、功能或者团队的员工组成的面试小组;可能是与一个组织的代表进行单个面试,也可能是在某一天中进行一系列面试。对在工作面试中会发生什么觉得太确定和太明确在某种程度上说是很冒险的。

比如,卡米利·德贝尔和蒂莫西·迪格指出,虽然已经有人写了很多关于在校园中招聘面试的文章,但是关于在面试中具体发生了什么的研究却很少。在一系列的研究中,他们发现很多招聘者的问题都是关于以下四个方面的:

(1)候选人的大学经历;

(2)工作经验;

(3)优点和缺点;

(4)生活和背景。

他们还发现不同的公司和不同性别的招聘者会问不同类型的问题。德贝尔和迪格得出结论,许多关于怎样为面试做准备的建议和他们的研究发现不完全一致。“如果申请者知道有些筛选面试的结构过程是很松散的话,他们也许可以准备得更好;招聘者可能会说很多话,而问题可能不会像出版售书目录中所建议的问题那样清晰。”

头脑里有了这个警告,我们可以进一步讨论不同作者所指出的在初始招聘面试及其他就业互动过程中可能发生的情况。我们的目标是让你知道这个过程,并帮助你更有效地规划你的行动。

**小锦囊**

**典型的校园初始面试设计**

准备工作,2 分钟——回顾工作要求以及候选人的简历。

开始,3 分钟——简短的谈话让候选人放松下来并解释面试的结构。

收集并评估数据,14 分钟——提问/回答,进行可能的匹配。

给出信息,6 分钟——解释公司、工作环境,回答问题。

结束,2 分钟——总结,解释下一步可能做什么。

面试后工作,3 分钟——完成评估,加入支持评估的评论。

**3. 其他的面试**

(1)电话面试

虽然面对面的面试是招聘过程中最经常用到的方式,一些公司却越来越多地开始使用电话面试来作为他们最初的筛选工具。当积极地参与就业活动时,你就要做好准备随时拿起话筒与可能打电话来的招聘者谈话。

当你期望招聘者来电话时,就不要在电话留言机上留装腔作势、怪异或者拖长音的留言。最好的情况是,一些招聘者不管你是不是他们真正想要的候选人,他们都会对你提问;最坏的情况是,他们会推脱,然后继续给列表上的其他候选人打电话。

不管怎么样,大多数正式的电话面试都是招聘者预先约好的。他们会安排好某天的某个时间给你打电话。他们也应该告诉你电话的形式,比如会持续多久,其他什么样的员工会参加,在约好的时间里是他们给你打电话还是你给他们打电话。正如其他形式的面试一样,电话面试也需要做关于自己和组织的"家庭作业"。你不需要为了电话面试穿上你的"面试西服",但你仍然需要认真对待并使用你最好的沟通技能。

电话面试的一个优点是你可以在你面前展开一些"作弊纸"或者纪录卡来帮助你回答问题。可以更容易地做记录,因为不必担心要保持目光接触。但是,不要让记笔记分心以至于不能认真地听对方说什么。

确保你了解打电话的人是谁,如果电话那边的人不只一个,就要弄清他们在组织中的职位分别是什么。另外,不管是在家里还是在办公室打电话,确保没有让你分心的事物——挂出你的"请勿打扰"的牌子。如果电话面试进行得很顺利,你应该期望在收到工作录用通知之前某个时间会有面对面的面试机会。

(2)计算机面试

虽然计算机面试在本质上没有真正的人际关系,但是有证据表明,公司在面试工作申请者时越来越多地用到了计算机。

计算机面试的程序是这样的:电脑问申请者一系列关于背景、工作历史以及生涯目标的问题。一次计算机面试花 30 分钟来获得在个人面试中用 90 分钟才能获得的信息。另外,计算机可以以没有情绪的方式问一些很难的问题。

证据表明,申请者很愿意参加计算机面试。在计算机给申请者的反应评分之后,分数最高的人将被邀请进入个人面试。这种形式的一种变式是一种免费的电话面试,要求申请者在按钮电话上回答 25 个问题。斯坦普斯指出，一些组织将用这种技术来进行绩效评估和监控员工的表现。

(3)行为面试

一些资料来源表明，这种面试变得越来越普遍。“行为面试是一个结构性的过程，通过申请者对具体的工作技能的演示来帮助招聘者选拔员工。”使用这种面试形式的招聘者，希望通过考查过去行为来预测未来的行为。问题往往聚焦于你过去的成功经历以及获得成功的具体行为。

行为面试的基本假定是过去的行为是未来行为的最好预测指标，越是近期的行为越比过去的行为更具预测性，长期存在的模式比孤立的事件更有预测性。

招聘者通过行为面试想探测的目标技能是什么呢？戴米尔 ·斯蒂麦克识别了 19 种技能：机敏；果断；澄清；对任务的承诺；应对；合作策略和程序；创造性和想像力；处理模糊情境；决策制定；聚焦；确立/达到目标；领导力；倾听；管理；口头沟通；组织和规划；知觉；问题解决与分析；团队建设。

学生可以通过在准备“故事”方面变得自信而为行为面试做准备，这些故事特别举例说明了他们可以做些什么来帮助招聘者解决一个问题，以及与以上呈现的 19 个项目有关的问题。通过解释问题和候选人的解决方法，故事将注意力引到具体的工作技能上。故事也应该提供量化的数据资料，比如百分数，并且候选人应该做好准备解释无法预料的结果或者在回答面谈者的问题时提供更多细节。

(4)压力面试

虽然一些求职的人认为所有的面试都是压力面试，但是除了正常的面试之外，还有一种更高压力的面试。这种面试在专业领域是很常用的。这种面试的特性是以不同寻常的问题来设阻(比如，如果可以的话，你想变成哪种动物？为什么?)，不同的人快速地向被面试者提问。这种面试看起来是由面谈者最先提出来的一个看似简单的问题，随后跟着一系列的为什么、什么时候、谁、什么、怎样和在哪里的问题。在这种面试中，面谈者可能故意让你觉得沮丧或者看看你在压力下如何反应。处理这种面试的关键一点是拒绝被恐吓，对你的情绪保持控制并相信你在面试前的准备。不要害怕要求时间来思考或要求澄清问题。如果你对这种面试有很糟的体验，你就要问一下自己是否真的很想在一家用这种方式筛选员工的公司工作。

(5)操作或文件处理面试

在这种面试中，你要在限定的时间内完成与工作相关的任务。在这种面试中，招聘者想找出你控制自己的方式。在有些情况下，给你一个特定的组织问题或者情境要求你分析，你可以去另一个房间制定处理这个问题的对策和计划。你也可以用电脑写出你的反应对策，或者作一个口头阐述。

虽然我们已经呈现了一些与准备面试有关的一般指导原则，但是要记住的重要一点是，面试常常是无法预测的，并且没有两个面试是一样的。很多事情都取决于控制并主导面试的会谈者。关于什么时候反应和怎样反应，你应该根据会谈者的线索行事。

## 小锦囊

### 面试中应处理的收入问题

一个你应该做好准备回答的问题是你希望有什么样的收入。你不应该在简历中提及收入,在你的申请表中你可以不写或者写上“可协商”。然而,在面试中,面谈者可能会要求你说出一个数字。了解其他与你有相似条件的人在与你正面试的相似职位上工作时一开始的收入是多少。

估价太高的候选人可能会失去工作录用机会。如果你的估价太低,面谈者可能会认为你是一个没有抱负的人,这可能将你列入需要进一步考虑的人中。另一个可能是他们会以更低的工资来雇用你,然后就没有机会去协商更高的工资了。处理收入问题的一个方法是给一个收入范围。准备好用关于你的教育和经验的具体信息来支持你对工资的要求。

### ☞ 四、面试结束

在面试过程中,留意面试快结束时的迹象。校园面试一般是 20 到 30 分钟。面试可以以不同的方式结束。一些面谈者可能会看一下表,这是一个告诉你面试即将结束的线索;一些面谈者则比较直接——他们站起来,伸出手,并感谢你来参加面试。然而,大多数招聘者会采用微妙的暗示,期望你感觉到是离开的恰当时间了。

当面试结束的时候,要感谢面谈者花时间与你谈话。向面谈者要他或她的名片,你可以使用这个信息来写你的跟进信件,再次强调你对这个职位的兴趣以及对这个面试机会的感激。这是很重要的,因为很多候选人都错误地假定面谈者能感觉到他们的兴趣。招聘者也不想被拒绝,相信你是真诚地对工作感兴趣将使他们有信心把工作提供给你。

如果面谈者没有明确提供给你一个工作(在初始面试中很少这么做)或者指出你在什么时候能够收到回复时,询问一下作出工作录用决定的大概日期。

面试后跟进是面试过程中关键的一部分,常常被求职者忽视。在面试之后给面谈者写一封感谢信是很重要的。布利斯将面试之后不写感谢信描述为“在工作面试中的 10 大错误”之一。你可以通过几种方式来使用面试后的跟进信件。告诉招聘者你对职位仍然感兴趣,复述你在面试中讨论的一些条件以便唤起面谈者的记忆。你也可以问一些你在面试中没有问的相关问题。

在面试之后尽快记下你学到了什么。问你自己这样一些问题:

- 我所做的什么看起来让招聘者感兴趣?
- 我有没有很好地呈现我的条件?
- 我是不是说得太多了或者太少了?
- 我是不是太紧张了? 我是否太进取了? 是否进取不够?
- 什么问题让我觉得很难回答? 我可以怎样改进我的回答?

通过回顾你的表现,你可以作出计划改进你的技能。你可以与你尊重和信任的人一起讨论你的经历。记住,你进行的面试越多,你的技能越娴熟,你就能越快地获得一份工作！然而，在接到录用通知之前的下一步常常是第二次面试或者现场参观。我们接下来将看看它们与初始面试有什么不同。

## 五、第二次面试

第二次或者现场面试也叫“工厂访问”，通常是获得一份工作的最后一步。虽然不同的行业或者组织的录取概率会不一样，但是到这一步之后能获得工作的可能性一般有50%。在第二次面试中招聘者和作为一个被面试者的你都要有具体的目标。这些目标应该是什么呢？

在初始面试中，招聘者一般会聚焦在许多一般品质上，这些品质在他们的组织中是非常重要的。在第二次面试中，招聘者更想确定你是否具有他们想寻找的特定品质。招聘者也想知道组织中其他人会对你有什么反应以及你是否适合组织文化。

作为被面试者，这是一个额外的机会来决定你是否想在这个组织中工作。很重要的是需要记住，第二次面试中你将有机会参观设施，寻找在第一次面试中没有说到的问题的答案，会见除第一次面试的面谈者外组织中的其他员工，可能参观当地的社区，然后大概决定这个组织是否适合你。

第二次面试可以有好几种不同的方式。主要有两大类：结构性面试和非结构性面试。如果面谈者有具体的对你进行评价的标准，那么这个第二次面试就是结构性的。比如，一个人可能会问问题来确定你的工作道德或销售能力，另一个人可能只问你的教育背景或工作经验。在这种面试中能够做好的关键是识别被评估的具体品质，然后直接给出关于那个领域的信息。

在非结构性面试中，面谈者会做广泛的评价。可能所有的面谈者都会问你相似的问题。要把每个面谈者视为同样重要的人。重复回答同一个问题可能会很枯燥，但是尽量不要表现出来。事实上，每个面谈者都能从你那里获得同样的信息是很重要的，否则你的真诚和可信度可能会受到置疑。记住，面谈者们常常会比较他们记录的关于一个申请者的笔记。

如果可能的话，提前了解路线和面试进程。了解一天活动的安排是很重要的，包括了解面谈者的姓名和头衔。了解谁会对你进行面试将能帮助你预测他们可能问的问题，因为这些问题可能和他们所负责的特定领域有关。比如，你可能是为了一个广告职位去面试，但是来自预算和财政部的面谈者想要了解你是否理解与广告运动有关的经济现实。你能做预算吗？能管理为一个方案所投的资金吗？

为了准备第二次面试，你将要继续对招聘者进行研究。问第一轮面谈者一些你应该知道的关于工作、组织、部门或者你将要工作的团队的附加信息，或者任何他们觉得你在参观之前应该了解的重要信息。查看杂志和因特网，看看有没有关于组织或者行业的及时性文章或信息。

那些为即将到来的日程作安排，了解将要发生什么并了解组织工作及其相关行业的知识的被面试者，比那些不够在意进行必要研究的候选人更有可能成功获得工作。

在第二次面试之前，你应该通过你的联系人了解旅费、住宿费、汽车租用费以及其他花销应该怎么处理。他们可能会让你自己来安排，或者组织将会帮你处理。问你的联系人什么费用将要预先支付，哪些费用你可以要求报销(注意在旅行的时候你需要收集收据)。有些组织，你可能要付所有的旅行费用，另一些则会在他们录用你而你也接受之后给你报销这些费用。

在第二次面试之后也应该寄送感谢信。你可能想要感谢那个陪你参观的或主持调查委员会的人，或其他在面试过程中涉及的关键人物。在这些信件中，你可以再次重申对职位的兴趣以及为什么认为你是这个工作最好的候选人。

虽然第二次面试与第一次有很多共同之处，但是了解它们的区别是很重要的。关键因素是了解评价你面试表现的所有的“参与者”，以及你正面试的职位在组织中的角色。你应该清楚还需要什么信息以决定这是对你而言的好机会。最后，应该以及时的和专业的方式来处理需要注意的现场参观的后勤方面的问题(比如，旅行安排、交还花费凭证、满足招聘者对额外信息的需要)。

## 思考题

1. 求职过程中的信件有哪些种类？
2. 简历的组织形式有哪些？
3. 什么是信息面谈，如何做准备？
4. 如何了解招聘者？

# 9 第九章　就业程序

## 本章概述

就业程序是毕业生从毕业前的各项准备至毕业后到就业单位报到期间的一般过程。毕业生应把握好就业程序的每一个环节，尽量少走弯路，结合自己的实际情况和特点去努力，从而顺利地走向工作岗位。与此同时，大学生顺利就业离不开就业管理部门的工作和毕业生择业的相关程序。求职择业是大学生职业发展过程中至关重要的环节。在求职择业过程中，大学毕业生往往将注意力主要集中在岗位信息搜集、递交寄发求职材料、准备面试等求职具体事务方面，而对与自身权益保障密切相关的法律法规、就业制度以及办理程序等认识不足、重视不够。因此，毕业生在选择自己未来职业和走向工作岗位前，全面了解毕业生就业的相关法规及就业过程，把握好各个环节，对防止就业陷阱、保障自身权益非常重要。

## 内容点击

- 就业程序概述
- 签订就业协议
- 劳动合同及权益保障
- 办理毕业手续及报到

## 案例导读

### 让找工作不再茫然

2008届毕业生小王走进大学生就业指导中心办公室，向主管就业工作的老师寻求帮助。

小王向老师汇报说："想到就业问题就头疼，茶不思饭不进，夜里还常做噩梦，白天学习易分神，希望老师给予帮助和指导。"老师与小王共同分析了存在这种情况的原因。原来，小王来自比较偏僻的农村，家庭经济状况很差，没有可利用的社会关系，对自己的专业能力也缺乏信心。在当今就业形势日趋严峻的情况下，使他不知道该从何处着手，从而忧心忡忡。老师了解了小王的情况后，给他讲了有关部门特别是学校所开展的就业工作，以及学生自己应该做好的准备工作。小王听了老师的讲解后，明白了有关部门对学生就业的指导和帮助，了解了就业相关程序，同时也知道了自己为将来顺利就业需要做的准备工作，感觉心里有了底，自信的表情也流露出来。经过自己的努力，小王在北京找到了满意的工作。

**思考：**出生于农村的小王为什么能够在北京找到满意的工作？

## 第一节　就业程序概述

### 一、就业管理部门的一般工作程序

就业管理、指导机构的工作程序即毕业生就业管理、指导机构的工作日程。根据高校管理体制，毕业生就业工作采取“分级管理、分级负责”的管理办法。高校毕业生的就业管理机构大致由三部分组成：全国主管高校毕业生就业的部门是教育部；各省、自治区、直辖市和中央各部委的有关部门分管本地区、本部门的高校毕业生就业工作；各高校负责本校毕业生就业的工作机构，以及各用人单位负责接收安置毕业生工作的部门。全国高等学校的毕业生就业工作程序和时间由国家教育部统一部署，各部委和地方按照统一部署具体指导所属院校毕业生的就业工作。其工作程序如下：

**1. 制定政策**

一般在当年毕业生就业工作基本结束后，教育部对年度国民经济发展和国家重点建设情况开展调查研究，制订相应的政策，从而确定下一年度的就业工作意见；各省、自治区、直辖市、中央各部委按照文件精神制订出本地区、本部门所属高校毕业生就业工作的具体意见；各高等学校根据国家就业方针政策和规定以及学校主管部门的文件要求，结合本校毕业生实际情况，制定本学校的工作细则。这项工作通常在每年的 12 月底前完成。各高校就是在这些政策、规定允许的范围内，进行毕业生就业工作的。

**2. 资源统计**

毕业生资源统计工作一般在每年的 9 月份开始进行。资源统计内容包括毕业专业、姓名、性别、政治面貌、家庭所在地、培养类别等。资源统计是一项十分重要和严肃的事，既不能有丝毫差错又不能弄虚作假，凡是属于国家正式派遣的毕业生都必须是招生时列入国家计划内招收的学生。各高校负责报送本校毕业生的资格审查工作，及时向主管部门和地方调配部门报送毕业生资源情况。省、自治区、直辖市主管部门负责本地区毕业生的资源统计工作，并按时报送国家教育部。国家教育部在每年的 11 月份左右向各地区、各部门提供下一年度的毕业生资源情况，包括毕业生所在的学校、所学专业以及毕业生来源地区等。各地区、各用人单位要向国家教育部提供毕业生需求信息。国家教育部负责向社会及时报送毕业生资源情况和需求情况，并及时组织毕业生的供需信息交流工作。

**3. 就业指导**

虽然就业指导已贯穿到大学生学习的全过程，但在低年级的就业指导主要涉及职业生涯指导和就业素质教育。而各高校对应届毕业生进行的就业指导，主要为择业求职指导和从业供职指导，包括思想教育、政策指导、形势分析、信息指导、心理辅导、技术指导等。目的是帮助毕业生根据自身的特点和社会职业的需求，选择最能发挥自己才能的职业，全面、迅速、有效地与工作岗位结合，并帮助大学生在今后的从业供职过程中实现自己的人生价值和社会价值。

**4. 供需见面和双向选择**

供需见面和双向选择活动是落实毕业生就业计划的重要方式。各地区、各部门和各高校的就业管理机构在每年的 12 月份至下一年的 6 月份之前，均会采取多种形式拓展毕业生就业市场，为毕业生求职择业创造条件、提供服务。毕业生也可以在学校允许的就业范围内参加各地组织的“双向选择”洽谈会选择单位。经供需见面和双向选择后，毕业生与用人单位应签订毕业生《就业协议书》，作为制订就业计划和毕业生报到就业的依据。

**5. 制订就业计划**

就业计划是将各高等学校毕业生按照专业需求情况，派遣到各用人单位的计划。但现在的就业计划与“统包统分”条件下的就业计划是不一样的。“统包统分”下就业计划是自上而下的、按照上级编制的计划。在“双向选择”条件下，学生有选择的自主权、用人单位有择人权，所编制的就业计划也是一种自下而上或上下结合的形式。即学校通过多种形式的供需见面和双向选择，将毕业生与用人单位签订生效的《就业协议书》作为落实的就业建议计划于 6 月初报上级主管部门审批，经调整、平衡后以正式计划下达执行。

现阶段大学毕业生就业计划的编制主要有两种形式：一是国家根据社会发展和需求情况，会同有关部委、地方毕业生主管部门及其所属院校与重点单位协商，确定抽调各类专业毕业生的人数，形成国家抽调计划；二是各高等学校通过各种渠道与用人单位“供需见面”，毕业生在国家、政策指导下，根据有关规定与用人单位通过在一定时间和范围内的“双向选择”，签订《就业协议书》，经学校审核、同意，形成毕业生就业建议计划。

**6. 毕业生资格审查**

每年毕业生资格审查一般在 6 月下旬进行，学校成立毕业生资格审查小组，主要从毕业生德、智、体三方面审查毕业生是否符合毕业条件，对于不符合学校学籍管理有关毕业条款的，给予结业处理。结业生必须以结业生身份联系就业单位，签订结业生《就业协议书》。原来以毕业生身份联系落实就业单位的结业生，即使已列入就业建议计划的，也必须重新签约。

**7. 调配、派遣**

地方主管毕业生调配部门和高等学校按照国家下达的就业计划派遣。学校派遣毕业生的时间一般在每年的 6 月底到 7 月初，派遣毕业生统一使用《全国普通高等学校本专科毕业生就业报到证》(以下简称《报到证》)。

## 小锦囊

**特殊情况的派遣**

在派遣过程中出现特殊情况需要调整改派的，按下列原则办理：

在本省、自治区、直辖市辖区内用人单位之间调整的，由地方主管毕业生调配部门审批并办理改派手续。

跨部委、跨省(自治区、直辖市)调整的,由学校主管部门审核同意后统一报国家教育部审批并下达调整计划,学校所在地方主管毕业生调配部门按照调整计划办理调整手续。

**8. 就业工作总结**

学生毕业就业后,各级就业管理机构要对当年毕业生就业情况(一次性就业率、就业地区分布、就业单位性质等)进行认真总结,并提出意见和建议,上报上级主管部门。教育部汇总全国毕业生就业建议方案和毕业生就业情况报告国务院,为下一年度的毕业生就业工作提供参考。

大学生毕业就业,基本都是按照以上就业管理、指导机构的部署和安排而进行的。按照目前国家的就业政策,对于那些在毕业前未找到工作的毕业生,其档案、户口可在毕业后由学校代管两年,两年内找到工作单位,学校仍有责任为其办理派遣报到手续。但应说明,各省、直辖市不一定都一致。

## 二、大学毕业生就业程序

在求职择业过程中,高校毕业生应当了解就业程序,以便最终达到顺利就业的目的。大致而言,毕业生自身的就业程序主要包括以下 4 个步骤:

**1. 签订协议**

通过双向选择,毕业生确定就业单位后,要和用人单位签订由教育主管部门统一制定的《全国普通高等学校毕业生就业协议书》(以下简称《就业协议书》)。《就业协议书》明确规定了学校、用人单位及毕业生三方面的责任、权利与义务。《就业协议书》一经签订,便视为有效合同,不能随意更改。签约的各方都要遵守协议的有关规定,不能做与协议书内容相违背的事。

有的毕业生在与用人单位签订《就业协议书》后认为该单位不够理想,而自己工作已有了保障,又去与其他单位联系,这样的做法是不妥的。这样做会给用人单位和自己都带来不利的影响,用人单位会因此浪费用人指标,而自己也会因为出尔反尔被其他用人单位认为不讲信誉而拒绝。

**2. 签订劳动合同**

劳动者是国家的主人,国家出台了大量的法律、法令、法规和司法解释,以规范企业的劳动用工行为。然而在强大的就业压力形势下,各种各样侵犯劳动者权益的现象依然存在,有的甚至相当严重,经营者侵犯与劳动者维权的纠纷时有发生。大学毕业生在就业的过程中,也会产生一系列的法律关系,诸如劳动合同的签订等。大学毕业生在就业过程中要学法、懂法,能够利用法律武器来保护自己的权益不受侵害。

**3. 办理毕业手续**

毕业手续的办理是毕业生离开学校前必须完成的一个环节,大学毕业生应按照国家的有关政策和学校的具体规定,努力做好毕业生鉴定工作,认真填写普通高等学校毕业生登记表,领取《就业报到证》,办理党团关系,办理档案转移手续等,确保自己顺利毕业,文明离开学校,快乐地走向工作岗位。

**4. 报　到**

由用人单位、毕业生本人和学校签订的《就业协议书》，要统一汇总纳入学校的毕业生就业建议方案，报上级就业主管部门审批，形成正式方案下达执行。至此，毕业生的求职择业程序就算完成，接着毕业生将进行毕业鉴定，学校按就业方案派遣毕业生，待办完离校手续后，便按照《报到证》规定的期限和指定的地点去单位报到上班。毕业生报到后，其工资待遇和福利待遇按照国家有关规定执行，工龄从报到之日算起。

# 第二节　签订就业协议

## 一、什么是《就业协议书》

《就业协议书》是双方行为的准则，一经签署就产生法律效力，对双方具有约束力，不能单方面任意变动。订约双方在正常情况下依约行事，有助于顺利实现各自的权利，齐心协力地促进事业的发展。依约行事，利益均沾；违约肇事，双方受损。

《就业协议书》是由教育部制定，省、自治区、直辖市就业主管部门印制的，是学校编制就业方案、用人单位同意接受毕业生、就业主管部门统计就业率的主要依据，是明确毕业生、用人单位、学校三方在毕业生就业工作中的权利和义务的书面表达形式，经学校、毕业生和用人单位三方共同签署后，就具有了法律效力，因此对签约三方都有约束力。

## 二、《就业协议书》的内容

《就业协议书》的内容及要求主要包括以下 6 项。

**1. 对毕业生的要求**

规定“毕业生应按国家规定就业，向用人单位如实介绍自己的情况，了解单位的使用意图，表明自己的就业意见，在规定的时间内到用人单位报到，若遇到特殊情况不能按时报到，需征得用人单位同意”。该规定条款要求毕业生在了解国家的就业政策和用人单位使用意图的前提下，按规定的程序签订《就业协议书》。同时，要求毕业生在双向选择过程中实事求是地向用人单位介绍自己的情况，不得虚假“包装”，欺骗用人单位。在签订《就业协议书》前，毕业生还应当了解用人单位对毕业生的使用意图和提供的工作岗位，并结合自己所学的专业和实际情况综合考虑。对于已和用人单位签约的毕业生，必须在规定的时间内到用人单位报到，若遇到特殊情况不能按时报到，需征得用人单位的同意。“学校应在学生毕业前安排体检，不合格者不派遣，本协议自行取消，由学校通知用人单位。如用人单位对毕业生身体条件有特殊要求，原则上应在签订协议前进行体检，否则，以学校体检为准”。该条款要求毕业生在离校前，学校应当为其安排一次全面的身体检查。体检不合格，不允许就业，不发《报到证》。同时，就业协议自行取消，由学校致函用人单位说明情况。对于身体条件不合格的毕业生，学校将要求其回家休养治病，凭县级以上医疗机构出具的身体痊愈的证明，参加次年就业。这样做的目的既是对用人单位负责，也是对毕业生负责，更是为了维护学校的声誉，学校不应将身体条件不合格、不能从事正常工作的毕业生送到用人单位。

**2. 对用人单位的要求**

规定用人单位要如实介绍本单位的情况,明确对毕业生的要求及使用意图,做好各项接收工作。凡取得毕业资格的毕业生,用人单位不得以学习成绩为由提出违约,未取得毕业资格的结业生,本协议无效。要求用人单位在招聘学生时,应当将自己单位的性质、生产经营情况、发展前景、福利待遇以及对毕业生所学专业的要求、具体的工作岗位等实事求是地向毕业生介绍,与毕业生签约以后,要做好接收毕业生的工作。接收工作包括多方面的内容,如为毕业生办理人事关系、户口关系、档案关系的转入手续,具体安排工作和生活等。对于已取得毕业资格,拿到了毕业证的毕业生,用人单位不得无理违约或拒收毕业生。结业生属于不合格毕业生,对于未取得毕业资格的结业生,签订的就业协议无效。此外,还规定"毕业生报到后体检不合格者,应在报到后一个月内与学校协商同意后,可将其退回学校。超过一个月,由用人单位按在职人员的有关规定处理"。

**3. 对学校的要求**

规定学校要如实向用人单位介绍毕业生的情况,做好推荐工作。用人单位同意录用后,经学校审核列入建议就业计划,报国家教育部批准,学校负责办理派遣手续。要求学校作为签约的一方实事求是地向用人单位介绍毕业生的情况,做好推荐工作。明确在毕业生就业工作中,学校具有管理职能,该职能要求学校根据国家的就业方针政策和学校的规定,对毕业生与用人单位签订的《就业协议书》进行形式和内容上的审核,符合政策规定的学校可将其列入建议性就业计划,并报上级毕业生就业主管部门审批。

**4. 关于就业协议条款的特别约定**

规定"毕业生、用人单位、学校三方如有其他约定,应在备注中注明,并视为本协议书的一部分"。强调签订就业协议的各方,如果有一些其他的约定,应当在《就业协议书》的备注栏中注明并签字、盖章,否则,有可能导致这些约定发生争议。该内容虽然比较简单,但却是十分重要,学校在对就业协议进行审核时,原则上不承认口头约定,因为口头约定在实际操作中根本无法认定。

**5. 就业协议的生效及违约**

规定"本协议经各方签字、盖章后生效。三方都应严格履行本协议,若有一方提出变更协议,须征得另两方同意,并由违约方向另两方交纳违约金"。这是对就业协议的生效和违约所作出的原则性规定。此外,还对违约作出规定:签约的一方因特殊情况不能履行协议的,经另两方同意后,违约方应向另两方承担相应的违约责任。承担违约责任有多种方式,如赔偿损失、支付违约金等。一般来说,对承担违约责任的方式,在签订就业协议时各方应有共同的约定和承诺。

**6.《就业协议书》的使用和管理**

规定"本协议一式三份,毕业生、用人单位、学校各执一份。复印无效"。签约三方各自持有一份《就业协议书》。为维护就业协议的严肃性,各高校一般规定每位毕业生只有一套由学校统一编号的《就业协议书》。在就业时,只能使用有自己编号的协议书原件,使用复印件或使用别人的协议书签订的就业协议均无效,学校在审查时,不予认可和签字、盖章。从用人单位的角度来说,现在很多用人单位在通知毕业生参加面试时,除要求毕业生带上必要的自荐材料和证明材料外,还要求毕业生出示《就业协议书》,持有《就业协议书》已成为毕业生已就业的标志，同时也是毕业生进入用人单位的通行证。

## ☞ 三、签署协议三方的意思表示

签署协议三方的意思指的是毕业生填写应聘意见，表明毕业生愿意到用人单位就业，用人单位和用人单位上级主管部门同意后，表明愿意接收毕业生到用人单位就业，最后学校对其进行审核、鉴证。

### 1. 毕业生的情况及意见

这部分内容由毕业生本人填写。毕业生的情况包括姓名、性别、年龄、民族、政治面貌、培养方式、健康状况、专业、学制、学历和家庭地址。在毕业生的意见一栏中，由毕业生填写自己的应聘意见，要求毕业生对是否愿意到用人单位就业表明自己的意见，同时也应将与用人单位在洽谈中达成的有关约定写明，以避免日后发生争议。应该说，从整个《就业协议书》的内容来看，应聘意见是毕业生行使自己权利的重要体现，对毕业生十分重要，要求毕业生认真填写。但是在实践中，许多同学并不重视填写应聘意见，对自己的权利无任何表述，或只草率地填写“同意”，放弃了自己应有的权利，这将为以后产生争议埋下隐患。

### 2. 用人单位的情况及意见

这部分内容由用人单位填写。用人单位的情况包括单位名称、单位隶属、联系人、联系电话、所有制性质、单位性质和毕业生档案转寄详细地址。在用人单位意见一栏中包括两方面的内容：用人单位的意见和用人单位上级主管部门的意见。这就是说，用人单位同意录用毕业生以后，还必须有用人单位的上级主管部门同意录用的意见。根据我国现行的人事制度，有的用人单位虽然可以自主录用毕业生，但是毕业生的户口、非本地生源毕业生的聘用由用人单位的上级主管部门或省、市级人事部门审批，只有经过主管部门的审批后才能办理毕业生的接收手续。

### 3. 学校意见

学校意见中对学生的基本情况和用人单位的情况及协议内容进行初步审核，同时对毕业生具体的就业去向登记备案。学校意见是学校的毕业生就业主管部门代表学校对《就业协议书》进行审查，符合就业方针政策和学校就业规定的，就在《就业协议书》上签字盖章，表示学校对毕业生与用人单位双方所签就业协议的认可。

## ☞ 四、备　注

备注栏是为毕业生、用人单位、学校三方共同约定其他条款所设计的。在备注栏中毕业生与用人单位约定的条款只要不违背国家的就业政策和法律、法规以及学校的有关规定，学校一般不予干涉和否定。如果已与用人单位就见习期时间、工资福利待遇、违约责任等达成共识的也可在此栏注明。以后如果毕业生违约，需在此栏由用人单位写明同意违约并盖上与前面用人单位意见栏所盖相同的公章，学校才能考虑给毕业生换发新的《就业协议书》。如无其他条款，应当将协议书中的备注栏空白部分划去，注明以下空白。

以上是《就业协议书》的内容和使用管理办法。毕业生在领到《就业协议书》后，要仔细阅读《就业协议书》中的全部内容。同时，注意保管好《就业协议书》，并在择业成功时，采取认真负责的态度签订《就业协议书》。在签订表格合同时，有关毕业生与用人单位双方商定填写的空白部分，应明确填写商定的内容文字，如有未填写的空白，必须用“/”（斜杠）划除，或填写上“无”字，以避免未划除空白而产生的争议。

这里，要提醒毕业生们注意的是，签订《就业协议书》的主体是毕业生和用人单位，学校只起鉴别证件、监督以及为毕业生和用人单位服务的作用。毕业生与用人单位签约后，要尽早完成其他手续，并将其中一份《就业协议书》交给用人单位，一份交给学校，一份自己保管。

## 五、就业协议的解除及违约责任

就业协议签订后，若情况有变，使协议不能履行，经双方当事人协商，可以解除。当一方不严格履行协议内容，擅自违约，造成另一方或各方利益损失时，应当依法承担弥补利益损失的责任。

### 1. 就业协议的解除

就业协议的解除分为单方解除和双方解除。

单方解除包括单方擅自解除和单方依法或以协议解除。单方擅自解除协议属违法行为，解约方应对另一方承担违约责任。单方依法或以协议解除，指解除就业协议有法律上或政策上的依据，如学生未取得毕业资格，用人单位有权单方解除就业协议；或协议规定，毕业生考取研究生或升入高一级学校，可解除就业协议。

双方解除指毕业生、用人单位经协商，同意取消原订立的协议，使协议不发生法律效力。此类解除因为是双方当事人真实意思的表示，双方均不承担法律责任，但需要征求学校同意。

### 2. 违约责任

国家为了维护广大毕业生的利益，要求用人单位维护就业计划的严肃性，《就业协议书》一经签署，用人单位不得拒收毕业生，否则按违约处理，并给毕业生一定的经济补偿。毕业生也应严格履行协议内容，不得擅自违约，否则应向学校和用人单位交纳一定数额的违约金。从实际情况来看，就业违约其实多为毕业生违约。毕业生违约，往往还会造成其他不良后果，主要表现在以下几个方面：

（1）损害了签约单位的利益

用人单位往往为录用一名毕业生做了大量的工作，有时甚至对毕业生将要从事的具体工作也有所安排。同时毕业生就业工作时间相对比较集中，一旦毕业生因为某种原因违约，势必使用人单位的录用工作付诸东流，选择其他毕业生在时间上又不允许，从而给用人单位的工作造成被动。

（2）影响学校的声誉和信誉

用人单位往往把毕业生的违约行为视为学校管理不严造成的，从而影响学校和用人单位的长期合作关系。一些用人单位由于毕业生违约现象的存在，而对学校的推荐工作表示怀疑。

从历年情况来看，一旦毕业生违约，用人单位在几年内都不愿到这所学校挑选毕业生。面对激烈的就业竞争，用人单位的需求就是毕业生选择成功的前提，如此下去，必定影响到今后学校毕业生的就业工作。

(3)影响其他毕业生的顺利就业

用人单位到校挑选毕业生，一旦与某毕业生签订就业协议，就不可能再录用其他毕业生。若日后该毕业生违约，有些当初希望到用人单位工作的其他毕业生由于录用时间等原因无法补缺，造成就业资源的浪费。因此，毕业生在就业过程中一定要慎重选择，认真履约。

## ☞ 六、签订就业协议的注意事项

毕业生《就业协议书》明确了三方的权利和义务，具有法律约束力，也涉及到毕业生的切身利益，因此毕业生在就业签约时应注意以下几个问题，以切实维护自身在签订就业过程中的合法权益。

### 1. 要认真了解掌握国家就业政策和规定

毕业生在择业前，一定要认真、全面地学习有关就业政策和规定。只有理解掌握了政策和规定，毕业生才能正确确定择业方向，规范就业行为。同时，要了解用人单位的劳动用工政策、吸引人才政策和发达地区及中心城市录用非本地生源高校毕业生的政策，这些政策都将对毕业生的择业产生导向、调控和制约作用。此外，委托培养生、定向培养生以及享受专业奖学金的毕业生也有政策规定，毕业生应根据自身情况详细了解有关政策规定，并在洽谈签约时自觉遵守。

### 2. 单位主体资格是否合格

协议双方的资格是否合格是协议书是否具有法律效力的前提(这里主要指用人单位的资格)。用人单位，不管是机关、事业单位还是企业(不包括私营企业)，必须要有用人的权力。如果其本身不具备用人的权力，则必须经其具有用人权力的上级主管部门批准同意。因此，毕业生签约前，一定要先审查用人单位的主体资格。无人事权的单位，除了用人单位须在《就业协议书》上签字盖章，还必须加盖用人单位上级主管部门的公章，以示同意录用。签约前必须清楚无人事权的单位是否与人才交流中心建立人事代理关系、是否已向人事局申报用人计划。

### 3. 写明违约责任

违约责任是协议当事人因过错而不履行或不完全履行协议规定的义务应承担的法律责任，它是保证协议履行的有效手段。因此，在协议内容中，应详细表述当事双方的违约情况及违约后应负的责任，同时还应写明当事人违约后通过何种方式、途径来承担责任。这样，才能更有利于双方履行协议，也有利于以后违约纠纷的解决。对约定条款，要注意条款的合理性和本人的承受能力。毕业生与用人单位的约定条款，一般是附后补充，必须要有双方的签字盖章，如双方没有签字盖章，约定条款没有法律效力。

### 4. 协议的形式要合法

毕业生和用人单位经协商一致，签约时应当完整地履行手续。签约时要注意以下几点：

- 毕业生要签名并写清签字时间。
- 用人单位及其上级主管部门必须加盖单位公章并注明时间，不能用个人签字代替单位公章。
- 毕业生和用人单位签字后须将《就业协议书》交给学校毕业生分配主管部门履行

相关手续，以便及时制订就业计划和顺利办理《报到证》。

**5. 正确对待签约时用人单位的补充条款或协议**

由于现在使用的格式协议书内容简单，毕业生可以和用人单位协商，就原协议书中未能体现的具体权利和义务用补充协议形式表达出来。按照《中华人民共和国劳动法》和《中华人民共和国合同法》及其他相关法律的规定，就业协议书协议内容至少应具备以下条款才能具有法律效力：服务期、工作岗位、工资报酬、福利待遇、见习（实习）期限、协议变更和终止、违约责任。

事实上，补充条款或协议中的有些内容，具有毕业生进入单位后需要签订的劳动合同的性质，因而毕业生原则上应该接受并按单位的要求予以办理。需要提醒的是，毕业生在签署这些补充条款或协议时，一定要对其进行仔细研究，慎重对待，必要时可以向有关部门或老师咨询。因为，补充协议书和主协议书具有同等法律效力。因此，毕业生一定要慎签补充协议。

**6. 要把握签订就业协议的时机和程序**

在就业洽谈会上，通过双向选择，毕业生确定了用人单位，对方也明确表示录用意愿后，就要及时签订就业协议。避免在自荐洽谈时积极主动，而在签约时瞻前顾后或因脚踏两只船而丧失了最佳时机。在与某一用人单位签订协议后，应立即停止与其他单位的洽谈，即使以前洽谈过，也应及时给对方反馈信息，说明情况，以便对方另外挑选合适人选。如果毕业生与某一单位在洽谈会上暂时无法签约，可先达成意向，等会后再继续联系，以便最终签约。

**小锦囊**

**就业协议与劳动合同的区别**

扫码阅读

## 第三节 劳动合同及权益保障

劳动关系的存在一般来说是以劳动合同为标志的。因此，签订劳动合同将十分有利于劳动争议的预防。而要签好劳动合同，就需要熟悉相关法律，清楚劳动者和用人单位的权责。只有学法、知法，才能更好地用法律武器维护自己的合法权益。

### 一、劳动者的权利和义务

劳动者的主人翁地位由劳动者享有的基本权利与劳动者履行的基本义务构成，是通过劳动者实现权利与履行义务体现出来的。在社会主义制度下，劳动者的权利与义务是相互依存、不可分割的。

### 1. 劳动者的权利

劳动者的权利是劳动者在劳动领域里所具有的权利。在《劳动法》中明确劳动者的权利，无论在立法上还是实践中都具有重要意义。从立法上看，《劳动法》所称的劳动者的合法权益，指权利和利益，用法律保护劳动者的利益，就必须在法律上赋予劳动者一定的权利。因为法律对利益的保护，是通过一定的权利表现出来的。如果《劳动法》不赋予劳动者一定的权利，那么当劳动者的利益受到损害时，也就失去了保护的依据。从实践上看，由于长期以来劳动者的权利缺乏明确的法律规定，导致侵害劳动者利益的行为屡屡发生，一旦劳动者的基本权利得到《劳动法》的确认，并为广大劳动者所知晓，劳动者便可以运用自己的权利保护自己的利益不受损害，抑制或者减少侵害行为的发生。我国《劳动法》明确规定了劳动者享有以下基本权益。

(1)劳动权

劳动权又称工作权，是具有劳动能力的公民支配自身劳动力，并要求国家或社会为其提供劳动机会的权利。劳动权是劳动者最基本的权利，劳动者的其他权利都是从劳动权派生的。没有劳动权，其他一切民主和自由权利就没有实际意义，也就不能实现。

我国把劳动权作为公民的基本权利规定写进宪法，并通过各种努力实现充分就业。我国 1982 年宪法第 42 条规定："中华人民共和国公民有劳动权利和义务，国家通过各种途径，创造劳动就业条件，加强劳动保护，改善劳动条件，并在发展生产的基础上，提高劳动报酬和福利待遇。"《劳动法》又进一步将劳动权确定为劳动者的首要基本权利，使劳动者有了更充分的法律保障。劳动权个体表现为就业权，劳动权要通过就业来实现，保障了就业权就保障了劳动权。《劳动法》第 3 条规定："劳动者享有平等就业和选择职业的权利、取得劳动报酬的权利、休息休假的权利、获得劳动安全卫生保护的权利、接受职业技能培训的权利、享受社会保险和福利的权利、提请劳动争议处理的权利以及法律规定的其他劳动权利。"第 4 条规定："用人单位应当依法建立和完善劳动规章制度，保障劳动者享有劳动权利、履行劳动义务。"这些都表明了国家对劳动者就业权的高度重视。

就业权包括择业权，即劳动者有根据个人志向、爱好和特长等自主选择职业的权利。《劳动法》第 12 条规定："劳动者就业，不因民族、种族、性别、宗教信仰不同而受歧视。"第 13 条规定："妇女享有与男子平等的就业权利。在录用职工时，除国家规定的不适合妇女的工种或者岗位外，不得以性别为由拒绝录用妇女或者提高对妇女的录用标准。"体现了在劳动面前男女平等、民族平等的《劳动法》基本原则。《劳动法》还规定了多种途径，包括由政府和各种职业介绍机构介绍就业；用人单位努力增加就业岗位吸纳劳动力；劳动者自愿组织起来就业；劳动者从事个体经营实现就业。

(2)劳动报酬权

劳动报酬权是劳动者按照劳动的数量和质量取得报酬的权利。劳动者只有通过劳动取得必要的生活资料，才能满足其个人和家庭的消费需要，实现劳动力的再生产。因而，取得劳动报酬是劳动权的一项重要内容，劳动报酬权是劳动者又一项重要的基本权利。

劳动报酬权一方面是与用人单位的分配自主权相对应，劳动者有参与分配择业权。这主要是一种约定权利，来源于劳动合同或集体合同的规定，劳动者可以就劳动报酬与企业协商,在协商不成的情况下,另行选择用人单位,从而使工资发挥激励的职能和调节的职能,也实现了劳动与报酬互动对等,变量对变量。另一方面是通过法定标准劳动报酬,如最低工资标准、实际工资标准、工资支付以及特殊情况下的工资标准,对劳动者的权益给予一些基本的保障,从而使用人单位和劳动者的相互选择和平等协调限制在不损害劳动者利益的范围内,这种法定权利体现了工资所具有的保障职能。

(3)休息休假权

休息休假权是劳动者在法律规定的工作时间劳动以后,进行休息和休养的权利,这是公民的一项基本权利。劳动者有劳动的权利,同时也应享有休息休假的权利,休息休假权是劳动者实现劳动权的必要保证。我国宪法规定:"中华人民共和国劳动者有休息的权利。"《劳动法》第3条也规定了劳动者享有每周公休假日、法定节假日、探亲假和年休假等权利,并对工作时间及延长工作时间作出规定,目的之一就是保证劳动者有一定时间休息,劳逸结合,保障劳动者实现休息权,保护劳动者身体健康,提高工作效率和劳动生产率。

(4)劳动安全卫生权

劳动安全卫生权是劳动者享有在劳动过程中要求改善劳动条件,以使自己的身体健康和生命安全得到有效保护的权利。这是《劳动法》规定的劳动者享有的又一项重要的基本权利,是"加强劳动保护,改善劳动条件"这一《劳动法》基本原则的体现。劳动安全卫生权是劳动者生存与健康的基本需要,是劳动者实现劳动权的保证,也是现代化大生产的客观要求。赋予劳动者劳动安全卫生权,意味着劳动者所在的用人单位必须加强劳动保护工作,有义务确保劳动者在劳动过程中的健康和安全,不断改善劳动安全卫生条件。否则,就是违反了法律规定,侵犯了劳动者的合法权益。

(5)组织参加工会权

是否承认集会、结社自由,是衡量一个国家民主程度的重要标志。我国宪法规定公民有集会、结社自由,这对于劳动者来说,最直接、最集中地表现为组织和参加工会的权利。工会在国家政治生活、经济生活、社会生活等方面发挥着广泛的作用。我国工会法和《劳动法》都明确规定必须保障劳动者组织和参加工会的权利,保障工会依法独立自主开展工作,使劳动者合法权益得到维护。

(6)社会保障、福利权

社会保障、福利权是劳动者享受国家和用人单位提供的福利设施和各种福利待遇,在年老、患病、工伤、失业、生育和丧失劳动能力的情况下获得物质的权利,是《劳动法》的一项基本原则。在劳动者遇到特殊情况,暂时不能劳动或丧失劳动能力的情况下,就可以通过社会保障解决或减轻其本人和家庭的生活困难,从而解除劳动者的后顾之忧,激发其劳动热情,促进社会生产的发展。

(7)女职工和未成年工可获得特殊保护权

我国《劳动法》规定最低就业年龄是16周岁,因此未成年工是16～18周岁的劳动者,女职工、未成年工享有国家规定的特殊保护权。根据女职工和未成年工的身体、生理特点,用人单位有义务对其在生产过程中的安全和健康采取特殊的保护措施,女职工和未成年工有权得到用人单位的特殊保护。

(8)职业技能培训权

职业技能培训权是劳动者享有参加劳动所必须的、提高劳动技能或就业能力的各种业务学习和进修的权利。

我国《劳动法》第 3 条规定了劳动者享有接受职业技能培训的权利。第 66 条规定："国家通过各种途径，采取各种措施，发展职业培训事业，开发劳动者的职业技能，提高劳动者素质，增强劳动者的就业能力和工作能力。"第 68 条规定："用人单位应当建立职业培训制度，按照国家规定提取和使用职业培训经费，根据本单位实际，有计划地对劳动者进行职业培训。从事技术工种的劳动者，上岗前必须经过培训。"这些规定都说明了劳动者享有法定的接受职业培训权利，不容任何单位和个人侵犯。职业技能培训权是保证劳动者实现劳动权的重要条件。世界各国都很重视职业培训，都建立了自己的职业教育制度。职业培训给生产的发展，科学、技术和人类社会的进步以强大的推动力。因而，保障劳动者职业技能培训权的实现，有助于提高劳动者的文化素质和职业技术水平，有利于提高劳动生产率和工作效率，还能为减少失业人员、促进充分就业创造条件。

(9)提请劳动争议处理权

提请劳动争议处理权，是劳动者和其所在的用人单位发生劳动争议时，可以向有关部门申诉反映情况，提请处理，或者依照处理劳动争议的法定程序，申请调解、仲裁和提起诉讼的权利。

提请劳动争议处理权，是法律赋予劳动者的一项重要的民主权利。它是保障劳动者实现劳动权利，维护自身合法权益不可缺少的条件，也是劳动关系法律化，健全社会主义民主和法制的要求。保障劳动者提请劳动争议处理权的实现，可以维护劳动关系双方当事人的合法权益，可以消除用人单位与劳动者之间的隔阂，增进用人单位与劳动者之间的合作，可以避免矛盾激化和产生恶性事件，促进社会的安定团结。

(10)企业民主管理权

企业民主管理权是劳动者在本单位范围内通过职工代表大会和其他形式，审议单位的重大决策，监督单位管理者，从而维护自身合法权益的一种权利。吸收职工参加企业管理，已成为现代企业管理的重要内容和发展趋势。可以使劳动者同生产资料更加紧密地结合，发挥劳动者的积极性和创造性，从而增强企业活力，提高企业经济效益。

### 2. 劳动者的义务

劳动者享有劳动权利和履行劳动义务是对等的、互为条件的。不允许只享有权利而不履行义务，也不允许只履行义务而不享有权利。权利义务统一，是劳动问题的原则和规律。因此，《劳动法》总则第 3 条在对劳动者享有的权利进行规定的同时，也规定了劳动者应当履行的义务。义务是一种责任，也是一种约束。表现为负有义务的劳动者必须做出一定行为或被禁止做出一定行为，以维护国家、集体和其他劳动者的合法权益。由于义务是法定的责任，所以和权利显然不同，权利可以放弃，而义务不能放弃。劳动者必须履行的义务，主要包括以下几个方面。

(1)完成劳动任务

宪法明确规定，中华人民共和国公民有劳动的权利和义务，劳动是一切有劳动能力的公民的光荣职责，国有企业和城乡集体经济组织的劳动者都应当以主人翁的态度对待自己的劳动。完成劳动任务是劳动者享受劳动权的先决条件。劳动任务是劳动者根据用人单位的安排,在一定时间内实施劳动行为,达到劳动目标,取得劳动成果的一种责任。劳动者与用人单位一旦建立了劳动关系,完成劳动任务则是义不容辞的。

(2)提高职业技能

职业技能是劳动者从事劳动所必须具有和掌握的专业技术业务知识和实际操作技能,是劳动者完成劳动任务的条件,劳动者有责任接受职业技能的培训,不断提高自己的职业技能水平。

(3)执行劳动安全卫生规程

劳动安全卫生规程是在生产劳动过程中保护劳动者生命安全和身体健康的规章制度,《劳动法》之所以把执行劳动安全卫生规程作为劳动者的一项义务明确予以规定,是因为劳动安全卫生工作是每一个劳动者应当做好的工作,安全生产,人人有责。劳动者遵守和执行安全卫生规程,也是劳动者个人维护他人安全,保护国家、集体财产不受损害的一种义务。

(4)遵守劳动纪律

劳动纪律是劳动者在劳动过程中必须遵守的劳动规则和秩序,是组织劳动、保证生产秩序和工作秩序正常进行的必要条件之一,它是劳动者按照规定的时间、质量、程序和方法,完成自己承担的工作任务的行为准则。如果没有劳动纪律,就不可能建立正常的劳动秩序,生产过程就会发生混乱,就有随时造成设备损坏和事故的危险。所以劳动纪律在任何社会形态下都是至关重要的,社会化大生产条件下,更需要严格的劳动纪律。劳动纪律的范围很广泛,包括上下班制度、工作任务的完成、劳动态度,执行各种生产、安全、技术、卫生等规程的要求,服从管理、听从指挥等。遵守纪律体现了国家、社会、企业对劳动者提出的综合性要求。因此,遵守劳动纪律也是劳动者必须履行的义务之一。

(5)遵守职业道德

道德是调整人与人之间以及个人与社会之间关系的一种行为规则,它是人们对于善与恶、正义与非正义、诚实与虚伪、公正与偏私、光荣与耻辱的观念和行为规则的总称。道德调整的范围比法律更大,每一种职业都有相应的职业道德规范。由于道德不具有法律以国家强制力作保证的特点,遵守职业道德作为劳动者的义务显得更为重要。

## ☞ 二、劳动合同

毕业生落实就业岗位后,为保护毕业生本人的利益,均应与用人单位签订劳动合同。在签订劳动合同时,应尽可能采用当地劳动部门印制的规范的合同文本,在具体合同条款上,毕业生应对有关工作岗位、劳动时间、工资待遇、劳动保护、违约责任及试用期、见习期等的规定特别关注。签订后的劳动合同需由用人单位所在地的劳动部门加盖公章。同时,毕业生自己也要保留一份合同,当遇到劳动纠纷时,可凭合同提请劳动仲裁或者去法院提起诉讼。

### 1. 劳动合同的法律特征

劳动合同又称劳动契约或劳动协议,是劳动者与用人单位之间确立劳动关系、明确双方权利和义务的协议。劳动合同作为合同的一种,毫无疑问,具有一般民事合同所共有的特征,具体表现在以下几点:

劳动合同是劳动者和用人单位依照法律规定达成的协议,是一种民事法律行为,按照双方意思表示的内容被赋予法律效力。同时劳动合同依照法律规定达成,所以,违法达成的协议不是劳动合同,因此不受法律保护。

劳动合同是劳动者和用人单位之间表示一致意思的产物,约定的是关于劳动者和用人单位各自的权利和义务。当事人一方的权利是对方应该履行的义务,权利的行使受法律保护。义务的履行同样受到法律的强制,不履行义务就必须承担相应的法律责任。

劳动合同是劳动者和用人单位之间达成的,以设立、变更和终止民事权利义务关系为目的的民事法律行为。作为法律行为,劳动合同必然是以劳动者和用人单位设立、变更和终止权利义务关系为目的。

劳动合同双方当事人的地位平等:双方当事人在协商、订立劳动合同的时候,不能因为性质的不同而处于不平等的地位。在劳动关系中,不存在上下级的关系,即使在行政上有隶属关系的上级组织和下级组织之间,在订立劳动合同的时候也必须以平等的缔约主体身份来出现,任何一方都不能凌驾于另外一方之上。需要强调的是,劳动合同作为社会化合同的一种,为实现合同公正,其平等性必然受到一定程度的限制,并侧重保护劳动者的合法劳动权利。

劳动合同还是一种特殊的合同,除了具有一般合同的特征外,还有其自身的法律特征,具体表现在以下几个方面。

(1)劳动合同的主体是由特定的用人单位和劳动者双方构成

劳动合同的当事人必须一方是企业、事业、机关、社会团体或私营企业招聘者,另一方是劳动者本人。劳动合同是为劳动力使用而订立的合同,所以合同当事人一方必须是劳动力的拥有者,也就是其本身必须具有劳动力。这便决定了劳动合同当事人一方必须是作为自然人而存在的劳动者。拥有劳动力的劳动者的存在是劳动关系得以建立、劳动合同得以订立并得到履行的前提条件,同样,对劳动力的使用具有需求的用人单位作为相对方的存在也是必不可少的,因为劳动力的使用是劳动力为他人使用,或者说劳动者是为他人劳动。劳动者为自己所实施的劳动不是劳动合同意义上的劳动;一个劳动者也不是为另一个劳动者提供劳动,除非另一个劳动者是以招聘者的身份出现,而此时他已不是一个劳动者了。

(2)劳动合同的标的是劳动者的劳动行为

劳动合同一经订立后,劳动者一方必须加入到用人单位的生产和工作中去,成为该单位的一名职工,对内享受本单位职工的权利,承担本单位职工的义务,即劳动者有获得报酬的权利,有获得社会保险和生活福利的权利并相应地有完成其劳动行为的义务;用人单位有权依照劳动合同的规定组织管理劳动者,在劳动中对其指挥和监督,使其完成约定的劳动行为,有义务支付劳动者的劳动报酬,为职工缴纳社会保险和提供生活福利。

(3)劳动合同的内容应满足劳动者完成再生产的需求

劳动力有自然老化的过程,劳动力还有本身再生产的特征。劳动合同不仅要规定用人单位与劳动者本人的权利义务关系,而且还要涉及劳动者的直系亲属在一定条件下享有的物质帮助权。如果职工因年老、疾病、工伤、残废、死亡等原因,暂时或永久丧失劳动能力,中断劳动可能,不能获得劳动报酬时,用人单位不仅要负担职工本人的社会保险待遇,而且要对职工所供养的直系亲属给予一定的物质帮助。就劳动者而言,自身老化的需求和劳动力再生产的需求都是通过他的劳动来实现的,需要解决的问题虽是缘于劳动者的劳动,但劳动者的劳动本身并不能直接解决这些问题。因此,用人单位在获得劳动者的劳动成果时,应当为劳动者提供全面需求的满足条件。

(4)劳动合同的目的在于劳动过程的实现,而不是劳动成果的给付

劳动者从事劳动只在于完成生产过程,而不是为得到劳动后所生产的产品。所以,劳动者是以完成劳动过程来取得货币工资,以此满足本人及家庭的生活需要,而不是为了将产品拿回家自用。劳动过程是一个复杂的体能与智能发挥的过程,有的劳动直接创造价值,有的劳动间接地实现价值;有的劳动成果当时就能衡量,有的劳动成果则需要一定时间才能看到。劳动者只要完成了劳动过程,就应当取得劳动合同中约定的劳动报酬,而不论其生产出来的产品是否能在市场上变为货币。

(5)劳动合同履行中的从属性和非强制性

劳动者实施劳动行为时,必须服从用人单位的时间安排。在工作内容上,劳动者也不得自行决定劳动的方式和内容,必须按照用人单位的要求完成其劳动过程。在劳动过程中,劳动者必须接受用人单位的指示,且劳动者接受用人单位指示的范围比加工承揽、工程承包等更为广泛和具体。例如,用人单位的规章制度、劳动力的配合与调整,工作岗位的操作规则、工时、工作地点、工作方法、程序都包括在内,这种对于指示的从属性还进而扩展至对用人单位惩戒权的遵从。当用人单位对劳动者作出处罚决定、且该决定最后并未在法律上被否决时,劳动者就必须接受和遵守。尽管劳动合同的履行具有如此强烈的从属性,但劳动合同履行中对于劳动者不具有强制性。这不是在劳动者的人身自由层面上,而是在于劳动者的劳动是不能强制的。即使劳动者是因其主观上的故意心态不履行劳动合同,用人单位也不能强制其履行,在被强制的状态下为用人单位提供劳动。无论这种强制是来源于法律上的诉讼或是诉讼外的其他方式,都不得对劳动者强制履行劳动合同。所以,用人单位对于劳动者旷工,或不经预先告知即终止或解除劳动合同可以要求劳动者承担法律或合同规定的责任,但却不能强制劳动者进行劳动。

(6)劳动合同权利义务的延续性

这种延续性主要表现在两个方面。一是在劳动合同的有效期内,劳动者即使未向用人单位提供劳动,在一定条件下对用人单位仍有劳动报酬的请求权,用人单位仍有支付劳动报酬的义务。例如,在劳动合同有效期内的例假、休假、特别休假和劳动者参加其他法定活动时,虽未向用人单位提供劳动,但用人单位仍需支付劳动报酬。二是在劳动合同终止或解除后,用人单位仍对劳动者负有相应的责任,如在解除合同时支付经济补偿金,在劳动者的潜伏性工伤或职业病显现时承担赔偿责任。更为明显的是,用人单位为劳动者在劳动期间支付的各项社会保险费,是由劳动者在劳动合同关系消失后,甚至是在劳动者完全解除劳动义务后享受的。

(7)劳动合同内容的法定性

这种法定性既表现在劳动合同内容直接由法律加以规定,双方当事人都无权变更,如劳动者的就业与退休年龄,安全与卫生的劳动条件,社会保险费的承担与分担比例等;也同时表现在劳动合同内容只能在法律标准限度内选择,双方当事人都不能突破法定标

准所许可的限度，如最长的工作时间，最长的加班时间，最低的工资数额等。劳动合同内容的法定性的另一方面是法律责任归属的法定性。由于用人单位在劳动者劳动中的主导地位，劳动风险也由其承担。当劳动者在劳动中受到来源于劳动工具、原料、生产设备的伤害时，便产生了职业伤害赔偿，用人单位承担法律规定的无过错赔偿责任。

**2. 劳动合同的主要内容**

《劳动法》规定，建立劳动关系应当签订劳动合同，无论是长期工、短期工、季节工还是临时工，都必须与企业签订劳动合同。根据《劳动法》的规定，劳动合同的内容可以分为两个部分：必备条款和补充条款。必备条款也叫做法定条款，就是在劳动合同中必须具备的内容，不可缺少；法定条款又分为一般法定条款和特殊法定条款。

(1) 一般法定条款

一般法定条款主要包含劳动合同的期限、工作内容、劳动保护条件、劳动报酬、劳动纪律、劳动合同终止的条件及违反劳动合同的责任等内容。具体表现在以下几点：

- 劳动合同的期限。就是劳动合同开始的时间和结束的时间。如 2009 年 3 月 5 日被录用开始工作，工作时间为 1 年，那么合同的期限一般规定为：本劳动合同从 2009 年 3 月 5 日生效，到 2010 年 3 月 5 日结束。
- 工作内容。这条规定劳动者在该单位做什么工作，如在装修公司做木工，那么合同中应该注明工作的内容是“木工”，具体承担木质家具制作、装修工作的一些木工活等。
- 劳动保护和劳动条件。如建筑工人应该发放安全帽，高空作业有一些必要保护措施等。
- 劳动报酬。就是工资给多少，怎么算，什么时候发工资等。
- 劳动纪律。如上班时间不得私自外出，如何请假等。
- 劳动合同终止的条件。如合同到终止期，或者就业单位出现破产停业等情况终止合同，或者就业者出现特殊情况要求终止合同等，以及终止合同时双方应该承担的责任。
- 违反劳动合同的责任。这一条规定了签约双方的任何一方违反了合同中的规定，应该怎么办等。

(2)特殊法定条款

特殊法定条款是某些劳动合同的特殊性，法律要求某一种或某几种劳动合同必须具备的条款。例如，中外合资经营企业和私营企业的劳动合同中应该包括工时和休假的条款。如果因为用人单位的原因签订了不完整的劳动合同，之后对劳动者的权益造成了侵害，用人单位应当承担法律责任。

(3)补充条款

补充条款也叫做商定条款，可有可无，是双方当事人在签订合同时互相商量定下的条款。补充条款是法律赋予双方当事人的自由权利，但是，补充条款的约定不能与国家的法律法规相抵触，不能危害国家、其他组织或个人的权益。

## 三、劳动合同的签订与解除

劳动合同是劳动者与用人单位确立劳动关系、明确双方权利和义务的协议，是劳动者与用人单位依据《劳动法》建立劳动关系的书面法律凭证。劳动合同也是稳定劳动关系、用人单位强化劳动管理、劳动者保障自身权益、双方处理争议的重要依据。

### 1. 劳动合同的签订

劳动合同的签订是劳动者与用人单位就劳动合同的条款达成协议,并以书面形式明确规定双方的权利、义务和责任的法律行为。劳动合同的签订是劳动法律关系发生的根据,并由此产生一定的法律后果,因此当事人在签订劳动合同时一定要严肃认真。

劳动合同的当事人是用人单位和劳动者,但并不是所有的用人单位和劳动者都具有劳动合同当事人的资格,只有具有相应权力能力和行为能力的当事人才能成为劳动合同的当事人。故用人单位和劳动者在签订劳动合同时要审查对方的资格,这是保证劳动合同合法有效的首要前提。

(1)签订劳动合同的基本原则

《劳动法》第 17 条规定,签订劳动合同要遵循平等、自愿、协商一致的原则,不得违反法律和行政法规的规定。劳动合同依法签订后就产生了法律效力,当事人必须履行劳动合同规定的义务,具体表现为:

● 平等原则。平等原则指签订劳动合同的双方当事人的法律地位等。因此,毕业生应该依据《劳动法》的规定,理直气壮地要求用人单位签订劳动合同。在合同上签字前要仔细阅读合同条款,对内容含混的条款要坚持改写清楚,对不合法的内容要据理力争,以维护自己的合法权益。

● 自愿原则。自愿原则指劳动者要完全出于自己的意愿签订劳动合同,用人单位不能强迫或欺骗劳动者签订劳动合同。

● 协商一致原则。协商一致原则指劳动合同的各项条款是经过平等协商取得一致意见而签定的。

● 合法原则。合法原则指签订劳动合同的双方不得违反法律和行政法规的规定,签订合同的主体和内容必须合法。

(2)签订劳动合同的注意事项

大学生与用人单位在经验和掌握专业知识程度等方面的不对称性,使大学生明显处于劣势,因此签订劳动合同时一定要慎之又慎,不可大意。通常签订合同时应注意以下几点:

● 签订劳动合同前应熟悉相关法律。劳动合同是约束劳动者和用人单位行为以及处理纠纷的重要法律依据。劳动合同的每个环节都需要劳动者有一定的法律常识,所以劳动者在签订劳动合同之前最好先了解一下都有哪些法律可以保护劳动者的合法权益。

● 签订劳动合同形式、内容要合法。一份具有法律效力的劳动合同,首先签订合同的程序应符合法律规定,并且应当以书面的形式予以确认。合同至少一式两份,双方各执一份,劳动者应妥善保管自己的劳动合同。在劳动合同的内容上,劳动者一定要先确认自己签订的劳动合同是否具备产生法律约束力的条件,包括用人单位应是依法成立的劳动组织,能够依法支付工资、缴纳社会保险费、提供劳动保护条件,并能承担相应的民事责任等。

● 警惕合同陷阱。部分用人单位为了实现自己利益的最大化,千方百计在劳动合同中设立种种陷阱,侵害劳动者的合法权益。主要包括在合同中设立押金条款;采用格式合同,不与劳动者协商;在合同中规定逃避责任的条款,对于劳动者工作中的伤亡不负责任；准备了至少两份合同，一份是假合同，内容按照有关部门的要求签订，以对外应付有关部门的检查，但真正执行的是另一份合同等。

**2. 劳动合同的解除**

劳动合同的解除，指当事人双方提前终止劳动合同的法律效力，解除双方权利义务关系。这在法律上称为“解除权”，用人单位和劳动者都享有该权利。

(1)用人单位的解除权

用人单位的解除权分为即时解除和先行通知解除。即时解除是不需要事先通知的，随时都可以解除，因为这对劳动者的影响特别大，所以法律规定了严格的适用条件。劳动者有下列情形之一的，用人单位可以即时解除劳动合同。

● 在试用期间被证明不符合录用条件的。

● 严重违反用人单位的规章制度的。

● 严重失职，营私舞弊，给用人单位造成重大损害的。

● 劳动者同时与其他用人单位建立劳动关系，对完成本单位的工作任务造成严重影响，或者经用人单位提出，拒不改正的。

● 因劳动者过错致使劳动合同无效的。

● 被依法追究刑事责任的。

先行通知的解除指解除之前，用人单位先告知劳动者，让其有所准备。有下列情形之一的，用人单位提前 30 日以书面形式通知劳动者本人或者额外支付劳动者一个月工资后，可以解除劳动合同。

● 劳动者患病或者非因工负伤，在规定的医疗期满后不能从事原工作，也不能从事由用人单位另行安排的工作的。

● 劳动者不能胜任工作，经过培训或者调整工作岗位，仍不能胜任工作的。

● 劳动合同签订时所依据的客观情况发生重大变化，致使劳动合同无法履行，经用人单位与劳动者协商，未能就变更劳动合同内容达成协议的。

(2)劳动者的合同解除权

用人单位与劳动者协商一致，可以解除劳动合同。劳动者提前 30 日以书面形式通知用人单位，可以解除劳动合同。劳动者在试用期内提前 3 日通知用人单位，可以解除劳动合同。用人单位有下列情形之一的，劳动者可以解除劳动合同。

● 未按照劳动合同约定提供劳动保护或者劳动条件的。

● 未及时足额支付劳动报酬的。

● 未依法为劳动者缴纳社会保险费的。

● 用人单位的规章制度违反法律、法规的规定，损害劳动者合法权益的。

● 因用人单位过错致使劳动合同无效的。

● 法律、行政法规规定劳动者可以解除劳动合同的其他情形。

● 用人单位以暴力、威胁或者非法限制人身自由的手段强迫劳动者劳动的，或者用人单位违章指挥、强令冒险作业危及劳动者人身安全的，劳动者可以立即解除劳动合同，不需事先告知用人单位。

## 四、劳动争议及解决途径

大学生就业时与用人单位签订的劳动合同、《就业协议书》以及其他的一些书面约定，都是重要的法律文件，对其性质和相互关系一定要搞清楚。如果发生劳动争议，则可以以这些法律文件为依据进行合理解决。

### 1. 劳动争议

劳动争议，又称劳动纠纷，许多国家和地区则称劳资争议或劳资纠纷。其广义指劳动关系双方当事人或其团体之间关于劳动权利和劳动纠纷的争议；其狭义仅指劳动关系双方当事人之间关于劳动权利和劳动义务的争议。在劳动立法和劳动法学中，一般取其狭义。

(1)劳动争议是双方的

劳动争议的当事人，一方为劳动者或其团体，另一方为用人单位或其团体。若争议不是发生在劳动关系双方当事人或其团体之间，即使争议内容涉及劳动问题，也不构成劳动争议。例如，劳动者之间在劳动过程中发生的争议，企业之间因劳动力流动发生的争议，劳动者或企业与劳动行政部门在劳动行政管理中发生的争议，劳动者或企业与劳动者服务主体在劳动服务过程中发生的争议，都不属于劳动争议。

(2)劳动争议内容

劳动争议的内容涉及劳动权利和劳动义务。即劳动争议以劳动权利和劳动义务为标的。

劳动权利和劳动义务是依据《劳动法》、集体合同和劳动合同具体确定的，因而劳动争议在特定意义上是在实施《劳动法》，签订、履行、变更或终止集体合同或劳动合同时发生的争议；劳动权利和劳动义务的内容，包括就业、工时、工资、劳动保护、保险福利、职业培训、民主管理、奖励惩罚等各个方面。因而，劳动争议的内容相当广泛，但凡是以劳动权利义务之外的权利义务为标的的争议，不属于劳动争议。

(3)劳动争议形式

劳动争议形式，表现为当事人双方提出不同主张和要求。即当事人双方对劳动权利和劳动义务的确定或实现各持己见，既包括当事人一方反驳另一方的主张或者拒绝另一方的要求，也包括当事人向国家机关、劳动争议处理机构或有关团体提出给予保护或处理争议的请求。

### 2. 劳动争议的解决途径

处理劳动争议的解决途径，归纳起来可分为合意方式和裁判方式两大类。

(1)合意方式

劳动争议处理的合意方式，即当事人双方通过自行协商或者在特定机构干预下协商，互相妥协或单方妥协，从而达成解决劳动争议的协议，因而又称为妥协方式或协议方式。其具体形式主要表现为：

- 和解。即当事人双方自行协商，达成解决劳动争议的协议。其特征主要是，无第三方参与，不受程序约束，协议的达成和遵守完全是双方自愿。
- 调解。即在第三方主持下，通过说服、疏导，使劳动争议在当事人双方的互谅互让中得以解决。我国立法所允许的劳动争议调解，包括用人单位调解机构调解、仲裁程序中调解和诉讼程序中调解。

● 调停。即当事人双方在第三方的调和下,根据第三方提出的关于解决有争议问题的建议(即调停方案)达成解决劳动争议的协议。

这里特别说明:调停和调解的主要区别在于,调解机构只促使当事人和解而不提出建议,调停机构则要提出调停方案并促使当事人接受。

(2)裁判方式

劳动争议处理的裁判方式,即由特定机构对劳动争议依法进行审理并作出具有法律效力的处理决定,使其得以解决。其具体形式主要表现为:

● 仲裁裁决。即由仲裁机构对劳动争议作出裁决。

● 法院判决。即由审判机构依法对劳动争议作出裁决。

总结起来,我国劳动争议的处理方式有和解、调解、仲裁、诉讼等。按照《劳动法》第79条的规定:"劳动争议发生后,当事人可以向本单位劳动争议调解委员会申请调解;调解不成,当事人一方要求仲裁的,可以向劳动争议仲裁委员会申请仲裁。当事人一方也可以直接向劳动争议仲裁委员会申请仲裁。对仲裁裁决不服的,可以向人民法院提起诉讼。"

### 3. 劳动争议的处理机构

在我国,劳动争议的处理机构有三种类型,即调解(调停)机构、仲裁机构和司法机构。

● 劳动争议调解(调停)机构。指只能进行调解而不能裁决的机构,在我国是在用人单位内部设立的劳动争议调解委员会。劳动争议调解委员会由职工代表、用人单位代表和工会代表组成,劳动争议调解委员会主任由工会代表担任。

● 劳动争议仲裁机构。在我国指劳动争议仲裁委员会。劳动争议仲裁委员会由劳动行政部门代表、同级工会代表、用人单位方面的代表组成,劳动争议仲裁委员会主任由劳动行政部门代表担任。

● 劳动争议司法机构。我国没有设立专门负责审理劳动争议案件的劳动法院,因而,劳动争议的司法审判机构就是人民法院,一般是由民事审判庭来审理的。

## 五、违约所承担的责任

劳动合同签订后要履行,否则会构成违约。合同签订后,当事人因自己的过错造成合同没有履行或没有适当履行,由此所产生的责任是一种违约责任,它是按照法律规定或当事人约定所应承担的法律责任。

### 1. 用人单位的责任

用人单位违反劳动合同承担的责任不仅有一般民事赔偿责任,还有行政责任。

(1)民事责任

民事责任是合同当事人所承担的给予受损人赔偿的责任,用人单位有下列情形之一,对劳动者造成损害的,应赔偿劳动者损失。

● 用人单位故意拖延不签订劳动合同,即聘用后故意不按规定签订劳动合同以及劳动合同到期后故意不及时续签劳动合同的。

● 由于用人单位的原因签订无效劳动合同,或签订部分无效劳动合同的。

● 用人单位违反规定或劳动合同的约定侵害女职工或未成年工合法权益的。

● 用人单位违反规定或劳动合同的约定解除劳动合同的。

用人单位对劳动者造成损害后，应当给予相对损失赔偿，其赔偿的标准为：

● 造成劳动者工资损失的，按劳动者本人应得工资收入支付给劳动者，并应加付应得工资收入的25%作为赔偿费用。

● 造成劳动者劳动保护待遇损失的，应按国家规定补足劳动者的劳动保护津贴和用品。

● 造成劳动者工伤待遇损失的，除按国家规定为劳动者提供工伤、医疗待遇外，还应支付劳动者相当于医疗费用25%的补偿费用。

● 造成女职工和未成年工身体健康损害的，除按国家规定提供治疗期间的医疗待遇外，还应支付相当于其医疗费用25%的赔偿费用。

● 劳动合同约定的其他赔偿费用。

用人单位招用尚未解除劳动合同的劳动者，对原用人单位造成经济损失的，除该劳动者承担直接赔偿责任外，该用人单位应当向原用人单位进行赔偿。向原用人单位赔偿损失主要包括：

● 对生产、经营和工作造成的直接经济损失。

● 因获取商业秘密给原用人单位造成的经济损失，赔偿额按《反不正当竞争法》的规定执行。

(2)行政责任

简单地说，行政责任就是在行政上有管理关系的当事人之间，被管理者有违法行为而向管理者承担的责任。如劳动行政部门就是用人单位的管理者，它有权责令有违法行为的用人单位承担行政责任。用人单位未按《中华人民共和国劳动法》规定的条件解除劳动合同或者故意拖延不签订劳动合同的，除依法承担赔偿责任外，劳动行政部门应责令改正，逾期不改的应通报批评。

用人单位解除劳动合同后，未依照法律、法规规定给予劳动者经济补偿的，劳动行政部门依照经济补偿的有关规定，应责令支付劳动者的经济补偿，并可要求其按相当于支付劳动者经济补偿总和的1～5倍支付劳动者赔偿金。

赔偿金是《劳动法》中的一个特定概念，它具有以下几点特征：

● 由用人单位向劳动者支付。

● 支付数额按劳动者实际损失的一定倍数计算。

● 支付的依据是法律规定而不是双方的约定。

● 由劳动行政部门责令支付。

**2. 劳动者的责任**

劳动者违反规定或劳动合同的约定解除劳动合同，对用人单位造成经济损失的，劳动者应赔偿用人单位的损失。主要包括：

● 用人单位招收录用期间为其所支付的费用。

● 用人单位为其支付的培训费用，双方另有约定的按约定办理。

● 对生产、经营和工作造成的直接经济损失。

● 劳动者违反劳动合同中约定的保密事项，对用人单位造成经济损失的，也按《反不正当竞争法》第 20 条规定支付用人单位赔偿费用。

● 劳动合同约定的其他赔偿费用。

这里需要注意：用人单位在与劳动者签订劳动合同时，不得以任何形式向劳动者收定金、保证金(物)或抵押金(物)，也不得扣留、抵押职工居民身份证、暂住证和其他证明个人身份的证件。对擅自扣留、抵押职工居民身份证等证件和收取抵押金(品)的，公安部门和劳动行政部门责令用人单位立即退还给劳动者本人。

## 第四节 办理毕业手续及报到

毕业离校手续是高校毕业生结束学业，离开学校走向社会的最后一个重要环节。在这一阶段，毕业生心理情绪变化比较大，同时也是毕业生最为忙碌的一段时间。学校要根据每个毕业生的情况，做好毕业生的思想工作，稳定毕业生情绪，使他们能够文明、愉快地离校。作为毕业生也应该合理调整个人的情绪问题，按照国家的有关政策和学校的具体规定，认真地履行离校手续，确保自己顺利毕业。

### 一、离校手续办理

离校手续的办理是毕业生在离开学校前必须要完成的环节。离校前，毕业生需要做好毕业生鉴定工作，认真填写普通高等学校毕业生登记表，领取《报到证》等，以便能够顺利离校，走向工作岗位。

#### 1. 毕业生鉴定工作

毕业生鉴定是对毕业生在校期间德、智、体综合情况的总结，是毕业生质量的重要体现，是毕业生学籍档案中的重要原始资料，也是用人单位录用毕业生的重要依据。因此，要重视毕业鉴定工作。毕业生的鉴定主要包括自我鉴定和学校鉴定两项内容。

(1)自我鉴定

自我鉴定是毕业生对自己在校期间的全面认识、评价和总结。具体地说，可以从以下几个方面做好自我鉴定工作。

● 自我认识

毕业生在对自己作自我鉴定前，要认真地进行自我剖析，对自己在校期间的思想、学习、生活和工作等方面进行总结，力求做到客观、全面、准确，在肯定成绩、总结经验的基础上进行自我认识和自我评价。

● 他人分析

一般来说，一个人很难客观地认识、评价自己。为此，在做毕业鉴定时，不妨多听一听老师和同学们的意见。同学们与你经过几年的朝夕相处，情同手足，相互了解也比较深，鉴定的时候，能讲出许多有益的肺腑之言。老师也能从师生角度对所教的学生有所观察和了解，给出一些实用建议。注意吸收他人的意见，对写好自我鉴定无疑更有帮助和启示。

● 写实为主

有的毕业生进行自我鉴定时空话连篇，甚至内容都和别的同学差不多。这样的自我鉴定材料，用人单位在查阅学籍档案时不仅毫无印象，甚至会置之不理。因此，自我鉴定应该以写实的方式，简要而又突出地概括出自己的主要优缺点，坦率地写出自己的长处和缺点会显得你更诚信可靠。

● 态度认真

有的毕业生对做好自我鉴定在思想上不重视、态度上不认真，写出的自我鉴定材料东拼西凑，不能成文。自我鉴定材料实际上就是很好的“自我推荐广告”，用人单位考核录用毕业生，凡是自我鉴定材料写得马马虎虎、字迹潦草，甚至错字连篇、语句不通者很难被录用。自我鉴定的内容代表了一个人的过去，而自我鉴定的态度则预示着一个人的未来，希望每个毕业生都能以认真的态度对待自我鉴定。

(2)学校鉴定

学校要在毕业生个人鉴定的基础上，根据国家有关规定和要求，按照培养目标，组织同学、老师进行认真评议，既要充分肯定成绩，又要指出不足，提出努力方向，力求做到实事求是、恰如其分、准确无误。同时，要注意突出特点，切忌千篇一律。

**2. 普通高等学校毕业生登记表的填写**

普通高等学校毕业生登记表包括毕业生基本情况、个人总结、组织鉴定等内容，是毕业生综合情况的记载，是毕业生身份的一个重要标志，是毕业生学籍档案的主要材料之一。普通高等学校毕业生登记表涵盖了毕业生的基本信息、自我鉴定、班组鉴定、学校组织意见、毕业实习单位、毕业论文题目或毕业设计、本人工作志愿、学校对其就业工作的意见等内容。因此，毕业生要按照每个栏目要求的具体内容实事求是地认真填写。学校要认真核实普通高等学校毕业生登记表中的各项内容，要以对国家负责、对毕业生负责的态度严肃对待。

**3. 毕业生离校手续的办理**

毕业生办理离校手续的时间一般要在毕业生离校前的一周，按照学校的有关规定进行。

毕业生必须持学校统一发放的离校手续单办理相关手续，主要涉及以下几点：

● 毕业生到所在院(系)领取离校手续单，认真填写自己的院(系)、学号、专业、姓名、就业单位等。

● 毕业生到院(系)办公室交清有关手续。

● 毕业生到校党委组织部或院团委办理党团组织关系转递手续。

● 毕业生到图书馆办理交清图书及借书证等手续，如将学校的图书损坏或丢失，应按照学校的有关规定予以赔偿。

● 毕业生到财务处核对、结清自己应该交纳的一切费用。

● 毕业生到学校后勤集团的宿管服务中心退还自己使用的桌、凳等物品，如有损坏，应按照学校的有关规定予以赔偿；结算水、电等费用；注销住宿证。

● 毕业生到学生处学生管理科注销自己的学生证。

● 对于享受国家助学贷款的毕业生，到学校学生资助管理中心办理有关手续。

毕业生按以上程序办理完手续，并在每个工作部门都加盖公章后，领取《报到证》或办理相关手续。

**4.《报到证》的办理与领取**

根据《普通高等学校毕业生就业工作暂行规定》，毕业生必须使用由省级以上毕业生就业主管部门统一审核、打印、签发的，由国家教育部统一印制的、全国普通高等学校本专科毕业生《报到证》。用人单位凭《报到证》接收毕业生，公安部门则凭《报到证》办理户口迁移手续。办理和领取《报到证》的程序如下：

● 毕业生就业手续一般由学校到省毕业生就业工作部门办理，采用集中办理和分期分批相结合的方式进行。毕业前联系到就业单位的毕业生，由学校集中到省毕业生就业主管部门办理，集中办理时间一般在7月至8月上旬。在毕业后国家规定的择业期内，毕业生签订《就业协议书》后交到学校，由学校定期到省就业主管部门办理。

● 到省直事业单位就业的毕业生，在办理就业手续时，同时应持省人事部门核发的机关事业单位增人计划卡。

● 从普通高等院校选调到乡（镇）机关工作的应届优秀大中专毕业生的就业手续，凭省委组织部省选调生录用通知办理；考取省直机关公务员的毕业生，凭接收单位证明和国家公务员录用手续办理。

● 每个毕业生办理完全部离校手续后，应根据学校规定的时间到学校毕业生就业工作部门领取《报到证》。

● 毕业生领取《报到证》后，到户口所在地办理《户口迁移证》，方可到用人单位报到。

● 毕业时未落实就业单位的毕业生，可以将《报到证》直接开回生源地自主择业，也可以在国家规定的两年择业期内继续择业，择业期满仍未落实就业单位的，学校可将《报到证》开到生源地自主择业。

● 自愿服务西部和"三支一扶"的毕业生，如在择业期内落实就业单位，直接到学校就业工作部门办理就业手续，择业期满仍未落实就业单位的，由学校到省就业主管部门统一办理回生源地的《报到证》；出国及自主择业的毕业生，择业期满但仍未能落实就业单位的，毕业生应及时与学校联系，以便及时办理相关就业手续。

## 二、毕业生报到及户籍、档案迁移

毕业生在办理离校手续之后，就可以持《报到证》到用人单位报到了，在报到后到正式上岗这一段时间，需要进行报到手续的办理、用人单位的接收和工作岗位的分配、毕业生户口关系的迁转和毕业生学籍档案的转移等手续。

**1. 毕业生报到**

根据《普通高等学校毕业生就业工作暂行规定》，毕业生持《报到证》到用人单位报到，用人单位凭《报到证》予以办理接收手续和户籍关系。毕业生报到后，用人单位应根据毕业生所学专业、《就业协议书》约定和工作需要，及时为毕业生安排工作岗位。在毕业生到用人单位报到的过程中应注意以下几点：

毕业生应检查毕业离校手续是否已办理完毕。首先，要检查《报到证》、户籍关系、党团关系、毕业证书、学位证书等是否已经领取；其次，要认真核查所领材料和证件上的姓名、性别等栏目填写是否准确，待确认后方可离校，以免给自己报到时带来不便。一定要注意保管好自己所领取的证件，不慎丢失将会为自己带来很多麻烦。

毕业生应按照《报到证》上开具的报到单位，在规定的报到期限内前去报到。确因特殊原因不能前去报到者，要主动向用人单位的管理人员进行说明，并向单位人事部门请假。毕业生成为单位的正式职工后，应按照用人单位的相关规定严格要求自己，服从用人单位的用人安排。

**2. 户籍的迁移**

大学生毕业后，户籍关系也要随之进行迁移或办理留校手续。户籍的迁移有以下几种情况：

(1)已落实就业单位的毕业生

毕业生在毕业时已落实就业单位且已办理《报到证》者，如毕业生户籍关系已转到上学所在城市，由学校或毕业生本人到学校所在地公安机关办理户籍关系迁出手续；如毕业生在入学时未迁转户籍关系，由毕业生本人持《报到证》到入学前户籍关系所在公安机关办理户籍迁移手续。户籍关系迁转完毕后，由毕业生携带相关资料到就业单位所在地的公安机关办理入户手续。

(2)未落实就业单位的毕业生

可以将户口暂存于学校或生源地继续择业，其间落实就业单位的可随时办理迁转手续。择业期满仍未落实就业单位的，由学校或本人将户籍关系转至生源所在地县(市)人事部门。

凡国家计划内招生的普通高等院校、普通中等专业学校的毕业生，在择业期内有意愿到省辖市就业的，由个人写出申请，学校负责审核后统一报省毕业生就业主管部门，经复核无误后，由省毕业生就业主管部门签发省未就业大中专毕业生入户介绍信；公安机关凭介绍信、户口迁移证、学历证书、本人提供的集体户口本或居民户口簿办理落户手续。如果办理人事代理的，户籍关系应迁至人事代理部门。

(3)对从事个体经营或自主创业的毕业生，其户籍关系由学校迁至生源所在地。

**3. 档案的转移**

大学毕业生的档案是通过全国统一考试被录取的大学生在毕业时的档案材料，它主要包括该毕业生的高考成绩、在大学学习期间的学习成绩、表现情况、受到的奖励或处罚、家庭状况等内容。学生毕业后，学校根据毕业生本人签订《就业协议书》的情况，为其申请办理《报到证》，并将《报到证》副联装入毕业生学籍档案中，然后由学校将档案转交至毕业生就业单位或用人单位委托的人才交流机构。这时的毕业生学籍档案就成了人事档案。

人事档案作为记录个人经历、政治面貌、品德作风等内容的文件材料，发挥着凭证、依据和参考的作用。毕业生将要面对的转正定级、职称申报、办理养老保险，以及开具出国、考研等的有关证明，都需要使用档案。正因为如此，毕业生在毕业时对自己的档案应当高度重视，根据自己的就业情况，妥善处理自己的档案存放问题。毕业生档案的转移有以下几种情况：

已落实好就业单位，档案未申请留校的毕业生，其档案在领取《报到证》后 15 日内，由学校负责将毕业生档案寄送到接收单位。

未落实好就业单位的毕业生，在本人申请的前提下，在两年择业期内其档案可寄放在学校。择业期内落实好就业单位的毕业生，学校将根据其就业情况将档案发送到就业单位人事部门。

超过两年择业期仍没有落实好就业单位的毕业生，户籍也仍在学校的，学校将其户籍和档案转往生源地县(市)人事部门人才交流中心。对从事个体经营或自主创业的毕业生，其档案由学校迁至生源所在地。

**4. 人事代理**

人事代理是市场经济发展中所产生的一种新型的人事管理制度。具体指政府人事部门所属的人才服务机构接收单位或个人的委托，依据法律、法规，运用社会化服务的方式，对人事业务实行代理，解决人事管理方面所遇到的问题。

(1)人事代理的服务内容

根据目前的人事代理政策，大学毕业生办理人才代理可以解决以下几个方面的问题：

● 本人档案的保管、转移；户籍关系的挂靠、迁移；党、团组织关系的挂靠、接转。

● 代办养老保险、医疗保险等社会保险项目。

● 见习期满后的转正、定级、专业技术职务资格评审。按规定，大专毕业工作满一年，经考核可以办理转正定级手续，工作满三年可申报评定助理工程师。

● 出具因公、因私出国、出境等政审证明材料。

● 代理期间工龄连续计算，负责档案工资的核定调整。

● 为毕业生办理改签手续。

● 对毕业时未找到就业单位的毕业生，人才服务中心可以为其办理求职登记并提供就业岗位。

办理人事代理后，不论流动到何单位，其工龄、身份、职称、社会保险、档案等方面，都由人才交流服务机构提供配套服务。

(2)人事代理的程序

根据毕业生的不同情况，毕业生人事代理手续办理程序也有所不同，具体表现在以下几点：

● 择业期内暂未联系到接收单位或准备复习考研的大专以上毕业生持《就业协议书》到省、市人才中心，由省、市人才中心审核签署人事代理意见(学校也可集中为毕业生办理人事代理手续)；毕业生将《就业协议书》交所在学校，由学校统一到有关部门办理《报到证》、《户口迁移证》，并将其档案经由省毕业生就业办转交省、市人才中心；毕业生持《报到证》、《户口迁移证》、身份证等材料到省、市人才中心报到，签订人事档案管理合同，户口落入省、市人才中心。

● 择业期内已联系到接收单位的毕业生凭接收单位签章的《就业协议书》到省、市人才中心，由省、市人才中心审核后签署人事代理意见；毕业生将《就业协议书》送交所在学校，由学校统一到有关部门办理《报到证》、《户口迁移证》，并将毕业生档案经由省毕业生就业办转交省、市人才中心；毕业生持《报到证》、《户口迁移证》、身份证到接收单位办理户口迁入手续，接收单位无集体户口的，可直接落入省、市人才中心集体户口。

● 择业期内已就业，要求到省、市人才中心实行人事代理的毕业生和由省外院校到本省二次择业的毕业生持《报到证》(改签的还须提供原接收单位或省辖市人事局同意改签的证明)到省、市人才中心,由省、市人才中心出具接收函;凭省、市人才中心的接收函和原《报到证》直接到省毕业生就业办办理改签手续,并凭新的《报到证》将毕业生档案转交省、市人才中心;持新的《报到证》、《户口迁移证》、身份证等材料到省、市人才中心报到,签订人事档案管理合同,户口迁入省、市人才中心集体户口。

## ☞ 三、处理遗留问题

因学生个人的原因不能正常毕业(结业)、改签《报到证》、证件遗失等都属遗留问题,毕业生(或结业生)应了解如何进行处理。

### 1. 结 业

结业是大学生在校学习期间,因课程成绩考核不合格、毕业论文(设计)未达到毕业标准或实习不合格等而不能正常毕业的情况。学校将为结业生颁发结业证书。结业生就业,学校也有责任为其办理《报到证》,但要显示结业生字样。

结业生可以申请将结业证书换发为毕业证书。根据不同原因造成的结业,有以下两种处理情况:

因课程成绩考核不合格,毕业论文(设计)未达到毕业标准,在结业后一年内,可向学校申请参加由学校安排的考核,考核合格后换发毕业证书。

因实习不合格而结业的学生,结业后从事与实习内容相近的工作,可由工作单位开具鉴定证明(单位负责人签字后加盖公章),经学生所在院(系)审查达到毕业要求的,报经学校批准,可换发毕业证书。

### 2. 改签《报到证》

毕业生在择业期内,与原就业单位解除劳动关系后或已派遣回生源所在地而又跨省、市联系到接收单位,可以申请改签《报到证》。符合改签条件的毕业生,必须提供以下证明材料:

● 个人的改签申请。

● 已签订过《就业协议书》的毕业生,须由原接收单位或毕业生就业工作部门出具改签意见。没有签订过《就业协议书》的省内生源被介绍回生源所在地并且在本地未就业的,在择业期内跨省、市联系到接收单位的,省辖市毕业生就业主管部门不再签署同意改签意见。

● 与新接收单位签订的毕业生《就业协议书》或接收函。有主管部门的接收单位须征得上级主管部门同意,到省直行政事业单位的必须同时出具《机关事业单位增人计划卡》。

改签手续为先由经办人初审,再由主管部门领导审批,然后办理改签手续,最后由负责印章管理的同志盖章。

### 3. 有效证件丢失后的补办程序

(1)报到证、毕业证书等证件遗失

因学生不慎将《报到证》、毕业证书等证件遗失的,可以按以下方法进行补办:

●《报到证》遗失的毕业生,须由本人提出申请,在省级报刊上登"遗失声明",同时毕业生就业主管部门(或用人单位)和学校出具《遗失证明》。在择业期内,由学校统一办理，重新补发新证，并在备注栏里注明“遗失补发”；超过择业期的，不再补发新证，只开具《遗失证明》。

● 《毕业证书》丢失的毕业生，按照国家规定，高校毕业生《毕业证书》遗失后，可以申请补办《学历证明书》，不再补发《毕业证书》，《学历证明书》具有与《毕业证书》同等的效力，是由国家教育部统一印制的，内容与《毕业证书》基本相同，盖学校印章并编号。《学历证明书》的补办也有一定的程序。《毕业证书》丢失后，先登报声明原《毕业证书》作废，并向学校写出证书补办的申请，写清自己的入学时间、毕业时间、所学专业、年龄、性别和现工作单位等。毕业学校对其情况核查无误后，将其中申请材料和录取审批表材料报至省教育厅主管部门。省教育厅主管部门审核后，可补发《学历证明书》。由毕业学校具体办理并加盖印章。

(2)户籍关系遗失

户籍关系不慎遗失的可以按以下方法进行补办：

● 本人写出申请，写清楚证件丢失的原因，证件迁往的地点及编号。

● 由迁往所在地乡镇户籍关系管理部门以及县以上户籍关系管理部门出具未入户的证明。

● 到学校户籍关系管理部门申请补办，并填写《户籍关系补发审批表》。

● 由户籍关系迁出部门依据迁出原始材料，核实无误后，给予审批补发，并在补发证件上证明原号码的证件作废。

## 思考题

1. 就业管理部门的一般工作程序是什么？
2. 《就业协议书》的内容有哪几项？
3. 简述劳动合同的法律特征。
4. 人事代理的服务内容是什么？

# 10 第十章　投资理财基本知识

## 本章概述

如今各类理财投资产品日趋呈现出多元化的格局，但是这些理财投资产品各有什么特点？如何选择适合自己的投资品种？采取什么样的投资策略和技巧，才能使自己的收益最大化而风险最小化？学习和掌握这方面的基本知识则是做好一生投资理财规划的第一课。

## 内容点击

- 财富和投资概述
- 投资理财产品分类知识
- 投资理财谋略与技巧

## 案例导读

2007年，玩股票、炒基金的人和疯了一样，小度周围的同事和朋友见面第一句就是赚了多少钱？某某基金买了吗？似乎到了一个全民疯狂投资理财的年代，因为物价上涨太厉害了吧？可能老百姓都在年初品尝到了中国经济高速发展的成果了吧？猪年是什么都涨了，证券市场也涨了。

小度从1996年开始炒股票，最早入市是1995年，大学一年级只是开了户头，并没有实际操作，真正赚钱是从1996年大学二年级开始。赚钱的原因不是小度学的是经济管理专业，具备一定的投资理财知识，而是纯属巧合。

资金是从父亲那里借来的10万元启动金，小度当时对股票一窍不通，就是哥哥们都是多年股票玩家，他们对小度说女人天生有第六感，运气特别好，一定成。当时小度是个穷学生，每个月400元的生活费，想买点漂亮衣服都得存好几个月，还要向哥哥们伸手，感觉没钱真难受。所以应了那句古话，无知才能无畏，小度的底线就是10万元都赔光了，上班以后慢慢还给老爸。不怕输，这就是年轻的资本，可以重新来过。

就在一代伟人邓小平同志逝世的当天上午，证券市场所有的股票全部跌停，满目都是绿色，小度全然不懂得信息和利空，下午以外行大无畏的精神，10万元全部买进深发展股票，以19.04元买进，是别人推荐买的，小度对那个人有信心，对自己就更有信心，所以在别人呆若木鸡的眼光中，小度胜利地摆摆手，回家睡觉了。

此后开学，股票就一放两个月，等小度拉着同学再次走进证券市场，小度的股票已经40多元了，小度毫不犹豫地卖了它，拿着净赚的10万元，小度又全部买进深科技，这只股票小度什么都不懂，那一年就是互联网创造神话的最火的一年，小度就是凭着直觉做，居然比深发展带来的利润还要大，其实当时股价已经很高了，但是那一年就是不怕高，越高越有人追风，小度又将借哥哥的10万元钱全部再次地投进去，幸运的是，小度又赢了，30万元就这么搞定了。

一年后，小度连本带息地把钱还给了爸爸，以10%的利息还的，多了爸爸也不要。至此休息了几个月，因为小度的一门功课被亮了红灯，小度觉得很耻辱，就很少去玩股票了。不过说实话，两年后股票市场就不大好了，虽然也不时得到消息，说哪个股票重组了，现在买就赚钱，结果买了，没捂住，最后还赔了点钱，如此反复几次，有赔有赚，再也没有1996年上半年那么好的运气，空手套白狼的时代过去了。

1999年小度大学毕业后也又玩过一个月的股票，但行情不大好，被套了10万元，就此彻底休息了，也不去割肉，也不去看，全心全意投入工作了。这期间小度用钱买了邮票，不用说，邮票其实也是一种低风险高回报的投资渠道，当时买的都是低于市价的小型张。因为在大学里选修的是集邮课，对这个投资，小度具备基本知识，有把握。投资成绩是，投3万挣了3万。

2002年小度决定买房子，当时北京的房价不是很贵，大多数人都期待着单位分房子，小度总感觉很难分到，因为上班时间短，级别也不高。于是就把自己早先挣的钱拿出来，买了一套三居室，自己一个人住还很宽敞，家里人来了也都说好，乐了好久。

2004年工资大幅度提高以后，小度追时髦又换了一套130平方米的大房子，前面房子出手赚了5万元，算是小赚一把，实际投资有误，如果旧房子不卖而是出租，新房子用贷款，那么到了2006年，小度的纯利润就会翻了一倍，早卖损失了一套房子的钱。

一直到2006年10月，小度都没再做过投资理财。2006年11月份的时候，小度认识一个“驴友”，做理财经纪人的，他每个月要有5万元的业绩，又是新去的公司，完成不了任务就要失业，当时心存帮他一把的心理，小度在他的公司做了10万元的理财。结果没出3个月，他就告诉小度已经升值了40%，那个时候正是股票飙升的时刻，可小度居然没意识到此行情，要不是无心插柳，就错过发财的机会了。

2007年下半年，小度果断地把自己手头的钱都买了基金，不用多说，钱生钱比人生钱快多了，资本时代的人还得抓住大环境和机会，否则资本的积累靠着工资，不知道得挣几十年。

小度认为，年轻的时候不可用金钱去享受，应该拿着钱去投资，让它升值。女孩子更要会理财，只有欲望够大，才会想办法多赚钱，将来成家了，更是先生的得力助手，有利于家庭幸福。一心盼望将来靠谁去奢侈，可没那么多的钻石王老五甘心让你去享受他的辛勤劳动果实。

小度总结，女人和男人一样，也需要积累资本，也需要理财，如果单纯幻想着嫁个有房有车有存款的“款”男，去享受物质生活，不如做个聪明女人，自己创造美好生活。这样也可以找一个自己爱和爱自己的男人，不必为米面油盐而操心，纯粹就是享受爱情和生活，没必要为钱降低自己对男人的品味。

**思考：**你同意小度的挣钱观吗？

## 第一节 财富和投资概述

### 一、财富和投资的概念

#### 1. 财　富

1995年，世界银行公布的财富概念中，包含了“自然资本”、“生产资本”、“人力资本”、“社会资本”四大要素。这是广义的财富的概念。而具体到个人，我们所指的财富，无外乎两个意思：

● 一方面是指财产，各种能给其所有者带来实际的价值利益的有形或无形的资金、资产。有形资产是指所有者所持有的现金、债券、股票、基金、外汇、经济实体以及房产、车辆、贵重金属（黄金等）、文物、珠宝等。而无形资产就是各种知识产权等无法用货币的尺度进行精确地评估的资产，如所有者掌握的专利技术、版权等。

● 另一方面是指本身不具备实际价值，但通过某些方式的运作，可以产生实际价值的东西。如广泛的社交关系、被承认的荣誉、丰富的学识经验、良好的个人形象等，这些东西不能用具体的货币单位来衡量其价值，但实际上它也是财富的一部分，通过它可间接转化为普通意义上的钱财。比如通过良好的个人形象、广泛的社交关系，可以促进、加快和完成某一项经济活动的进程，从而获得相应的报酬。在这个过程里面，无形的东西（个人形象、社交关系）就被转化为有形的货币财产（相应的报酬）。甚至从某种意义上来说，这些无形的东西可能比普通的财产更重要。

#### 2. 投资的概念

投资是指牺牲或放弃现在可用于消费的价值以获取未来更大价值的一种经济活动。简单来说，投资也是一种支出，是一种可以在未来的某个时期获得总价值超出原有价值的经济活动。我们现在要解释的是个人投资，或者说叫家庭投资。投入一定的本金，在未来能增值或获得收益的所有活动都可叫做投资。

个人投资的种类有很多，股票债券的交易、房地产买卖等，不一而足。

个人理财和投资的关系是：投资是个人理财活动的一部分，个人理财包括投资在内的多种形式和内容。

#### 3. 家庭理财的概念和目的

在家庭投资理财中，家庭是家庭财产的所有者。以家庭为单位进行各种投资，使家庭财产有效地保值和增值，从而达成家庭的各种生活目标，就叫做家庭理财。

换言之，家庭理财就是确定阶段性的生活与投资目标，审视自己的资产分配状况及承受能力，根据专家的建议或自己的学习，调整资产配置与投资结构，及时了解资产状况及相关信息，通过有效控制风险，实现家庭资产收益的最大化。

个人也作为家庭的特殊形式之一，所以个人投资理财也应该归纳到家庭投资理财的范畴中去。

## ☞ 二、制定财务发展规划

职业的核心功能之一是提供合理的报酬，而报酬的高低常常是个人职业选择的重要依据，也是个人能否获得较大职业满足的重要依据，是社会对人才价值进行判断的重要标准，也是激励人们朝着社会发展需要方向流动的重要手段之一。

### 1. 制定财务发展规划的必要性

个人在职业发展过程中，如果只对职位的晋升有规划，而没有对职业的回报做出合理的预期，是很不完善的职业规划。要学会理财，对一生的财务进行妥善的管理和安排。预测收入，安排支出，有条不紊，使一生的幸福生活和安全自由有着可靠的物质保障。

"能挣会花"是合理的理财之道。在个人能力所涉及的范围内，在不影响健康、道德及生活理念的前提下，能够尽可能多地获取职业劳动报酬，这就是"能挣"。能够合理地安排渐渐提高的生存需要、安全需要、富足生活需要、自我实现需要的开支，较大程度地使个人多方面的需要都能够得到满足，这就是"会花"。

在现实生活中，有吝啬的百万富翁，也有挣钱不多花钱如流水，今朝有酒今朝醉的流浪汉。前者模糊了生命的本意，误将"积累财富"当做生活的全部意义；而后者忽略了生活的责任，缺乏基本的理财技能。

有些人心理上讨厌钱，感觉事事谈钱很俗气；还有一些人认为财务管理很复杂，感觉自己缺乏财务管理技能，管不好个人财务；另外一些人干脆委托别人代管个人的财务，总认为有了一些财务专家的管理，财务方面就一定安然无事。

应当清楚，一个人的财务对个人来说是生死攸关的。因此，更需要有明确的财务发展规划的目标，要有认真的计划。个人财务管理并不是想象中的那样困难、复杂，个人的财务一定要亲自管理。

### 2. 财务管理的有效方法

财务管理的有效方法是编制个人财务管理计划，该计划可分为收入计划和支出计划，也要分短期计划和长期计划，这是职业发展规划的重要组成部分。

收入计划反映的是个人对各个时期收入水平的期望和规划，就业之初，收入水平较低，随着时间的延长、个人职位职务的提高，收入也相应增加，当达到一定的水平时，就趋于基本稳定。

支出计划反映的是个人对各个发展阶段花费的预算。如：学习培训阶段和就业初期，要满足基本的生存需要和进修、提高、社交、安全的需要。这一阶段的花费占据了开支的主要部分，而且会逐渐上升；当职业发展到一定的阶段，花费也相对稳定；达到富足生活之后，基本上保持较为稳定的花费水平，并开始有所下降。

初期花费往往高于收入，以后的收入会高于花费。两者相等的点，就是收支的平衡点。在平衡点之前的时期，是个人为了获得基本的生活、安全及职业发展需要必需的借贷期。

### 3. 制定一生的财务计划

制定一生的财务规划就是要根据个人的职业发展提供的职业报酬(收入)和满足个人生存需要、安全需要、富足生活需要、自我实现需要等所需求的合理花费编制出的财务计划，将财务计划用曲线来表示就得到财务计划曲线。

(1)一生财务曲线的类型

个人的财务习惯及管理方式不同,一生财务曲线的形式就有所差别,但如果进行适当的归纳、整理,除去继承遗产、彩票中奖等特殊情况,大致可以得到表10-1所示的六种类型。

**表10-1 财务曲线的六种类型**

| 类型名称 | 曲线特征(基本特点) |
|---|---|
| 正常型 | 收入稳步增长,最终稳定在较高水平,花费适度增加,最终维持在合理水平,有盈余存款 |
| 赤字型 | 收入稳定增长,稳定在较高水平,但花费始终高于收入。花未来的钱,无盈余存款 |
| 幸运型 | 收入大量增长,花费合理增加,有大量盈余存款,生活富足、舒适 |
| 吝啬型 | 收入增长明显,花费却逐渐萎缩,维持在较低水平。大量存款,生活吝简 |
| 挥霍型 | 收入稳步增长,并稳定在合理水平,花费过量增加,超过收入水平。有明显亏欠金额,生活奢华、浪费 |
| 灾变型 | 收入先增长,受灾变打击急剧下降到正常花费水平,有明显亏欠,生活艰难 |

许多美国人受美国社会风气的影响,具有赤字型的财务曲线,依靠良好的信用提前获得满足富足生活需要所需的金钱,通过一生的职业活动不断清偿预支的款项。往往是一生职业发展的积累,也未能完全清偿,留下赤字。

很多中国人受中国传统文化及社会习惯的影响,以积蓄节俭为美德,量入为出,具有正常型的财务曲线。但过分的节俭有可能转为吝啬。转变观念,合理消费,对个人和社会都有利。

幸运型与灾变型是社会上幸与不幸的人所具有的财务曲线,幸运可遇而不可求,灾变有时非人力所能控制。

吝啬型与挥霍型是由不同的生活习惯和态度分成的两种极端的花费金钱的方式,他们都有正常甚至较丰厚的收入。但吝啬的人视存钱本身为生活的意义,节省一切开支,过着一种斤斤计较、有大量存款却吝啬的生活。挥霍的人却与之相反,花钱如流水,用高额的金钱花费维持浮华,花费的增长或稳定的花费水平远远超出收入水平。财务是为人生追求服务的,它本身绝不是人生追求。让财务在实现人生追求、取得更大职业成功的道路上,发挥出积极、有效的作用,是财务计划与管理的目的。在上述六种类型中,正常型和赤字型的财务曲线较为合理。

(2)编制个人收入计划

个人收入计划与职业发展密切相关,将个人一生职业发展不同阶段的预期收益按照时间顺序编制出来,就形成了个人一生的收入计划,把它绘制在"收入—时间"的坐标上,就得到个人一生的收入计划曲线。

(3)编制个人花费计划

个人花费计划一般以年度花费和阶段花费为主编制,在当前年度应该编制月花费计划甚至周花费计划。编制个人花费计划,能使人很清楚地预计生活各个时期的花费需要,从而早做安排、应对自如。

花费与收入有联系,但没有必然的对应关系。应当说,花费更多地受到人们行为习惯、生活方式及价值观念的影响，花费与人们不断产生的需要有直接的关系。编制个人一生花费计划，能够帮助人们理性消费，贫不失志，富不乱性。

## 相关联接

**投资理财的时机越早越好**

扫码阅读

## 三、理财的步骤

### 1. 明确理财目标

每个人都会有不同的愿望，比如需要去国外旅行，需要一所更大的房子等，而这些愿望都是一些很模糊的概念，并不是周密而详细的计划。那么，家庭理财开始的第一步，就是将愿望转化为一个合理的理财目标。

理财目标的特点具有可量化的检验性和时效性。比如，我需要在十年（时效性）的时间内使我的财富达到 50 万（可量化的检验性），这个目标就具有了以上的两个特征。

目标的确立，首先要明白自己具有多少愿望。请和家人一起一一列举出这些愿望。有些愿望是不具备可能性的，比如“我在一年内要成为中国第一首富”之类，明显是一个遥不可及的愿望，那么这样的愿望就应该排除，只列举出具有实现可能的那一部分。

下一步就是把这些愿望逐步量化，比如我想更换一处更宽敞的住房，那么确定其地段、面积等参数之后，大致可以得到一个量化的金额，这就是基本的理财目标。将所有的愿望都进行量化以后，那么实现你全部愿望的总金额就明确了。实现全部的目标是一个远期目标，甚至可能要花掉整整一生的时间来完成。我们必须分阶段来逐步完成所确立的各个目标。

然后围绕每一个具体的目标，制订详细的理财计划，使其具有实现的可能性和行动的方向性。比如每月储蓄的金额，每年投资的收益等。

同时，理财目标的确立必须与家庭的经济状况与风险承受能力相适应，才能确保目标的可行性。确立了阶段性的理财目标之后，理财活动才能有条不紊地进行。

### 2. 客观评估自己的资产

进行家庭资产的评估，其目的是为了使自己能更清楚地了解家庭资产的总额、家庭月收支额度等信息，掌握家庭财务状况，以分析理财投资的能力和投资的方向。

家庭资产是指家庭成员所共同合法拥有的全部现金、实物、投资、债权、债务等以货币进行量化之后的净值。

信誉、学识、社会地位等无形的东西，虽然也属于财富的一种，但无法对其以货币进行量化，所以在理财活动中，不将其归纳为资产的范畴。

家庭资产的评估包括以下几个方面：

- 固定资产（家居物品、收藏品、房产、汽车）。
- 金融资产（现金、活期存折、信用卡、股票、基金、外汇、债券、保险、其他投资）。
- 债权资产（债权类项目）。

将以上所列举的项目以货币进行量化之后，得出的净值就是家庭实际资产总额。

**3. 计算家庭收支及损益**

家庭收入是扣除应缴纳的税款之后的纯收入，一般来讲分以下几个类别：

- 常规收入（工资、奖金、补助、福利等）。
- 经营收入（房租、佣金等）。
- 投资收入（股票、基金、债券等）。
- 偶然收入（彩票等）。

家庭支出是所有以现金或信用卡等方式支付的货币总额，一般来讲可分为以下几个类别：

- 日常支出（饮食、服装、水电、交通、通信、赡养等）。
- 投资支出（股票、基金、外汇、债券、存款、保险等）。
- 意外支出（医疗、赔偿等）。
- 消费支出（旅游、保健、购物等）。

以上关于收入支出的归类不一定全面，根据个人实际情况可能有所差别。将家庭收支按类目进行归类整理，是进行家庭资产管理的第一步。

家庭损益是指阶段时间内，家庭的收支及余额等财务状况，通常可以用报表的形式表现出来，这就是收支损益表。通过这张表，可以了解到一段时间内的资金流入或流出情况，在下一个周期制订相应的财务计划，从而科学地控制资金的流动，达到理财的目的。

**4. 选择适合自己的投资项目**

为理财目标投资，选定适合你的投资项目和策略，例如，为了买房，你选择在某段时间内储蓄多少钱，或是在某段时间内投资某个生意获得较理想的回报。

不同的投资人会有不同的投资风格，大致可分为以下几类：

- 风险型投资者，愿意接受高风险以期获得高回报；
- 普通型投资者，愿意接受正常的投资风险以期获得高于一般标准的回报；
- 保守型投资者，几乎不愿意承担风险，这种投资者选择的投资方式一般是银行利息。一般只能选择储蓄投资方式。

风险承受能力的判定标准有两个，一个是家庭财务状况，另一个是心理承受能力。根据对风险的承受能力，可以选择不同的投资方式和投资项目。

**5. 筹集资金**

通过家庭资产的评估，收支项目的制定，投资项目的确定后，可以筹集家庭资产中可用于投资的资金，不仅仅是你可动用的现金，还可以通过举债方式筹集，当然，你举债的额度必须在你可以承受的范围以内。

借贷的方式很多，比如通过亲友或者通过银行贷款等。借贷的金额可根据你的现阶段财务状况、期望年度收益、投资项目的需求等几方面进行综合评定。借贷过程中需注意两个方面，一方面是注意借贷的合法性，理财不同于投机，所以保证经济往来对象的可靠性是很必要的；另一方面是贷款资金的投资收益应大于利息收益，否则借贷就没有意义，反而会浪费时间和精力。

**6. 金融机构的选定**

理财活动离不开金融机构，各个金融机构也有专门针对个人提供的服务，在不同的金融机构中选定最适合自己的机构，会使理财活动更加有效地进行。

**知识库**

**各类金融机构介绍**

扫码阅读

**7. 理财的管理**

在有条件的前提下，选择可靠的管理软件对全部理财活动进行管理。

管理内容包括阶段性财务计划的制订、日常的财务记录(收支记账)、定期的各项财务状况查询(收支一览、投资损益等)、实时的财务数据统计等方面。

**小锦囊**

**理财应注意的几个方面的问题**

- 坚定理财信心，切忌半途而废；
- 提高理财技巧，在实践中学习，尽量阅读相关书籍；
- 总结理财经验，温故知新，掌握理财动向；
- 强化风险意识，分析形式，规避风险；
- 遵循理财规范，不投机，不冒进，冷静投资，科学管理。

## 第二节　投资理财产品分类知识

### 一、基　金

基金(投资基金)又称共同基金或单位基金，是一种通过发行收益单据，将社会投资者的资金集中起来由证券投资专家利用专业和经验，将其应用于证券市场，所得收入和风险由不同投资者按不同投资比例分享和承担的投资方式。

## 1. 基金分类

(1)按组织形式分类

● 契约型基金:又称单位信托基金,是指由委托人、受托人、受益人三方订立基金契约,由基金经理管理公司根据契约运用基金财产,由受托人(一般是银行)负责保管信托财产,而投资成果则由投资者享有的一种基金。

● 公司型基金:是指按公司法组建的投资基金,投资者购买公司股份即为认购基金,也就是公司的股东,凭其持有的基金份额享有投资收益。

(2)按变现方式分类

● 开放式基金:是指基金单位总数不固定,发行者可根据经营策略和发展需要追加发行,投资人可根据市场状况和投资决策赎回(卖出)所持有份额或者扩大份额。赎回价格指目前基金单位净值扣除手续费后的价格。开放式基金将是以后投资基金的主流。

● 封闭式基金:是指基金发起人在设立基金时,限定了基金单位的发行总额,筹集到这个总额后,基金即宣告成立,并进行封闭,在一定时期不再接受新的投资。如果原投资者需退出或新投资者需加入,可通过交易所进行市场买卖交易。

(3)按投资对象分类

● 股票基金:以股票为投资对象。

● 债券基金:以债券为投资对象。

● 货币市场基金:以国债、大额银行可转让存单、商业票据、公司债券等短期有价证券为投资对象。

● 期货基金:以各种期货品种为主要投资对象。

● 期权基金:以能分配股利的股票期权为投资对象。

● 指数基金:以某种证券市场的价格指数为投资对象。

● 认股权证基金:以认股权证为投资对象。

(4)按投资目标分类

● 成长型基金:追求资本的长期成长为其投资目标。

● 收入型基金:追求当期高水平的收入为其目标。

● 平衡型基金:既要获得当期收入,又要追求长期成长的一种综合平衡性的基金。

## 2. 基金的特点

● 支持小额投资:投资基金就是把零星资金汇集成巨额基金,以便参与到各种投资市场,投资者通过基金的分红来享受投资收益。所以投资基金有利于小额资金的投资。

● 操作简便:投资者直接投资于各种证券、债券市场时,需花费大量时间和精力对信息进行收集、分析,以及完成各种交易操作,增加了投资成本;另外,由于个人投资者信息资源有限,有可能做出错误的投资决策。投资基金免除普通投资者繁杂的操作流程,还可提高投资效率。

● 专业优势:相对于普通投资者,基金管理人更熟悉投资理论,并且具有丰富的操作经验和广泛的信息渠道。

● 间接组合投资:投资基金可选择投资到多个行业、领域、品种上,间接完成投资组合,降低投资人的风险。

● 变现性强：开放式基金可直接买卖，封闭式基金可通过交易所进行买卖，变现能力高于定期储蓄和债券等投资方式。

● 风险并存：风险与收益并存的原则同样适用于投资基金，市场变化、人为炒作、管理人业绩、管理人品德、同行竞争等因素，均可导致基金风险。

● 交易成本：基金的交易也要收取手续费，因此，短期投资基金会因交易频率过高而导致投资成本增加。

● 巨额回赎：如投资者受某些信息影响而同时进行回赎（相当于挤兑），会影响基金投资策略，同时影响投资者的预期收益无法保证。

### 3. 基金的经营机构

● 投资人：投资人是基金的持有人和出资者。基金投资人也是受益人，是基金资产的最终拥有人，享有基金资产的一切权益，并对资产负有限责任，即一切投资风险均由投资者自行承担。

● 基金管理人：负责基金的发起、设立和经营管理的专业性机构，也就是基金管理公司。主要任务是依据合约制订基金投资计划，目标是使投资者的资产效用最大化，基金管理人按基金资产总值提取一定比率的管理费，但并不实际接触基金资产，基金资产由基金保管人持有。

● 基金保管人：是基金名义保管和持有人。为保障投资者利益，防止基金被管理人任意用做其他用途，基金保管人（公司）应运而生，使投资者的利益得到保障。目前，基金保管人一般由银行承担。

● 基金承销人：市场上的基金买卖通常不由投资人直接向基金管理人购买，如同消费者通过零售商购买商品一样，投资者购买基金应通过基金承销人来进行。基金承销人一般由银行、证券公司或信托投资公司担任。

在投资基金的四个方面的当事人中，投资人的利益始终是第一位的，是其他当事人运作的核心，各方当事人的运作目的就在于使基金投资人的利益最大化。



**小锦囊**

**投资基金要点**

扫码阅读

## 二、储　蓄

储蓄是指个人将属于其所有的人民币或者外币存入金融机构的存款。提供储蓄服务的金融机构主要是各商业银行、信用合作社、邮政储蓄机构等。

根据存取的手段来看，有存折、存单、借记卡、信用卡、个人支票等。

根据存期不同，储蓄分为活期、定期。定期又分为整存整取、零存整取、存本取息、整存零取、定活两便、通知存款等。

根据币种不同，储蓄分为本币（人民币）和外币（美元、英镑、欧元、日元、港币、瑞士法郎等）。

**1. 储蓄分类**

● 活期储蓄：是指不确定存期，可以随时存、取款，并不限定金额的储蓄方式。

● 定期储蓄：通常意义上所说的定期就是指整存整取，它是一种约定了存期，以整笔存入，到期一次性支取本息的储蓄品种。

● 定活两便：定活两便其实是活期的一种，只是较之活期，利息计算上更有优越性，当选择存定活时，存款不用像定期一样约定存期，可以随时支取，也不用提供证件，可以说是活期和定期的一种综合。

● 整存零取：整存零取是一种比较新的储蓄品种，是指将本金一次性存入，分次支取本金的一种储蓄。

● 零存整取：是指约定了存期（一般是一年期、三年期、五年期），每月固定存款，到期一次性支取本息的一种储蓄。

● 存本取息：是指一次性存入本金，在存期内每次（月）支取利息，到期一次提取本金的一种储蓄。

● 通知存款：是指一次性存入，不需要约定存期，可分次支取的一种储蓄方式。分一天通知和七天通知两种，提前一天或七天通知支取存款，可享受优惠利率，如未通知而支取，支取部分按活期利率计算。

**2. 储蓄相关知识**

● 利息：任何储蓄均会有利息，应视为投资回报的一种。利息收入的金额由存入本金金额、储蓄种类、存期长短、相应利率等决定。

● 利率：不同时期的利率可能会因国家调控等因素有所改变，具体数据参照银行公布内容。

● 利息税：国家按储蓄的利息收入而征收的所得税，当前税率为20%。有些储蓄属于国家免征利息税的范畴，如国债、教育储蓄存款、金融债券等，以及其他免税储蓄类型。

**小锦囊**

**储蓄技巧**

扫码阅读

## 三、债　券

债券是指由社会各类经济主体为筹资而向债券投资者出具的，按一定利率支付利息和到期偿还本金的债权债务凭证。债券的基本要素：发行主体、票面价值、价格、本金、偿还期限、偿还方式、收益率。

**1. 债券分类**

(1)按偿还与付息方式

● 定息债券:债券票面附有利息息票,通常半年或一年支付一次利息,利率是固定的。又叫附息债券。

● 一次还本付息债券:到期一次性支付利息并偿还本金。

● 贴现债券:发行价低于票面额,到期以票面额兑付。发行价与票面额之间的差就是贴息。

● 浮动利率债券:债券利率随着市场利率变化。

● 累进利率债券:根据持有期限长短确定利率。持有时间越长,则利率越高。

● 可转换债券:到期可将债券转换成公司股票的债券。

(2)按发行机构

● 国债:由中央政府发行的债券。信用高。

● 地方政府债券:由地方政府发行,又叫市政债券。信用、利率、流通性略低于国债。

● 金融债券:由银行或非银行金融机构发行。信用高、流动性好、安全,利率高于国债。

● 企业债券:由企业发行的债券,又称公司债券。风险高、利率高。

● 国际债券:国外机构发行的债券。

(3)按担保性质

● 抵押债券:以不动产作为抵押发行。

● 担保信托债券:以动产或有价证券担保。

● 保证债券:由第三者作为还本付息的担保人。

● 信用债券:只凭发行者信用而发行,如政府债券。

**2. 债券的四个特点**

● 偿还性:债务人必须在规定的偿还期限内如期向债权人支付利息,偿还本金。

● 收益性:债券的利息收入一般高于银行储蓄。同时还可通过债券市场(或证券市场)进行低买高卖获得价差。

● 流通性:债券可在偿还前通过市场进行转让,或者通过金融机构进行抵押贷款。所以流动性较好,但相对来说比储蓄略差。

● 安全性:债券的安全性比较高,除储蓄外,一般比其他投资品种的风险要小。

**3. 债券的功能**

此处所说的功能是指相对于国家和各发行主体的经济发展而言,具有如下功能:

● 融资功能:债券市场是金融市场一个重要的组成部分,它可以使资金的供需双方互通有无,为资金不足者筹措资金。

● 资金流动导向功能:效益好的单位发行的债券风险小,受投资者欢迎;效益不好的单位发行的债券风险高,即使利率较高,也不是很受投资者欢迎。因此,通过债券市场,资金得以向优势企业集中,从而有利于资源的优化配置。

● 宏观调控功能:国家中央银行作为货价货币政策的制定和实施部门,主要依靠存款准备金、公开市场业务、再贴现和利率等政策工具进行宏观经济调控。其中,公开市场业务就是中央银行通过在证券市场上买卖国债等有价证券，从而调节货币供应量，实现宏观调控的重要手段。

**4. 债券风险**

投资债券同样也存在风险，如信用风险、利率风险、通胀风险、收回风险、税收风险、政策风险等。相对而言，信用风险是比较值得注意的一个方面。中国人民银行规定，凡向社会公开发行的债券，需由人民银行指定的资信评估机构进行评估。我国证券交易规则规定，企业信用必须在A级以上才有资格向社会公开发行债权。在此简单介绍一下关于债券的评级标准。

- AAA：最高级，保证偿本付息。
- AA：高级，偿本付息能力高。
- A：中上级，具有较高的偿本付息能力，但易受经济变化影响。
- BBB：中级，具有偿本付息能力，但需一定保护措施，一旦有变，偿本付息能力削弱。
- BB：中下级，具有投机性，不能认为将来有保证，对本息的保证是有限的。
- B：下级，不具备理想投资条件，偿本付息能力极小，有投机因素。
- CCC：信誉不好，可能违约，危及本息安全。
- CC：高度投机性，经常违约，有明显缺点。
- C：等级最低，经常违约，根本不能进行投资。

**5. 债券投资原则**

- 收益性原则：企业债券存在是否能够按时偿本付息的能力风险，作为对承担这样风险的回报，企业债券的收益率要比政府债券要高，在对风险进行分析后，选择收益性最好的债券进行投资。
- 安全性原则：和收益性原则相对应，收益性越好的债券其风险越高，确定收益和风险的对比，选择最合适的品种进行投资，以保障资金安全。
- 变现性原则：债券本金的回收速度较慢，选择的债券品种应该能以相对较快的速度转化为现金，而债券的总体价值尽可能地不受到损失。信用等级高的债券的变现性强，反之则弱。如国债、政府债券等上市后即可转让，变现性就强，而小公司发行的债券的变现性就要差得多。

**6. 债券投资策略**

- 提高资金利用率：在发行期的最后一天购买，在兑付期的第一天兑现，可适当减少资金的占用周期。
- 获取差价：上海证券交易所和深圳证券交易所的债券价格是不相同的，利用这个价差有可能赚取一定利润。另外，不同地区之间债券的价格也是有差价的。
- 新旧替换：在发行新的债券的时候提前卖出原有的国债，腾出资金购买新的债券，比等待到期兑付所得的收益要高，但前提是必须比较相对的价格和利率，确定有增加收益的可能性之后才可以执行。
- 国债优先：由于国债相对同期的定期储蓄收益要高，相比可优先选择国债。
- 分散管理：按种类、时间、兑付日、行业、区域对债券进行分散投资，可降低风险。

## ☞ 四、股　票

按照经济学的观点，股票是指买卖生产资料所有权的凭证。简单的来讲，股票就是股份公司发给股东作为已投资入股的证书与索取股息的凭证。投资者可将自有货币资金投向一家或几家企业，以博取股票价格之差或者预期的企业未来收益。

### 1. 股票的特性

● 债权性：股票作为产权或股权的凭证，是股份的证券表现，代表股东对发行股票的公司拥有一定的债权。股东的权益与其所持股票占公司股本的比例成正比。

● 无期性：股票投资是一种无确定期限的长期投资，只要公司存在，投资者一般不能中途退股。

● 流通性：股票作为一种有价证券可作为抵押品，并可随时在股票市场上通过转让卖出换成现金，因而成为一种流通性很强的流动资产和融资工具。

● 风险性：股票投资者除获取一定股息外，还可以在股票买卖中赚取买卖差价利润。但投资收益的不确定性又使股票投资具有较大的风险，其预期收益越高风险越大。

● 法定性：股票需经有关机构批准和登记注册，进行签证后才能发行，并必须以法定形式，记载法定事项。

### 2. 股票分类

● 普通股：是指在公司的经营管理和赢利及财产的分配上享有普通股权的股份，代表满足所有债权偿付要求及在优先股东的收益权与要求偿权要求后对企业赢利和剩余财产的索取权，它构成公司资本的基础，是股票的一种基本形式，也是发行量最大、最为重要的股票，目前在上海和深圳证券交易所上市的所有股票都是普通股。

● 优先股：指相对于普通股具有某些优先权的股票，主要体现在两个方面：

第一是有限拥有固定股息，不随公司业绩好坏而波动，并先于普通股股东领取股息；

第二是当公司破产进行财产清算的时候优先股股东对公司的剩余财产有先于普通股股东的要求权。但优先股一般不参与红利分配，持股人也没有表决权，不能借助表决权参与公司的经营管理。因此，优先股与普通股相比，虽然收益与决策参与权有限，但风险较小。

● 绩优股：指业绩优良的公司的股票，投资价值和投资回报都较高。

● 垃圾股：指业绩较差的公司的股票，投资风险较大。

● 蓝筹股：指在其所属行业内占有重要的支配性地位，业绩优良、成交活跃、红利丰厚的大公司的股票。

● 红筹股：这一概念诞生于20世纪90年代初期的香港股票市场，由于中华人民共和国在国际上有时候被称为红色中国，因此中国香港和国际投资者把在境外注册，在香港上市的那些带有中国内地概念的股票称为红筹股。

### 3. 其他形式股票分类

● 国有股：指有权代表国家进行投资的部门以国有资产向公司投资形成的股份，国有股不能上市流通。

● 法人股：指法人或具有法人资格的事业单位或社会团体以其依法可经营的资产向公司非上市流通股权部分投资所形成的股份。

● 社会公众股：是指我国个人或机构，以其合法财产，向公司上市流通股权部分投资所形成的股份。

● A股：指由我国境内的公司发行，供境内机构组织和个人（不含港澳台投资者）以人民币认购和交易的普通股股票。

● B股：指以人民币标明面值，以外币认购和买卖，在境内（上海、深圳）交易所上市的股票。

● H股：指注册地在内地，上市地在香港的外资股；以此类推，在纽约上市的叫N股，在新加坡上市的叫S股。

#### 4. 股票投资方式

股票投资可分为长期、中期、短期。

从一般炒股的意义上来说，我们可以把长期定为半年、一年或更长一些时间，中期定为几周至几个月，短期则是看情况机动灵活而定，也许几天，也许几个小时，也许稍长一些时间。然后根据个人的时间、精力、意愿等来决定采取哪种方式。

### 五、外　汇

外汇有动态和静态两种含义：动态意义上的外汇，是指人们将一种货币兑换成另一种货币，清偿国际间债权债务关系的行为。这个意义上的外汇概念等同于国际结算。

#### 1. 静态意义上的外汇又有广义和狭义之分

(1)广义的静态外汇是指一切用外币表示的资产

我国以及其他各国的外汇管理法令中一般沿用这一概念。如在中国，根据1997年1月20日发布的修改后的《中华人民共和国外汇管理条例》规定，外汇是指：

● 外国货币，包括钞票、铸币等；

● 外币支付凭证，包括票据、银行存款凭证、邮政储蓄凭证等；

● 外币有价证券，包括政府债券、公司债券、股票等；

● 特别提款权、欧洲货币单位；

● 其他外汇资产。

从这个意义上说外汇就是外币资产。

(2)狭义的外汇是指以外币表示的可用于国际之间结算的支付手段

从这个意义上讲，只有存放在国外银行的外币资金，以及将对银行存款的索取权具体化了的外币票据才构成外汇，主要包括：银行汇票、支票、银行存款等。这就是通常意义上的外汇概念。

#### 2. 外汇交易分类

● 即期外汇交易：又称现货交易或现期交易，是指外汇买卖成交后，交易双方于当天或两个交易日内办理交割手续的一种外汇交易方式。

● 远期外汇交易：是指买卖双方按商定的汇价订立买卖合约，在约定日期进行交割的外汇买卖。一般是3个月或6个月才能取得现款。远期外汇交易的目的是为了避免汇率风险。

● 外汇期货交易：是指外汇买卖双方于约定时间，以交易所内公开叫价确定的价格，买入或卖出某一标准数量的外汇的交易活动。

● 外汇期权交易：指交易的一方(期权的持有者)拥有合约的权利，并可以决定是否执行(交割)合约。如果愿意的话，合约的买方(持有者)可以听任期权到期而不进行交割。卖方毫无权力决定合同是否交割。

另外，还有套汇交易、调期交易(换期交易)等。

家庭投资理财内容中具有实际意义的外汇投资渠道是个人实盘外汇买卖，它属于即期交易的方式。现在许多银行针对个人推出的外汇投资项目，就是这种方式。

### 3. 个人实盘外汇买卖

是指个人客户在银行进行的可自由兑换外汇(或外币)间的交易。个人外汇买卖一般有实盘和虚盘之分。目前按国家有关政策规定，只能进行实盘外汇买卖，还不能进行虚盘外汇买卖。

### 4. 汇率概念及报价方式

汇率又称汇价、外汇牌价或外汇行市，即外汇的买卖价格。它是两国货币的相对比价，也就是用一国货币表示另一国货币的价格。

(1)直接标价法

直接标价法也称应付标价法，是指以一定单位的外国货币(1 个或 100、1 000 个单位)为标准，计算应付出多少单位的本国货币。也就是说在直接标价法下，汇率是以本国货币表示的单位外国货币的价格。外汇汇率上涨，说明外币币值上涨，表示单位外币所能换取的本币增多，本币币值下降；外汇汇率下降，说明外币币值下跌，表示外国单位货币能换取的本币减少，本币币值上升。目前世界上大多数国家采用直接标价法，我国也采用直接标价法。

(2)间接标价法

间接标价法也称应收标价法或数量标价法，是指以一定单位的本国货币(1 个或 100、1 000 个单位)为标准，计算应收进多少外国货币。在间接标价法下，汇率是以外国货币来表示的单位本国货币的价格。若一定数额的本国货币能兑换的外国货币比原来减少，说明外国货币升值；若一定数额的本国货币能兑换的外国货币比原来增多，则说明外国货币的币值下跌，本国货币的币值上升。目前在世界上只有英国和美国等少数国家使用间接标价法。

### 5. 外汇投资策略

低买高卖：汇市要讲短、平、快，在做一笔交易前，最好设定一个目标位和一个止损位，每次赢利 1%～2%，按月计算，一年是多少。汇市不要贪，以平常心对待它，回报会很可观的，但这不是一朝一夕可以达到的，要逐步培养市场感觉。

(1)掌握规律

每月头一周的周三至周五，欧洲和美国会公布重要经济数据，此前切勿盲目入市。

一些币种波动有规律。英镑波动基本上是，如果上涨，一周内都是上涨行情；如果下跌，一周之内都下跌，操作上以一周为限。日元是赢利最快的货币，受消息面影响最大，一有风吹草动就有反应，建议快进快出。

(2)掌握基础知识

炒外汇要具备基本的经济、金融知识，了解相关的国际金融市场、投资市场的情况。

如主要国家每天的股市指数、世界主要债券、黄金和石油价格，以及相关的商品、期货市场等。把握各市场之间的资金流动，如国际股市与汇市之间的资金流动。

## ☞ 六、期　货

期货交易是一种集中交易标准化远期合约的交易形式。即交易双方在期货交易所通过买卖期货合约并根据合约规定的条款约定在未来某一特定时间和地点，以某一特定价格买卖某一特定数量和质量的商品的交易行为。期货交易的最终目的并不是商品所有权的转移，而是通过买卖期货合约，回避现货价格风险。

严格地说，期货投资具有较重投机的成分，并不适合家庭投资理财，因此我们只对期货进行简单介绍。

### 1. 期货分类

(1)商品期货

商品期货指标的物为实物商品的期货合约。商品期货历史悠久，种类繁多，主要包括农副产品、金属产品、能源产品等几大类。

(2)金融期货

金融期货指以金融工具为标的物的期货合约。金融期货作为期货交易中的一种，具有期货交易的一般特点，但与商品期货相比较，其合约标的物不是实物商品，而是传统的金融商品，如证券、货币、汇率、利率等。

### 2. 期货术语

熊市：处于价格下跌期间的市场。

牛市：处于价格上涨期间的市场。

套利：投机者或对冲者都可以使用的一种交易技术，即在某市场买进现货或期货商品，同时在另一个市场卖出相同或类似的商品，并希望两个交易会产生价差而获利。

投机：为获取大量利润进行风险性买卖，不是为了避险或投资。

买空：相信价格会涨并买入期货合约称“买空”或称“多头”，亦即多头交易。

卖空：看跌价格并卖出期货合约称“卖空”或“空头”，亦即空头交易。

交割：按交易所规定的规则和程序，履行期货合约，一方移交实物商品的所有权，一方支付等值现金。

升水：

- 交易所条例所允许的，对高于期货合约交割标准的商品所支付的额外费用；
- 指某一商品不同交割月份间的价格关系。当某月价格高于另一月份价格时，我们称较高价格月份对较低价格月份升水；
- 当某一证券交易价格高于该证券面值时，亦称为升水或溢价。

开仓：开始买入或卖出期货合约的交易行为称为“开仓”或“建立交易部位”。

持仓：交易者手中持有合约称为“持仓”。

平仓：交易者了结手中的合约进行反向交易的行为称“平仓”或“对冲”。

开盘价：当天某商品的第一笔成交价。

收盘价：当天某商品最后一笔成交价。

最高价：当天某商品最高成交价。

最低价：当天某商品最低成交价。

最新价：当天某商品当前最新成交价。

结算价：当天某商品所有成交合约的加权平均价。

买价：某商品当前最高申报买入价。

卖价：某商品当前最低申报卖出价。

涨跌幅：某商品当日收盘价与昨日结算价之间的价差。

涨停板额：某商品当日可输入的最高限价(涨停板额=昨结算价+最大变动幅度)。

跌停板额：某商品当日可输入的最低限价(跌停板额=昨结算价-最大变动幅度)。

空盘量：当前某商品未平仓合约总量。

## 七、收藏品

收藏的门类很多，爱好的区别使收藏品的种类各异。按目的来说，收藏大概有以下几种类型：

- 娱乐型：以收藏鉴赏为目的。
- 研究型：以对收藏品的研究，了解历史面貌为目的(通常是指文物等)。
- 投资型：以收藏作为投资手段，等待藏品的增值为目的。

在此，我们对一些主流收藏品做简单介绍。

一般来讲，适合投资的收藏品大致有如下几个品种：

(1)黄　金

黄金是一种稀有的贵重金属。购买黄金既可保值，又是首选的装饰品。就政治、经济、地理环境而言，世界上没有其他市场比黄金市场更具有如此广泛的吸引力。一般黄金的投资工具，主要有金块、金条和金币。

随着2002年10月底上海黄金交易所的正式营运，产金企业和用金企业可以自由地在上海黄金交易所买卖标准黄金。但黄金进出口仍然有一定的限制。

通过首饰专业卖场、银行等机构可进行黄金的买卖。首饰店中出售各种黄金类的首饰产品，如金链、金戒等；商业银行出售金条、金币、金块等黄金产品，并提供交易、清算、托管等服务。

(2)邮　票

①投资邮票风险小

邮票作为预付邮资的有价凭证，一旦进入了集邮市场，同样可返回邮政领域充当邮资。一般情况，邮票价都会稳步上升，较少出现大起大落的情况。投资市场的涨跌并不完全适合邮市。一般物品行情看跌时，供给者会急着大量抛售，以至于行情持续下跌；看涨时，也是争相抢购，行情更涨。在邮市，一旦某种邮票看跌，投资者也不急着出手，直到行情上涨；而一旦看涨，大家急于收进，手中握有该票者提高价值出售，或者继续持有等待再上涨。

②邮票面值小，便于炒作

每年国家发行的邮票，一般总面值约40元左右，全国一年的集邮总收入却为10亿元左右。几十万元钱就能把一种邮票的价格“炒”起来，而要把一种股票“炒”起来，恐怕一两亿都不行。股票市场每年有几十亿的新股上市，对为数众多的大众来说，股票的潜在购买力与邮票相比，显然更小。

③邮票的增值特性与众不同

作为长线投资，邮票增值多少取决于时间的长短，与时间成正比，而且营利性大于风险性。

④邮票术语

扫码阅读

(3)珠　宝

天然宝石是稀有、珍贵的矿产资源。“黄金有价，宝石无价”。宝石加工成首饰和其他工艺品后，不仅有很高的欣赏、珍藏价值，而且保值作用远胜过黄金，有的则成为无价之宝。美观、稀少、珍贵、耐久，构成了天然宝石的最主要的特点。收藏宝石的要点在于精、奇二字，切忌杂、滥。

光彩夺目、浑圆绚丽的珍珠一直备受人们喜爱。但是，珍珠是由生物生命活动所造就的，这就使其很难获得一模一样的外观。珍珠的价格也因它的大小、优劣而产生很大的差异。珍珠的价值，在于其品质的优劣，主要包括珍珠的光泽、颜色、形状、大小、表面净度、珠层厚度、对称及穿珠技巧等，这些构成了选购珍珠饰品的判别标准和依据。

珠宝的投资要求具有一定的鉴赏、判别能力，投资前请确定具有这方面的知识，并通过正规的渠道进行投资。

(4)古玩、字画

我们现在习惯上说的“古玩”包括铜器、瓷器、玉石、字画、古籍善本、古典家具、竹刻牙雕、文房四宝、钱币、织绣等。

- 铜器类有商周青铜器、戈矛剑矢、弩机、汉代铜鼎壶、历代铜镜、铜佛、带钩、车马饰等，其中尤以商周青铜器最为珍贵。
- 陶瓷类可分为古陶器、原始瓷和瓷器。瓷器按窑口分则类别众多。宋代的官、哥、汝、定、钧五大名窑和明成化斗彩都是极品，价高量少，已至绝迹。
- 玉石类有新石器时代玉器、商周古玉、汉唐至明清各代玉雕等。
- 字画因为不易保存，宋元真迹已属凤毛麟角，明清书画也稀少，所以眼下字画收藏大多以近现代书画家的作品为主。
- 古籍善本亦以明清版本留存较多。
- 古典家具以明式和清式硬木家具为贵。
- 古代钱币可按历史年代分类，因存世众多，价值相对较低。
- 竹刻木雕也以近现代物品为多，若是明、清的雕刻件则价值较高。
- 文房四宝以古砚收藏为多，价格相对低廉。
- 织绣类的收藏家较少，故价值较小。

此类收藏对专业性的要求比较强，投资的时候千万要慎重，谨防买到赝品。

## 八、保　险

### 1. 保险分类

保险分为社会保险和商业保险两大类。

社会保险是指国家通过立法强制实行的，由个人、单位、国家三方共同筹资，建立保险基金，对个人因年老、工伤、疾病、生育、残废、失业、死亡等原因丧失劳动能力或暂时失去工作时，给予本人或其供养直系亲属物质帮助的一种社会保障制度。社会保险具有法制性、强制性、固定性等特点，每个在职职工都必须实行，所以，社会保险又称为(社会)基本保险，简称为社保。社会保险按其功能又分以下种类。

- 养老保险：是当劳动者因年老丧失劳动能力时，由国家和社会保证基本生活的社会保险项目。
- 工伤保险：是劳动者在遇到意外伤害事故，暂时丧失或永久丧失工作能力导致收入中断时，由国家和社会对其经济补偿，帮助其维持基本生活的社会保险项目。
- 失业保险：是由国家和社会在一定时期内向非自愿性失业者提供基本生活需要的物质帮助，并通过转业训练、职业介绍等帮助其重新就业的社会保险项目。
- 医疗保险：是国家和社会为因患病而暂时丧失劳动能力、收入中断的劳动者提供经济帮助和医疗服务的社会保险项目。
- 生育保险：是指当女性劳动者因生育而暂时丧失劳动能力时，由国家和社会为其提供经济帮助和保健服务的社会保险项目。
- 住房保险：又叫住房公积金，是指国家或社会帮助职工购置住房提供的一种经济帮助。职工可以用住房公积金进行贷款购房，或在购房时申请取出。

商业保险又称金融保险，是指按商业原则所进行的保险。具体而言，是指投保人根据合同约定，向保险人支付保险费，保险人对于合同约定的可能发生的事故因发生所造成的财产损失承担赔偿保险金责任，或者当被保险人死亡、伤残、疾病或者达到合同约定的年龄、期限时承担给付保险金责任的保险作为。商业保险按其功能分以下种类。

- 财产保险：是指以物质财产以及同它相关的利益作为保险标的(保险对象)的保险。保险公司承担保险标的因自然灾害和意外事故而受损的经济赔偿责任。财产保险根据投保主体与投保对象，又分成许多种财产保险，如与家庭有关的家庭财产保险和个体工商户财产保险。
- 人身保险：是以人的身体和生命作为保险标的一种保险。在保险期限内，被保险人伤残、死亡或生存到保险期满，保险公司给付保险金。人身保险又包括人寿保险、健康保险(医疗保险)、意外伤害保险及投资类型的保险，即分红保险。
- 责任保险：是以被保险人依法应负的民事赔偿责任或经过特别约定的合同责任为保险标的的一种保险。责任保险的种类包括：公众责任保险、产品责任保险、职业责任保险、招聘者责任保险等。

### 2. 办理保险的步骤

(1)分析需求，明确目的

首先要做的就是了解家庭经济状况，分析家庭风险种类，并明确保险目的。一般来说，产生保险的愿望是在有了需求之后，所以首先应该确定保险的目的，比如选择意外伤害险等。

(2)了解机构,落实品种

现在保险公司很多,根据自己的分析判断寻找一家最放心的最专业的保险公司,向对方咨询需求范围内最合适的保险品种、价格、政策等情况。

(3)完善手续,及时付费

审视保险合同,详细了解相关的条款内容,签订保险合同,选择缴费方式,并开始缴费保险。首先,填写的资料必须真实、准确,不得隐瞒和虚报,否则保险公司有权解除合同。再有,投保以死亡为保险责任的保险必须征得被保险人同意并在保单上签字。第三,投保人与被保人必须具有保险利益关系。第四,缴费方式选择上需结合家庭当前和未来的现金流,如果家庭现金充足或收入高,可采用一次缴清;否则选择分期缴纳比较好,可减少家庭的负担;及时支付保险费用,以免发生不必要的麻烦。

## 九、房地产

房地产是房产和地产的合称。地产是指购买土地使用权的开发投资;房产是指物业建成后的置业投资。家庭理财投资一般是指房产。家庭购买房产的目的一般有两个:其一是居住;其二是增值获利。

### 1. 房地产的相关概念

● 房地产产权:是指房地产所有者对其所有的房地产享有的占有、使用、收益、处分的权利。

● 房地产登记:是指国家依法确认房地产产权的法定手续。经审查确认产权后,发给《房地产产权证》。它是进行房地产交易的重要凭证。

● 套内面积:俗称"地砖面积",指室内可实际使用的面积。也就是直接测量的室内面积总和。

● 使用率:住宅套内面积和建筑面积的比为使用率,一般高层塔楼在72%~75%之间,板楼在78%~80%之间。

● 使用年限:国家法定最高年限不超过70年。

● 建筑面积:是指建筑物外墙外围所围成空间的水平面积。包括内外墙体、柱、公用分摊部分等。

● 实用率:住宅实用面积和建筑面积的比为实用率。实用率比使用率大,因为实用面积含了墙体、柱的面积(也叫结构面积)。

● 建筑容积率:是指项目规划建设用地范围内全部建筑面积与规划建设用地面积之比。附属建筑物也计算在内,但应注明不计算面积的附属建筑物除外。

● 建筑密度:即建筑覆盖率,指项目用地范围内所有基底面积之和与规划建设用地之比。

● 绿化率:是指规划建设用地范围内的绿地面积与规划建设用地面积之比。

● 房价组成:由地价、税费、建筑成本、资本成本、开发利润等所组成。

● 房产转让:必须通过房屋所在地的房地产交易部门办理房产变更登记,才合法有效,否则是无效转让。

● 税费:营业税、契税、印花税等。如果申请按揭贷款,还有律师费(公证费)、保险费、备案费等。

### 2. 购房步骤

个人购买商品房一般要经过以下几个步骤：

(1)制订购房预算

购房者产生购买房屋的动机后，要估算一下自己的实际购买能力。首先要根据自己家庭的收入，扣除日常生活开支的金额，得到自己可以动用的资金数额。然后大致计算出购房后所需支付的维修费、物业管理费以及房产税等费用，再考虑是否要向银行贷款，银行贷款利率的高低，银行可提供的贷款数额等因素，最终确定出自己的实际购房经济实力。购房者再依据自己的经济实力，结合当地房地产市场的行情，居住生活方便程度，工作单位的位置等因素，确定自己购买哪类房屋。

(2)收集购房信息

购房者初步确定了购房意向后，要大量收集有关房源的信息。购房者可以从各种有关房地产的媒体广告、宣传材料、售楼书中得到所需的房屋资料。购房者还可以通过参加房地产交易展示会，到房地产交易所或房地产代理商的办事处调查，以及直接与房地产营销人员进行交流等方式获取有关行情。对于收集到的大量房地产信息，购房者还要进行仔细地分析和筛选。对广告宣传中的虚假成分，购房者要有辨识的能力，以防上当受骗。

(3)查询房地产商的合法性

在房地产市场上，有一些非法房地产商在没有合法手续的情况下就销售房地产，购买没有办理合法手续的房屋会给购房者带来很大的损失。所以，购房者一定要对房地产商销售行为的合法性进行调查。购房者调查房地产商售房的手续是否完备、合法的最基本最简单的办法就是查看房地产商的“五证”:《国有土地使用证》、《建设用地规划许可证》、《建筑工程规划许可证》、《施工许可证》和《商品房销售许可证》。按国家有关规定，房地产商只有在“五证”齐全的情况下，其销售的房屋才属合法范畴。

(4)进行实地调查

购房者根据所收集的购房信息，看中了某一处房屋后，一定要对欲购房屋进行实地调查，眼见为实。购房者在观看、考虑房屋时，务必全面仔细。在查看房屋的内部时，要对房屋的建筑面积、使用面积的大小，房屋的建筑质量、装修标准、装修质量，房屋的附属设备是否完备，房间的隔声效果如何，顶棚、墙壁、地面、门窗是否有损坏，内部设计是否合理等方面进行仔细考察。对房屋外部进行查看时，要注意房屋的位置、朝向、外观造型、楼梯、电梯、走廊等情况。另外，还要对户外景观、周边环境、交通条件以及各种公共配套设施的设置等情况进行了解。如果在实地查看过程中购房者无法调查或在某些方面存在疑问，购房者还可以直接向现场的售楼人员询问，真正做到心中有数。

(5)签订房屋买卖合同和其他合同

购房者的前期调查了解工作完成之后，对欲购房屋满意，就可以与房地产商具体签订房屋买卖合同了。签订合同是购房者实施购房行为中最重要的一个阶段。购房者一方如果合同签订得不够谨慎，那么就有可能给以后留下许多后患，使自己受到损失。购房者在签订合同时一定要坚持使用国家认定的商品房购销合同的规范文本，不要使用房地产商单方面制定的合同文本,以防在合同中出现欺诈行为。购房者签订的合同中的各项条款一定要准确、清晰,特别是有关房屋面积和购房者付款金额、付款方式等关键条款,如需要,买卖双方可签订有关的补充协议。在签订合同过程中,购房者如无把握,可以聘请律师参与,为自己把关。在签订房屋买卖合同时,购房者还要签订其他有关合同。如购房者向银行申请贷款来分期支付房价款,购房者应与银行签订抵押贷款合同。购房者所购房屋实施物业管理的,购房者还要签订一份物业管理合同。

(6)办理房屋产权过户登记手续

按照我国有关房地产法规的规定,进行房地产交易的单位和个人要到当地房地产管理机关办理登记、鉴证、评估和立契过户手续。交易双方当事人签订的房屋买卖合同必须办理以上手续才是合法的,否则就是无效合同。鉴证是指房地产交易管理部门对房地产产权、房地产交易价格以及有关证件等进行的审查、核实活动。在审查、核对时,如有必要,房地产管理部门还会对买卖的房地产进行查勘和评估。在房地产管理部门审查完毕及房地产买卖当事人按照规定缴纳有关税费后,房地产管理部门就可以向当事人核发过户单。当事人可凭过户单办理产权过户手续,领取房地产权属证书。

### 3. 房地产投资的风险

房地产投资的风险,是指投资的实际收益与期望收益的偏差。当实际收益超出预期收益时,我们就称投资有增值潜力;反之,我们就称投资面临着风险损失。

● 变现能力风险:房地产是一种比较特殊的商品。由于房地产的实体性,所以投资于房地产中的资金流动性差,变现性较差,不像其他商品那样容易脱手,容易收回资金。由于房地产存在这种不动产及买卖具有区域性的特性,作为房地产投资者必须注意流动性差、变现性差所带来的风险。

● 购买力变化风险:由于房地产投资周期较长,占有资金较多,因此投资房地产还需承担因经济周期性变动带来的购买力下降的风险。当社会经济处于滑坡阶段,经济萧条,通货膨胀,这时房地产本身不会因为通货膨胀而贬值,相反,投资于房地产的资金还能够起到保值作用。但由于通货膨胀的影响,同样数量的货币所能购到的商品数量可能已远不如通货膨胀之前,无形之中,使得人们的购买力水平下降。购买力水平的降低,会影响到人们对房地产的消费水平。这样,即使房地产本身能保值,但由于人们消费水平的降低,也会导致房地产投资者遭受一定的损失。

● 宏观市场风险:中国房地产市场是一种不充分市场,它与完全自由竞争市场所应具备的四个条件(即:同质商品;交易双方自由出入;交易双方数量众多没有垄断行为;交易双方具备充分信息)相距甚远。因此,房地产市场只能说是一种准市场。这种不充分市场,其特征就是缺乏信息交流,没有一个正式市场,许多房地产的交易和定价是在不公开的情况下进行的。但在交易时,人们往往不懂它所涉及的法律条文、城市规划条件、税费等,尤其是对房地产交易过程中的许多细节不了解,因此,有可能造成损失。

● 选择性风险:不是所有的房地产项目都可以升值。随着社会的发展,房地产项目性价比内涵的日趋丰富,户型不够合理、配套相对落后的项目跌价将在所难免。选择适当的有增值潜力的项目是取得良好收益回报的关键。

相关联接

**税收筹划**

扫码阅读

## 第三节 投资理财谋略与技巧

在一个经济社会,人人都明白投资理财的重要性,但对如何投资理财却十分迷惘。这个世界上多的是人云亦云的盲目投资者,或者容易陷入“从众心理”误区的跟风之辈。比如,当股市火暴,大众蜂拥而入,有人拿生活费甚至借钱炒股;当保险流行,不少人未能理性分析自己的保障需求,简单听从保险代理人的建议而掏腰包,此后才醒悟所购的险种并不合适;还有人根本不懂艺术品的价值,盲人瞎马般地闯入风险巨大的收藏市场……其实投资理财也和穿鞋一样,适合自己的才是最好的,这应该成为每一个有志于投资理财活动的人的座右铭。

对于一个投资理财者来说,财力或许有大小,知识或许有多寡,能力或许有高低,但根据自身实际情况,有的放矢地选择投资理财对象和确立投资理财策略,则是共通的原则。因为并非每一个投资项目和方式都适合每一个人。

“性格即命运”,事实上自身的性格特征是投资理财者必须考虑的重要因素。在某种程度上,这一点决定了投资理财的方向。比如,一个极端保守的人,通常也害怕冒险,无法承担巨大的风险的考验。那么他从事高风险的投资项目,像炒股一类,可想而知是不可能获得很好的回报的。因为他总在担心害怕、患得患失中徘徊,缺乏果断决绝的勇气,而投资良机往往就在一瞬间,机不可失,失不再来,最后他可能完全丧失在这个领域内投资的信心和勇气。但是,保守的人优点是比较稳健,不太轻易冒进,假如投资物业或干脆坚决储蓄、购买基金,则是不错的选择。他往往有坚定的信念和耐心作长期投资。相反,生性喜爱刺激冒险的人,则完全可以在股市、期货市场中去拼搏一番,相信他能够承受市场的起起伏伏和风风雨雨,高风险会带来高收益。然而,他如果按部就班地投资理财,反而缺乏坚持到底的恒心与毅力。

除了性格,投资理财者个人的兴趣爱好以及特长和能力也非常重要,对于选择投资理财方略同样具有指导意义。如今的理财投资日趋呈现出多元化的格局,但仔细观察,成功者总是与其个人的兴趣爱好息息相关。邮市活跃者大多是邮票的爱好者,多年的积累使之拥有丰富的邮票专业知识。同理,在收藏市场上浸淫多年的人,往往对古董、文物非常热爱,对艺术品价值天生敏感。其他如炒金、炒汇等,无不如此。而一个“门外汉”贸然进入这样专业性很强的市场,很有可能被撞得“头破血流”。如果我们对某种投资理财产品根本没有兴趣，那也更谈不上爱好，根本不可能去熟悉了解，自然也不能获得丰厚的收益。当然，投资成功与否，关键还取决于个人能力，即能否将兴趣爱好转化为"生产力"，能否驾驭投资理财项目的操作要求和风险压力，换言之，如果不充分结合自己的特长和能力，仅靠兴趣爱好，风险仍然是比较大的。

## ☞ 一、投资理财的基本规则

### 1. 收益与风险并存原则

在正常情况下，收益越高的项目风险越大，收益与风险成正比。

家庭理财活动中，任何投资的最终目的都是为了获得收益，而任何投资都具有程度不一的风险，收益与风险是紧密联系的，这是投资活动的重要特征。

衡量投资收益的主要指标是"投资收益率"，这个指标用以下公式来进行计算：

(期末市值－期初投入＋持有期收入收益)/期初投入＝投资收益率

简单地来解释这个计算公式，就是说从开始进行一项投资到结束这项投资期间，得到的总收益所占投资总额的百分比，就是投资收益率。如果该数值为正，表示赢利，反之为亏损。

投资风险是指投资不能获得预期收益甚至出现负增长的可能性。导致形成风险的因素很多，比如：

- 市场因素：因国际政治、经济情况变化，行业内部行情变化等导致价格波动等；
- 政策因素：国家经济发展重点的调整而导致的政策调整；
- 金融因素：通货膨胀、利率调整等引发的经济低迷；
- 人为因素：经济活动中因往来单位(个人)信誉、道德等方面造成的损失；
- 不可预测因素：未知的自然灾害，如火灾、水灾、车祸等造成的直接损失。

因此，在投资理财活动中，应将风险作为重要的投资决策参照条件。

### 2. 分散投资原则

由"收益与风险并存原则"我们可以得知，任何投资都必定伴随相应的风险，那么，分散投资实际上是对投资风险的一种有效规避方法。

"不要把所有鸡蛋都放到一个篮子里面"是一句古老但正确的谚语。把资金投入到不相关或者不完全相关的多个项目上，这样当一个项目遭遇风险而造成损失的时候，其他的项目并不同时遭受损失，并且还可以用其他的收益来弥补损失。

因此，用合理的投资组合，来降低投资总体风险的方法是比较科学的。投资组合的方式可以多样化，如：

- 同一类别的投资组合，比如购买多支股票，或者购买多种外币；
- 不同类别的投资组合，比如在股票、期货、房产、储蓄等多个方面分配资金；
- 区域性投资组合，比如在不同地区、不同国家进行投资。

### 3. 市场有效性原则

该原则所指的是：成熟的金融市场(股票、债券、期货市场)在任何时候都是有效率的，其交易价格能及时反映其全部真实信息。因此，认定该市场是有效市场。

将"市场有效性原则"引入到家庭理财活动中，可表现在：

- 股价的公正性，股价总是真实反映其公司、行业和其他经济状况；

- 买入并持有，交易过多会导致交易成本上升，而不见得会带来更好的收益；
- 拒绝小道消息，事实上当消息传到自己这里的时候，恐怕很多人都已经知道了。

在此，请注意前提是“成熟的金融市场”。由于我国的经济建设距离发达国家还有一定距离，相应的制度规范可能还不是很全面，所以，市场是否成熟这一前提条件请慎重甄别。

## 二、投资理财通用原则

### 1. 量入为出原则

将税前收入的10%存入银行。即使目前的投资收益还比较可观，但这并不能真正替代养老计划。正确的理财方式还应该养成良好的储蓄习惯。如果已经退休，那么追加投资金额应该低于前期投资回报额，以免财务状况过于复杂而受到通货膨胀或其他风险的影响。

### 2. 侧重股票原则

对于投资者来说，投资股票既有利于避免因低通胀导致的储蓄收益下降，同时也能够在行情不利时及时撤出股市，变现能力较强。

### 3. 合理负债原则

“借鸡下蛋”，以借贷方式筹措资金，是资金的重要来源之一，但在借贷中应避免高成本负债，如尽量以较合理的借款利率筹措资金，避免因信用卡过量透支而支付高额利息等。

### 4. 现金流动性原则

无论手头多紧，始终都应该掌握一笔可以灵活运用的现金，用于应付有可能的突发事件。在这个原则中，最重要的不是现金有多少，而是投资能在最短时间内变现的能力。

注意：以上投资通用原则同样是在成熟市场条件下适用，请慎重甄别！

## 三、理财三招

对于每个人尤其是年轻人来说，理财最重要的就在于坚持及讲究策略。

刚开始踏上工作岗位，大多数年轻人的收入都不高。但是，由于经常聚会或开始恋爱，花销较大就成为必然。其实，从踏上工作岗位起，理财就应当是“进行式”了。工行理财专家提醒，年轻人理财一开始并非以投资获利为重点，而是要以积累资金及经验为主导，“战略方针”就是三个字——“存、省、投”。

### 1. 存

要求自己每个月雷打不动地从收入中提取一部分存入银行账户。一般宜提取收入的10%～20%。一定是先存再消费，切忌在每个月底消费完了，再拿剩余的钱做存款，否则容易让“存”战略泡汤。

### 2. 省

在每月固定储蓄和基本的生活支出之外，尽量减少不必要的开销与浪费，把节余下来的资金用于存款或其他投资。

### 3. 投

将每月储蓄和必须消费之后的资金用于投资理财。比如购买保险、股票、基金等。

理财专家建议，可将每月可用资本（除去固定存款和基本生活消费之外）的 30%用于选择定期储蓄，债券或债券型基金等较安全的投资工具；60%投资于风险大、长期回报较高的股票、股票型基金或外汇、期货等金融产品；10%则以活期储蓄的形式保证其流动性，以备不时之需。

## 小锦囊

**理财的九个好习惯**

扫码阅读

## 思考题

1. 简述财富和投资概念。
2. 如何制订财务发展规划？
3. 投资理财的产品有哪些？
4. 投资理财的策略和技巧有哪些？
5. 工薪阶层如何做好投资理财？
6. 为什么说“你不理财，财不理你”？

# 11 第十一章 创 业

## 本章概述

创业，是创立基业、创立事业的意思。创业包含两个方面的内容：一是指个人设立公司，开办企业等个人色彩较浓、个体行为较强的创业活动。二是指个人在集体的某一岗位上，按照岗位要求并结合自己的发展目标而努力的创业活动，这也就是通常所说的“岗位立业”。我们称前者为“狭义的创业”，或者说“自主创业”。通常所说的创业是从狭义上来理解的，即指“自主创业”。

近几年来，毕业生创业已不是什么新鲜事了，媒体也做了大量的相关报道，这是时代的产物、社会的召唤，具有一定的社会意义。

## 内容点击

- 创业方式概述
- 创业目标的选择及制定计划书
- 创业风险防范

## 案例导读

### 由于自强而走出了一颗创业星

2003 年，架着双拐的王某从某高职院校经济管理专业毕业了。他先在一家个体书店工作，后来在父母的支持下，在幼儿园门口办起了自营书店。他说：“我虽双脚残废，但我有立业的专业技术，我的书店就叫‘自强书屋’吧！”随着规模的扩大，“自强书屋”改名为“自强书店”，成为当地知名的民营书店，销售网络遍及某市四县三区，发展成为拥有职工 36 人，其中大专以上文化程度 18 人，建有团组织，固定资产二百多万元的明星企业。

王某积极地参与社会公益事业，向特殊教育学校、贫困群体、优抚对象等社会弱势群体、个人捐赠图书、文具、资金共计 20 余万元，与数名贫困生结成“一帮一”对子，资助其完成学业。“自强人”以“传播知识、弘扬文化”为己任：书店举办了“我是中国人”有奖征文活动，还先后举办了“首届漫画大赛”、暑期征文活动，举办丰富多彩的论坛、讲座、新书评荐会……为繁荣本地文化市场，树立现代企业形象，推动“两个文明”建设，做出了贡献。

"自强书店"成为某市"青年文明号"团体单位，市妇联家教协会、市文联理事单位，被当地消费者协会评为图书行业"典型名店"。

**思考：**作为一个残疾人，很难；作为一个独立创业的残疾人，更难。但是，王某为什么成功了呢？

## 第一节 创业方式概述

### 一、创业的时代性要求

**1. 劳动力供大于求的形势需要学生创业**

面对我国劳动力总量供大于求、就业压力巨大的现实，除了到已有的企事业单位就业外，国家、地方也都在相关政策下大力提倡毕业生探索自主创业，利用专利技术争取风险投资或政府小额贷款，创办民营公司，承包国有中小企业，或进军高科技、农业和第三产业，为社会创造更多的就业岗位。因为毕业生掌握了一定的科学技术和专业知识且具有一定的综合素质，具有较大的实现成功创业的可能性。

**2. 发展与变革的时代呼唤学生创业**

在知识经济的发展浪潮中，美国的许多学生利用高科技自主创业，成为美国硅谷的中坚力量。我国北京的中关村也活跃着一大批自主创业的学生，许多成了名副其实的"资本家"，如丁磊、王江民、求伯君等。知识经济的发展为当代学生创业提供了千载难逢的机遇，你拥有技术，拥有专利，就可能找到风险投资，而你以技术入股，还可能申请到扶持高新技术的银行贷款。在今天，利用知识和智慧创立事业并迅速致富已不再是梦想。

**3. 创业能为社会创造巨大的财富，能为社会培养一大批中坚力量**

学生创业为社会创造巨大财富和价值的例子不胜枚举。远大中央空调有限公司生产的中央空调已成为国际知名品牌，产品远销欧美各地，每年上缴税金1亿多元，它的创办者张剑、张跃两兄弟就是毕业不久即自主创业的学生。比尔·盖茨从哈佛大学退学创立微软公司成为世界首富的故事更是众人皆知。

提倡、鼓励学生创业，是提高学生能力素质和心理素质的一条有效途径。中国缺乏创新型人才，中国亟需一支高素质的企业家队伍。不论同学们创业成败与否，必定会为社会培育出一大批精英人才，并造就一批未来社会的中坚力量。而且，创业者的精神将感染其他同学，这对整个学生群体能力与素质的培养将起到难以估量的推动作用。

**4. 学生创业挑战传统教育，并促使全新成才观形成**

新世纪的学生创业浪潮涌起，对中国传统教育提出了挑战。挑战来自两个方面：一是同学们在创业中出现的问题暴露了传统教育存在的弊端；二是社会和学生对创业的需求，要求教育进行及时的改革。为此，我们要转变观念，对学生开展以创新和创业为中心的素质教育，大力培养学生的创新能力和实践能力，拓宽学生的知识面，特别是市场经济方面的知识，把学生培养成复合型人才，并要注意加强学生心理素质教育。

### 二、常见的创业方式

如今创业市场商机无限，但对资金、能力、经验都有限的大学生创业者来说，并非"遍地黄金”。在这种情况下,大学生创业只有根据自身特点,找准“落脚点”,才能闯出一片真正适合自己的新天地。大学生常见的创业方式主要有以下几种:

**1. 兼职创业**

即在学习、工作之余所开展的创业活动。兼职创业的大学生不要急于组建公司,虽然成立公司以后,取得成功的倍率和速率可能会加大,但是一旦组建公司后,退路就少了,如果失败了,损失往往很大。如果大学生不成立公司,兼职创业,则可以花很多年尝试,失败一次也没有关系,总结经验,然后再来。等到时机真的成熟后再成立公司也不晚。大学生第一次创业的想法往往都是不成熟的,失败的几率相当大。先创业,后组建公司不失为一种稳妥的方式。当然大学生兼职创业最好不要影响学习,以学业为主,失败了,还有学历。

**2. 团队创业**

团队创业就是具有互补性或者有共同兴趣的成员组成团队进行创业。如今,创业已非纯粹追求个人英雄主义的行为,团队创业成功的几率要远高于个人独自创业。一个由研发、技术、市场融资等各方面组成,优势互补的创业团队,是创业成功的法宝,对高科技创业企业来说更是如此。中国大学生创业网总裁赵长升介绍,就目前的现状,大学生由于资历、经验、社会关系等各种原因很难得到社会的认可。如果能够充分发挥合力,团队创业对于大学生创业者来说也是一个不错的选择。

## 相关联接

### 团队创业

河南某高校计算机专业的丁浪涛,很早就有利用专业知识自主创业的想法,但是对于形单影只的他来说,开办公司并不是一件容易事。直到一次聚会他遇到另一名志同道合的同学,两人一拍即合,很快他们又邀请到另外几名同学,成立了一个软件工作室。

一个由大学生刚刚成立起来的工作室哪儿来的业务?“其实,这都是我们内部成员利用自身的社会关系拉来的业务。”说起经营,丁浪涛显得十分自信,工作室目前主要依靠团队的力量,现在他们的团队有 12 名成员,采用公司化运作。前期就这样,拉来业务赚了钱,不但没有工资,甚至连一顿饭,大家也舍不得去吃,全都留做工作室的原始积累。

**3. 网络创业**

全球面临网络经济的新一轮高潮,大学生创业可以利用现成的网络资源。网络创业主要有四种形式:网上开店,在网上注册成立网络商店;网上加盟,以某个电子商务网站门店的形式经营,利用母体网站的货源和销售渠道;网上智力服务,电子商务,利用网络寻求国际订单,建立虚拟办公服务等;网络销售,为传统行业进行专门的网络销售。上海市电子商务行业协会一份《网上创业群体调查》显示:78%的网上创业者年龄在 18~30 岁,其中 18~24 岁占 47%。“易趣网”上万个电子商铺中,四成为大学生所开。同时,网上创业者收入两极分化,从不赚分文到年入上亿元不等,约有 1/4 的创业者因无利可图而退出。

## 相关联接

### 网络创业故事

上海某高校毕业生钱峰，笔名“五子”。两年前，她与从事IT工作的丈夫产育林筹备婚事时，灵机一动，开了个“五子与育林的结婚网”，把两人设计的婚礼请柬、婚纱照、视频短片、结婚博客等都放了进去，亲友无论何时何地都可上网分享他们的幸福。网上还有块“恭贺留言板”，甚至不相识的网友也不时送上祝福……

钱峰说：“每对新人都可能想到这主意，幸运的是我们把它变成了现实。”

这小小创意，竟产生意外反响：短短两个月里，来自北京、上海、青岛、杭州等地30多对待婚新人，通过留言、电邮、电话等方式前来咨询，觉得这种“结婚网”花钱不多、新鲜时尚，并表示他们也想建个站。

自己的创意能为别人服务，这不就是商机吗？春节一过，钱峰夫妇动手对个人网站进行商业化改造，推出很多不同网页模板，提供个性化建站服务，价格从数百元到千余元不等。新版网站名唤“牵手”，首批订单随之而来。

**4. 加盟创业**

统计数据显示，在相同的经营领域，个人创业的成功率低于20%，而加盟创业的则高达80%。对创业资源十分有限的大学生来说，借助连锁加盟的品牌、技术、营销、设备优势，可以较少的投资、较低的门槛实现自主创业。但连锁加盟并非“零风险”，在市场鱼龙混杂的现状下，大学生涉世不深，在选择加盟项目时更应注意规避风险。一般来说，大学生创业者资金实力较弱，适合选择启动资金不多、人手配备要求不高的加盟项目，从小本经营开始为宜；此外，最好选择运营时间在5年以上、拥有10家以上加盟店的成熟品牌。

推荐商机：快餐业、家政服务、校园小型超市、数码速印站等。

**5. 内部创业**

指一些有创业意向的员工在企业的支持下，承担企业内部某些业务或项目，并与企业分享成果的创业模式。创业者无需投资却可获得丰富的创业资源，内部创业由于具有“大树底下好乘凉”的优势，因此也受到越来越多创业者的关注。现在许多大学建立了鼓励学生兼职创业的创业园，大学生在创业园中开展创业尝试，也属于内部创业。

## 相关联接

### 高校创造效益

现在很多高校都会设立自己的“创业园”，在上海交大有昂力集团，交大的科技创业团是其高新技术研究中心，大大鼓舞着学生科技创业。复旦有“学生超市”，大二学子谢乾良创业至今已有500万元积累。上海高校里学生创业力量异常活跃，在上海复旦、同济、交大等名校内，在学生创业公司里，上到经理，下到员工都由学生组成，完全是社会化操作。

大学生创业与校园紧密联系，因而高校的支持和帮助给学生创业带来的影响是十分直接的，也是相当显著的。在上海，高校给学生建立了一个雏形，让学生初步认识创业，学会与他人沟通和学习，并且组建创业团队。

### 6. 大赛创业

即利用各种商业创业大赛，获得资金提供平台，然后进行的创业活动。如 Yahoo、Netscape 等企业都是从商业竞赛中脱颖而出的，大赛创业也被形象地称为创业"孵化器"。

创业设计大赛借用风险投资的运作模式，要求参赛者组成优势互补的竞赛小组，提出一项具有市场前景的技术产品或者服务，并围绕这一产品或服务，以获得风险投资为目的，完成一份完整、具体、深入的创业计划。参加创业设计大赛的项目大多具有技术上的创新性、经济上的合理性、操作上的可行性，因此吸引了众多企业和风险投资的关注。以第三届大学生创业大赛为例，目前已有 10 家企业分别与 10 个大学生创业团队签订了风险投资意向，协议资金达 9 330 万元。

### 7. 概念创业

即凭借创意、点子、想法而开始的创业活动。概念创业适合本身没有很多资源的创业者，需要通过独特的创意来获得各种资源，包括资金、人才等。当然，这些创业概念必须标新立异，至少在打算进入的行业或领域是个创举，只有这样，才能抢占市场先机，才能吸引风险投资商的眼球。同时，这些超常规的想法还必须具有可操作性，而非天方夜谭。

概念创业必须符合以下几个基本条件：

- 它必须是个创举，至少在你投入的行业或领域，没有人这么做过。
- 光是前无古人还不够，它必须让人眼睛一亮，甚至脱口而出："厉害，我怎么没想到？"
- 创业者本身没有很多资源，甚至必须无中生有，凭事业计划书去找所需的资金与搭档。

三十多年前，美国人弗雷德·史密斯凭着一个想法——隔夜传递，被风险投资家看中，创办了"联邦快递"。如今，"联邦快递"已是全球最大的快递运输公司，在全球二百多个国家开展业务。

## 三、创业者需要具备的知识

作为新创企业的管理者，创业者既要懂得管理学的知识又要了解相应行业的科学技术知识，既要懂市场又要懂法律，还要了解人文和历史。在知识经济时代的创业者需要复合型的知识结构，包括两方面的内容：一是指知识的广博性，二是指知识的专业性。创业者以其知识广博，能够吸收和借鉴任何时期任何群体的经验和成果，以培养敏锐的目光和思维，在多种知识的综合上找到新的创业点，在多种机会的把握上获得优势。另外，为免通而不专，流落于纸上谈兵，创业者还需要一些专才。"专"的第一项是专业知识，没有专业知识就不可能正确把握创业机遇与方案，做出正确决策。"专"的第二项是管理知识，创业者的重要职责是把握创业方向、制定创业决策和对创业团队的组织协调，管理知识既是团队管理所必需，也是战略决策的基础。

**1. 专业知识**

专业知识是创业之本。专业知识对于创业者确定创业目标具有直接的至关重要的作用。纵观近几年在高科技领域创业取得成功的创业者,无一不具有深厚的专业知识。

**2. 经营管理知识**

在市场经济条件下,市场充满了竞争和风险,创业者要使自己的创业实践活动获得成功,就必须重视经营管理。在创业的过程中,许多具有良好产品的企业由于经营管理不善而导致失败的教训很多,所以创业者一定要高度重视对企业的管理。经营管理知识大致包括:人员的管理、经营目标的管理、经营过程的管理等。

**3. 财务管理知识**

企业财务管理的基本任务和方法是做好各项财务收支的计划、组织、控制、核算、分析和考核工作,依法合理筹集资金,有效利用企业各项资产,实现企业生产经营目标,提高经济效益。财务管理知识内容包括:财务决策评价、资金筹集、流动资产、固定资产、无形资产和递延资产的管理、对外投资、成本核算、损益分析等。

**4. 税收知识**

税收是国家为实现其职能,依照法律规定的标准强制地、无偿地征收货币和实物的经济行政活动,是国家参与社会产品和国民收入分配和再分配的一种主要手段。同学们在创业中要学习税收知识,依法纳税。

**5. 法律知识**

创业者要学习工商注册登记的申请登记手续、工商登记的条件、工商登记的内容等知识,以及经济合同法、涉外经济合同法等有关经济合同订立、主要条款等方面知识,合法经营,避免因合同订立的缺陷而蒙受经济损失。

**6. 金融知识**

创业,需要资金的支持。因此,要学习金融知识,了解融资的渠道、融资的方法、融资的注意事项等,保证创业成功。

## ☞ 四、创业者的专业素质

**1. 谋　略**

创业是一个斗体力的活动,更是一个斗心力的活动。创业者的智谋,将在很大程度上决定其创业成败。尤其是在目前产品日益同质化,市场有限,竞争激烈的情况下,创业者不但要能够守正,更要有能力出奇。

冯仑连续两届获得"中国房地产十大风云人物"的殊荣,他领衔的万通地产 2001、2002 连续两年获得"中国名企"称号。

在海南时,冯仑对房地产的理解很简单,只是炒买炒卖房子。某日冯仑在与广东人聊天时听到了"机构按揭"——这在当时,可是一个非常新鲜的名词。经过查词典他才理解其意,于是便在海南推行起了"机构按揭",迅速扩充了公司的经济实力。万通集团因此成了海南第一个采用机构按揭方式进行房地产交易的公司。

1992 年,泡沫经济充斥着海南房地产市场,冯仑决定移师北京。当时地产市场正在进行宏观调控,很少有人再开发新的房地产项目,北京华远房地产公司有意将"新世界广场"的项目转出来。万通毅然逆势而上,接下华远的项目。值得庆幸的是,当时北京的写字楼市场处于一种饥渴状态，万通新世界广场成为北京的第一个外销写字楼。如何销售呢？万通并没有专门的销售队伍。此时，冯仑大胆设想引入代理公司。经多方选择，万通选中了北京利达行房地产咨询公司。于是便有了万通新世界广场创造了写字楼市场推售的奇迹，北京利达行代理公司得到了近亿元的代理费。万通更是“发了大财”。谋略使万通赢得了在北京第一场商战的胜利。

**2. 敏　感**

创业者的敏感，是对外界变化的敏感，尤其是对商业机会的快速反应。有些人的商业感觉是天生的，如胡雪岩，更多人的商业感觉则依靠后天培养。如果你有心做一个商人，你就应该像训练猎犬一样训练自己的商业感觉。良好的商业感觉，是创业者成功的最好保证。

戴尔是世界上资产增长最快的巨商，他的创业之路是怎样的呢？戴尔上中学的时候还是个穷学生，他也像一般中学生一样利用假日打工赚钱。第一次做生意是给报社卖报，他发现一个窍门：找新搬家的或新婚夫妇订报刊最容易成交。于是，他就到户政事务所等部门收集这方面情报，而后把报刊直接寄到这种人手里，于是订报单雪片般飞来。头一年，戴尔就赚了 18 万美元。

1984 年，戴尔开着中小学打工赚钱买的白色小汽车上大学了，他宿舍门口总是排满了来买他装的电脑的人。由于他丰富的电脑知识和敬业精神，他组装的电脑质量好，但更重要的原因是价格便宜。同样一台电脑，IBM 当时卖 2 000 美元，他只卖 700 美元。因为 IBM 电脑最后售价中的 2/3 让中间商、代理商给赚走了。戴尔受到了“直销”赚钱的鼓舞。于是在大学一年级就登记注册了“戴尔电脑公司”，第一个月他就做了 8 万美元生意。从此，一发而不可收拾，连续 15 年，每年增长率超过 90%，创造了任何企业前所未有的高速持续发展。到今天它的年营业额已达到 180 亿美元，成为世界有名的跨国公司，进入了世界 500 强，和 IBM、康柏、惠普等电脑巨人平起平坐。

**3. 明　势**

明势就是要明了创业的外部大环境和自身的实力。了解创业环境不仅要知道市场上现在时兴什么，流行什么，人们现在喜欢什么，不喜欢什么，还要跟对形势；要研究政策，知晓国家鼓励发展什么，限制发展什么，选对了方向，顺着国家鼓励的层面努力，可能事半功倍，做反了方向，只能招致失败的厄运。只有对外部创业大环境和自身的能力有客观清醒的认识，才能找对方向，抓住成功的机遇。

**4. 眼　界**

眼界是指人们认识事物的广度和高度。创业是一项系统工程，必须考虑到人、财、物、进、销、存，以及竞争、市场细分、定位、管理体系、财务控制、退出机制、预算等一系列的事情，无论是创业之始，还是在经营过程中，没有创业者所必需的眼界，是难以取得成功的。

(1)知识储备

大学生创业者要开阔眼界，首先要向书本学习，学习必需的专业知识、经营知识、财务知识、税收知识、法律知识、金融知识等。近年全国各地为鼓励大学生创业，纷纷出台各项扶助和优惠政策，积极为大学生搭建创业平台，提供创业指导。这也是想创业的大

学生必须了解的。以上海为例,大学生创业主要有四项优惠政策:

- 风险评估,全部免费。上海创业教育培训中心可以提供项目风险评估和指导,以帮助大学生确认市场机会大小,这一项评估费用全免。
- 创业培训,政府付费。上海市设立了专门针对应届毕业生创业培训的上海创业教育培训中心,只需要带上学生证和身份证复印件即可报名免费参加培训。
- 贷款筹资,政府担保。上海市政府成立了"促进就业基金",为大学生创业提供担保。这类贷款的最高上限为5万元。
- 个体创业,可免税费。凡高校毕业生包括大学专科、大学本科、研究生,从事个体经营的,自批准经营日起,1年内免交个体户登记注册费。此外,如果成立非正规企业,只需到所在区县街道进行登记,同时可享受3年免税。

(2)社会实践

大学生创业者要开阔眼界还必须向社会大课堂学习,可以通过参加社会实践、读万卷书走万里路、参加创业实践活动等方式学习专业知识之外的社会知识,如:经营管理知识、综合性知识(综合技能、方法论)等,只有具备了深厚的专业知识和广博的社会知识,才能正确分析形势,做出判断,抓住商机。

**小锦囊**

**检验自己是否具备创业知识、经验的几个问题**

- 我是否对自己所涉足的行业有足够的了解?
- 我是否了解国家关于自主创业的相关政策和法律法规?
- 我是否知道创办一家公司需要经过哪些环节?
- 我是否具备创业过程中可能用到的基本的管理知识、财务知识?
- 我是否具有工作或创业的经验?
- 我如何获得有关创业的知识、技能和经验?

## 五、创业者的管理素质

随着知识经济的发展,信息量和知识量以前所未有的速度增长,这使人们成为通才的梦想化为泡影。市场的日益动态化、复杂化使得管理更加需要人性化和个性化。创业者需要具备一定管理素质,管理素质是使团队进行有效工作的保障。

管理素质一般来说,既包括日常管理的素质,又包括对一些情况的分析和决策。这里仅谈日常管理的素质。日常管理素质主要包括以下能力:

### 1. 判断能力

面对复杂多变的环境,如果没有判断力就不可能形成认识。判断能力首先是把握事物发展主流所必需的能力。判断是管理和决策的基础。另外,在创业过程中,收益和风险总是并存的,不同的决策者对风险有不同的偏好。但是无论创业者对风险是什么态度,都需要对收益和风险做出判断,没有判断的风险运作是盲目的,是注定要失败的。判断能力又是风险运作的基础。

**2. 交际能力**

所谓交际能力主要包括表达能力和反应能力。作为管理者，对客户进行充分有效的表达能够使客户充分理解企业的产品情况和企业文化，有利于推销自己；对本团队进行充分有效的表达能够使团队成员领悟企业的目标、面临的环境以及所要采取的对策，能够使团队成员更加有效地为完成共同的目标而努力。表达能力是充分、有效地将自己的观点阐释给对方的能力。而反应能力是交际能力的另一个方面，是表达能力的补充。在交际过程中，良好的反应能力能够帮助表达者随时领会和把握表达对象的需求和其对表达内容的理解，有效调整表达的方式和内容。

**3. 协调能力**

良好的协调能力有利于信息的沟通，对于加强相互理解和利益共享有着切实的好处。协调能力能够化解创业团队与竞争者之间，创业团队与客户之间的矛盾，能够使创业团队获得良好的形象，能够提高可信程度，为合作打好基础。协调能力还可以融洽相关主体间的感情，增加合作的愿望和机会。协调能力体现在团队内部就是如何促使团队能够积极、高效地开展工作。总之，协调能力一方面能够使团队成员之间关系融洽、化解矛盾、相互支持；另一方面使得整个团队的工作有序，配合协调，工作效率达到最高。

**4. 应变能力**

创业的环境是动态变化的环境，创业过程中的策略和措施必须根据具体环境的变化做出调整。应变能力是对客观环境的敏感反应能力，是处事不惊、沉着应对的把握能力。创业者要善于观察形势，能够认识和把握客观环境中变与不变的东西，抓住矛盾的主要方面，把握事物的主流。创业者只有按照事物的主流把握和调整战略方向，针对具体的变化形式提出应对措施，才能在变化的环境中趋利避害，化被动为主动，最终赢得胜利。

**5. 亲和力**

一个人的亲和力一方面来自于其观点、主张和处事原则，使得人们感觉到他可以信任和依赖；另一方面来自于其行事作风和气质风范，能够给人一种莫名的亲切感。亲和力是一种个人魅力，富有亲和力的创业者可以更好地团结同事和朋友，为交际、协调等带来方便。

**6. 管理能力**

一个创业者的管理能力主要体现在以下两个方面：

- 建立严格赏罚的人事管理制度；
- 现代化的生产管理能力。

同学们在进行创业时，要想在市场竞争中站稳脚跟，就必须首先练好“内功”，努力提高自己的管理水平。

管理的目的是为了激励别人。在企业运营的过程中要推行各种管理手段，如建立赏罚制度，对下属的工作绩效做出科学评价，对员工进行培训等，其目的都是为了激励下属，使团队更具活力，效率更高。实施以下方法，一般能够达到激励下属的目的：

- 第一是充分肯定下属的出色工作。
- 第二是让下属承担富有挑战性的工作。
- 第三是树立下属的自信心。

## ☞ 六、创业者的心理素质

**1. 欲　望**

创业的欲望可以概括为创业的强烈的向往。它和创业冲动不同，不是一时的兴之所至，而是包含着坚定信念的强烈的向往。创业需要克服各种困难，仅凭三分钟热血是无法实现的。大学生只有具备强烈的创业欲望，才能开辟自己的创业天地，实现成功创业的梦想。

强烈的欲望、坚定的信念是到达顶峰的动力、是成功的催化剂，尽力而为、全力以赴、竭尽全力永远都不如那积极的心态来得自然。

**2. 忍　耐**

曾任美国总统的柯立芝在其人生回忆录中曾写过这样一段话："世界上没有一样东西可以取代顽强和坚韧。才能不可以——怀才不遇者比比皆是，一事无成的天才也是处处可见；教育也不可以——世界上充斥着学而无用，学非所用的人；只有顽强和坚韧，才能无往而不胜。"成功绝不是一蹴而就的，大学生创业要面对许多意想不到的挫折和考验，成功的秘诀就是如此简单，那就是忍耐，决不放弃。

**3. 胆　量**

创业是需要强大心理承受能力的一项活动。在闽商中有一首歌十分流行，那就是《爱拼才会赢》。有人说，《爱拼才会赢》这首歌是闽商精神的一种生动体现。福建人爱拼，首先是敢拼，有点刀山敢上、火海敢闯的精神。许多海外朋友都十分钦佩福建人敢于在世界上任何一个地方闯荡。有这样一种说法：世界上有人住的地方就有华人，有华人的地方必有福建人，有福建人的地方必有成功的闽籍企业家。

### 小锦囊

**个性特征测验——你是否具备创业素质?**

扫码阅读

# 第二节　创业目标的选择及制定计划书

## ☞ 一、创业目标

有什么样的目标就有什么样的人生，只有确定了明确的目标，才可能有积极的心态去面对创业过程中的各种艰难考验，实现创业的目标。

创业需要创业目标，没有目标的创业就如同航行于大海中的船没有航标与灯塔一样，随波逐流，很容易迷失方向，在创业开始之前，明确创业的目标是创业成功的关键的第一步。

有什么样的目标就有什么样的人生，只有确定了明确的目标，才可能有积极的心态去面对创业过程中的各种艰难考验，实现创业的目标。

**1. 创业目标的特点**

明确的创业目标是在做了市场调查之后，根据市场进行深入地分析而产生的。选择的创业目标应该具备以下几个特点。

(1)选择熟悉的行业

“做生不如做熟”，说的就是这个道理，就是所选行业最好是自己熟悉的行业。比如说你想经商，你要从形形色色的商业活动中选择你熟悉的行业作为创业的切入点。日本本田汽车公司总裁本田宗一郎原在汽车修理店当伙计；松下公司的松下幸之助原来在日本大阪电灯公司搞维修和质量检查。他们都是在自己熟悉的行当上，慢慢由小到大，发展自己的事业的。

(2)选择感兴趣的行业

人们常说：“兴趣是最好的老师。”创业就是所选行业最好与自己的兴趣爱好一致。在我们创业的过程中，我们肯定会遇到许多预料不到的问题，如果我们选择了自己喜欢的行业，在解决这些问题时，我们就会更加投入，解决这些问题的可能性就会大一些，从这个角度讲，兴趣可以产生无穷的创业动力。

(3)选择经营灵活的行业

市场经济一个显著的特点就是动荡多变。在这种形势下，我们的经营方式和经营内容也应该随之变换，充分发挥小本经营船小好掉头的优势。创业就是要选择经营方式和经营内容要适合动荡多变的市场需求。

(4)目标定低

一般说来，创业之初的起点都是比较低的，你要先给自己定一个短期的低档位的目标，不要好高骛远，急功近利。在创业之始，把目标定得低一点是有好处的。这一点对于我们来说显得尤为重要。我们把目标定得低一些，一方面便于目标的实现，鼓舞自己的士气，积累丰富的经验；一方面又不会因探索失利带来很大的经济损失。

**2. 确立创业目标的意义**

有了创业目标，才有可能成功创业，创业目标对学生创业来说，其意义可归纳为以下几个方面：

- 创业目标能使你产生创业积极性。目标激励是管理学上的一条重要法则。
- 创业目标能使你更清楚地看清自己的使命。有使命感的人，可以从内心深处获得一种崇高感，从内心深处获得强大的动力。
- 创业目标能引导你发挥潜能。科学研究表明，绝大多数的人都有大部分的生命潜能没有被开发出来。
- 创业目标有助于你安排创业的轻重缓急。
- 创业目标使你有能力把握现在，你现在的许多工作自然就会围绕创业目标展开。
- 创业目标能使你未雨绸缪。有了创业目标，你就会比别人多一只“慧眼”，多一分心机，你就拥有了一颗有准备的头脑。

● 创业目标能使你把重点从创业工作本身转移到创业成果上来，你将不是为创业而创业，而是为着一个目标而创业，你的工作将更富有效率。

### 3. 确立创业目标的方法

(1)从社会需求出发确立创业目标

社会是创业的大舞台，要想在社会大舞台上获得创业的一席之地，就必须使创业目标与社会需求保持一致。正如人们常说的那样，急社会发展之所急，供社会发展之所求。只有这样，社会才能支持你的创业行为，承认你的创业成果。假如创业者所确立的目标与社会需要相悖，即使在短期内能获得暴利，也必然要被社会否定。创业不同于一般的就业，它需要自谋职业、自主就业、自负盈亏、自求发展。要想从没有路的地方开辟出一条路来，一般地说，宜避开竞争激烈的热门行业，选择那些较少有人问津的行业更易成功。例如，有的学生看到不少居民的家务劳动需要社会专门机构提供服务，便创办了家政服务公司，取得很好的效益。

(2)从技术发展趋势和社会变化趋势出发确立创业目标

现代社会的技术发展日新月异，新技术的发展会产生许多新的消费需求。如计算机技术的发展引发了互联网革命，互联网的发展又带来了网吧的发展，以及个人计算机市场的扩大，计算机消费市场的扩大将带来计算机营销、维护、维修行业的兴旺。再如，随着汽车进入百姓家庭，将给汽车维护、维修行业以及市郊休闲娱乐业带来新的商机。

现代社会的格局日益变化，这种变化也为创业带来了许多机遇，如下岗职工人数的增多和再就业的压力加大带来了就业技能培训的市场需求。

(3)从自我优势出发确立创业目标

不同的行业因其性质、特点不同，对创业者的能力要求也不同，而任何人又不会全能全知，往往精于此而疏于彼。因此，创业者在选择创业目标时，必须正确地认识自己的能力倾向及优势所在，力求与创业的具体要求相匹配。如学生可结合自己的专业特点、自己某些方面的特长开展创业，学美术的可开办广告公司；学计算机的可开办计算机经营、服务公司；学采矿的可经营工矿配件、以技术入股承包小煤矿；学机电的可经营机电维修、销售、承包工矿配件加工厂等。

(4)从自我兴趣出发确立创业目标

兴趣是干好一件事情的动力。兴趣又可分为“有趣、乐趣、志趣”三个层次。比如，在校时你喜欢科技小制作，乐于参加小组活动，并能完成老师交给的科技小制作任务，这还只是兴趣的第一层次。如果你还主动地去收集制作材料和构思新的制作方法，并从中不时地获得满足，便是兴趣的第二层次。当乐趣与你的职业意向、社会责任感结合起来时，便进入了兴趣的最高层次了。显然，我们所说的根据自己的兴趣来确立创业目标，就是指实现由第二层次的乐趣向第三层次的志趣转变过程。根据自己的兴趣确立创业目标的成功例子不胜枚举，同样可以给我们许多创业的灵感。

### 4. 树立创业目标要注意的问题

(1)创业目标过高

一些充满激情的大学生，他们是有“目标”的，虽然目标高不可攀，虽然目标不切实际，但他们依旧在张朝阳、陈天桥等创富新贵的榜样指引下，奋不顾身地投身高科技的创业海洋，结果眼高手低，一败涂地，创业成了失业。

(2)创业目标过低

创业目标过低主要表现是：以赚多少钱为创业目标。创业者不能以赚多少钱为目标。赚钱是重要的目标，但是不是惟一的目标，因为创业本身应该有理念，理念会带动很多新的产品创意和实践冲动。大学生在设定创业目标时要与时代和社会的需求相统一，在创业实践中不断修正深化创业目标。

(3)目标确立后，重在行动

目标确立后，不能纸上谈兵。某市对申领《创业证》的前 100 名大学生进行了调查，数据显示，80%的自我评价企业状况“很好”、“良好”的创业者，都是在学校时就确定了自主创业的理想和目标，并开始进入目标行业勤工俭学的。

## 小锦囊

**创业实施可行性测试**

扫码阅读

## 二、制定创业计划书

创业计划书是创业者在创业活动前期准备的一份书面计划，包括创办企业的目的、方向、商业前景、组织机构、管理方法，经营战略等，是为创业项目制定的一份完整、具体、深入的行动方案。编写创业计划的主要目的在于：创业者自身要理清思路，规范自己，从而保证企业的正常运作；创业者要说明经营战略，分析成功的因素，获得商业贷款或创业基金；为新的创业参与者、新员工的加入提供参考的信息。

创业计划书的内容主要包括摘要，公司及未来，投资说明，风险因素，回报与退身之路，经营分析与预测，财务报告，财务预测，关于产品的报道、介绍、样品与图片等。根据公司及项目的具体情况，可以结合实际情况在此基础上增添或删改，以适合具体项目的需要。

### 1. 摘　要

摘要是风险投资者首先看到的部分。通过摘要，风险投资者对你和你的计划书形成第一印象，所以摘要必须形式完美，叙述清楚流畅。

### 2. 公司及未来

这部分要使风险投资者对你公司的几个主要项目及未来的发展战略有一定程度的了解，各专题既要独具特色，又要构成一个相关的整体。

● 概　述

只要你提供的公司名称、地址、电话号码、联系人等资料皆清楚无误，则风险投资者将不会提出任何问题。如果可能，可提出行业分类标准，请注意，千万不要给人无法打通的电话号码。

● 公司的业务情况

这里，你要力求用最简练的一段话描述公司的业务情况。更重要的是，要用最简短的一句话使风险投资者可以概略认识你的公司。

● 历史情况

这里风险投资者主要寻求一个概略性的认识。

● 公司管理

该部分主要介绍公司的管理情况，应该从最高层起，依次介绍，而且注意，关键人物不等于有成就者。主要包括董事和高级职员、关键雇员、管理者之职业道德、薪金等方面。

● 公司未来的发展规划

有关公司未来可完成的里程碑的信息。其基本问题可能是："你如何完成计划书规定的关键指标？"

● 惟一性(管理惟一、产品服务惟一或投资基础惟一等)

你必须明确提出本公司不寻常的优势，并可以确保成功。

● 产品或服务介绍

你出售什么，以及市场上需要什么样的产品和满意的服务；你产品的可销售程度和创新程度。

● 行业情况

分析认识你的行业，你在行业中成功关键所在？如何保证你公司和产品与行业协调一致？

● 竞争者

谁是竞争者，其实力如何，有何优势，以及你自身有哪些优势。

● 销售策略

你的市场行销战略，你的产品从生产现场最终转到用户手中的全部过程。

**3. 投资说明**

关于投资，你应该提出自己的融资方案，即对贷款、认股权、优先股、普通股等多种投资形式阐明自己的意见，意见要尽可能具体，使对方全面准确了解己方到底准备采用何种融资方式，并愿意付出多大代价。

**4. 风险因素**

投资者向你公司投资可能会遇到何种风险？你应从政策、经营、资源、财务等各方面加以叙述。在说明过程中，只正面叙述，不做评论性说明，主要包括：经营历史的限制、资源限制、管理经验限制、市场不确定性限制、生产不确定性限制、破产对关键管理者的依赖程度等。

**5. 投资回报与退身之路**

这是投资者非常关心的问题。因为大多数风险投资者并无真正意愿想长期持有公司的股权，而是希望能在条件成熟时"金蝉脱壳"，从而通过股票的增值获取收益。一般来说风险投资者可提出三种投资变现方式，主要包括股票上市、出售公司和买回等。你应指出自己希望采用何种方式。

**6. 经营分析与预测**

该部分主要基于公司历史的经营业绩分析，据以预测未来的经营情况，这里主要应以公司过去财务数据为基础，预测未来经营可能的收入、成本与费用，同时，通过比率分析预测出未来经营效率的高低及经营成果的好坏。

**7. 财务报告**

计划书中应包含你公司当前的财务报告，并附有适当的说明。无论如何，无当前财务报表的计划书是无法让人接受的。一份没有当年财务报告的项目是难以引起风险投资者的兴趣的。

**8. 财务预测**

对公司未来5年的财务状况进行预测，还需预测以后几年的资金流量表，以便每个投资者能确切了解公司资金流动状态。

**9. 关于产品的报道、介绍、样品与图片**

为增加计划书的说服力，你可以收集一些自己公司的综合介绍文献、行业产品目录、某些产品图片等。这些对争取投资均有一定作用，但不宜过多，否则会起喧宾夺主的反作用。需要声明的是，这些只能作为计划书的附件。

**小锦囊**

**创业计划书撰写注意事项**

扫码阅读

## 第三节　创业风险防范

大学生创业前，应先做市场调研，也可委托专业机构进行可行性研究，在了解市场的基础上创业。对所创业项目可行性进行分析，再有计划地投入资金。要注意防范创业风险，创业之初不求利润最大化，要求风险最小化，创业基础才更扎实。在所在企业市场空白处找到创业契机，或自己组建的团队高于所在企业的团队，那么独立创业才会有成功的把握。要想创业成功，大学生创业者必须技术、经营两手抓，制定科学规范的管理制度。大学生创业是一个机会，但也存在很多风险。大学生是否具备风险意识和规避风险的能力，将直接影响创业的成败。

### 一、发展战略防范

如果把创业比做一场战争，如何打好创业的第一仗，如何不使自己在一开始就陷入困境，便成了首要的战略准备。学生创业者如何做好这个战略准备，防范创业风险，把创业风险降至最低呢？

**1. 降低资金风险**

俗语有云:破釜沉舟,置之死地而后生。这对于初次创业者是不可行的,不管是已经创业成功的人士还是相关专家,都不赞成同学们在创业初期就投入自己所有的资金积蓄,甚至大肆举债。

由于同学们自身市场经验、管理能力等方面的不足,初次创业的成功几率只有20%～30%,很大程度上这是他们自我摸索和学习的一个阶段,如果过多过大地投入,一旦失败,会对今后的发展产生巨大影响。对于那些没有开始创业,就整天想着从哪里获得更多的贷款、甚至寻求风险投资机构帮助的举动,是不值得提倡的。首先,作为创业学生从这些渠道获得资金的概率非常小,投资专家是不会轻易把钱投在那些初出茅庐的人身上,哪怕你自认为有非常好的项目和机会。其次,过多的投入很可能一开始就把事情放在了自己不能掌控的地步,使风险加大。

所以同学们在创业过程中尽量将创业资金数额减到最低。选择那些只需要少许现金,并能充分实现个人才华和专长的事业做起,给自己一个经验积累和资本累积的过程。

**2. 确定明确的创业目标**

由于缺乏对市场的认识,初次创业者很可能把眼光盯向那些所谓的热门。听说电子商务现在很火,就想要建个网站搞一把;看见加盟连锁赚钱,就决定加盟。实际上,如果在清楚地了解市场近期前景、投入又不太多的情况下,做“热门”并不是不可行的,但是,一定不要盲从,不要美化前景,冲动投入。投资失败的人,一个通病就是赶“热门”,看到别人做什么赚钱也跟着去赶热门。其实,真正成功的人决不去赶“热门”,而是留心发现商机,也就是说创业者要慎选行业。

同学们在创业过程中可以选择自己熟悉又专精的事业,当然你也许发现你熟悉的行当已人满为患或竞争惨烈或毫无前景可言,那么是否就此打住呢?当然不是!李嘉诚涉足塑料花,涉足房地产时都不是这方面的专家。关键在哪里呢?一,李嘉诚当时明白这些项目利润可观;二,李嘉诚当时已有一定的财力;三,很重要的一条,李嘉诚有很好的渠道和参谋使他能够在必要时方便地获得相关的专业支持和建议。在规模上,创业初期可以小本经营或找股东合作,按照创业计划逐步发展。

另外,同学们在创业过程中也可以寻找“冷门”,从而成为抢先进入市场、占领市场的人。所以同学们要努力寻找那些有市场需要,或有某种潜在需要、却又没人做的事情。要研究人们生活中还有哪些不便,能不能通过某种服务或产品解决人们生活的不便。如果能通过自己的行为创造市场、引导市场,那就更高明了。

**3. 放眼长远**

小企业的发展,稳健永远要比成长更重要,如果你每年能有30%的利润,3到5年后你就能有机会把事业做得更大,因此要有跑马拉松的耐力及准备,一步一个脚印,按部就班,不要存在抢短线的投机幻想。也就是说初创企业要先求生存。要先打好根基,求生存后再求发展,切勿好高骛远、贪图业绩,必须重视经营体制,步步为营,再求创造利润,进而扩大经营。

**4. 了解市场,有备而战**

不打无准备之仗,成功总是青睐那些有准备的人。而这种准备,很大程度上就是来自于你对市场的了解。

以前那个凭着一股冲劲、某个灵感就能占领市场、获得成功的时代已经永远过去了。对于创业者来说，机会似乎处处都有，机会又似乎无处可寻。其实，关键还在于，当你想进入某个领域时，你对它的现状了解多少，你对它的前景又能预测多少。

一些人手头有了一笔钱，又或者听别人谈到某个商机，觉得是个机会，就雄心勃勃想干一番自己的事业。但是，如果缺乏信息指导，也不做市场调查，而只是几个朋友坐在一起，凭空勾勒一下未来，其结果往往是一场空。因为没有可靠的数据支持、充分的市场分析，在你脑海里所浮现的往往是一厢情愿的美好前景，而不能认识到漏洞和危机在哪里。当你想要投入某个项目或者进入某个领域的时候，最好能够搞可行性研究，可以委托给专业的公司进行。如果觉得没有能力投入的时候，也要尽可能地利用自己的现有资源进行了解和调研。那些不经调研和分析，仅凭头脑发热就盲目投入的做法是非常幼稚的。

**5. 整合资源，实施有效管理**

创业是一个整合过程。它需要充分考虑各方面的因素，如果没有经验的积累，没有社会的支持，同学们创业实际上是“独木难支”。相对于其他背景的创业者而言，学生最大的劣势就是社会经验的严重缺乏。

缺乏从职业角度整合资源、实施管理的能力和经验，这将大大降低同学们创业的成功率。而现在许多同学往往存在“纸上谈兵”、“好高骛远”的现象，比如把创业目标定位在需要一大笔启动资金、高科技的大型项目上。这都会给创业带来巨大的风险和压力。所以，同学们应该选择一些低成本、低风险的小项目，放下架子去创业。而且要具备一定的企业管理及市场营运知识和经验。即使是两三人的“办公室式”小企业，也必须有明确的财务、人事制度。有条件的话，可聘请有管理经验的前辈把关。

另外，初创公司的管理要注意精兵简政。公司初期必须精简、节约、高效、务实，不要追求表面的浮华，不必为太长远的设想先期投资。

## 二、财务风险防范

创业是最能体现自我价值的事业，“给我一个支点，我就可以撬动地球！”古今中外多少成功者正是凭着这样一股豪情，开创出惊天动地的事业；然而，创业也是最具挑战性的事业，商海茫茫，变数无常，有成功自然也会有失败。不少创业者在财务管理方面面临问题，如财务管理制度创建不到位、创业者素质提高不及时与财会人员选拔不合格等。由于创业者未能意识到上述问题的重要性，最终导致公司财务管理失控，酿成重大问题。

**1. 财务控制制度**

创业企业要建立严密的财务控制制度，应至少包括不相容职务分离制度。不相容职务相互分离控制，要求创业企业按照不相容职务相分离的原则，合理设置财务会计及相关工作岗位，明确职责权限，形成相互制衡的机制。不相容职务包括：授权批准、业务经办、会计记录、财产保管、稽核检查等职务。

**2. 基本的财务会计知识**

现代企业的经营管理者必须具有基本的财务会计知识，才能知晓企业的经营能力与不足，并依据有效的财务数据做出正确的经营决策。作为股东与经营者双重身份的创业者，应具有以下财务技能：

创业者首先要能看懂财务报表，并能从财务报表中把握企业总体的财务状况和经营业绩中发现主要的问题。能够反映企业财务状况和经营成果的财务报表主要有三个：资产负债表、损益表、现金流量表。这些财务报表为企业管理者提供经济决策中所需的财务信息，是管理者加强和改善经营管理的重要依据。

创业者应具备资金流转控制的基本概念与方法。使资金运用产生最佳效果，是企业财务管理所追求的基本目标。

**3. 财务风险意识**

创业者应具备基本的财物风险意识，能够在风险与收益之间找到一个平衡点。创业企业受企业规模的限制，承受财务风险的能力比较低。因此，形成合理的资本结构，确定合理的负债比例尤为重要。负债过多，一旦情况发生变化，就会造成资金周转困难；负债过少，又会限制企业的长期发展。企业的长期发展，需要外来和自有资金的相互配合，既要借债，又不能借得太多，以形成合理的资本结构。

**4. 财务外包节约企业资金**

财务外包不是大公司的专利，事实上中小企业更适合采取财务外包的方式来节约有限的资金，同时还能获得高质量的财务与会计管理水平。学生创业一般属于中小企业，财务外包方案无疑是可以采取的。财务外包方案本质可以概括为代理记账、代理纳税申报、提供专业财务咨询与建议。聘请财务服务公司必须慎重，不能仅考虑费用低廉，更应从服务资格、服务经验、专业团队、服务质量、社会品牌与声誉等方面予以仔细考察。千万不能聘请没有代理记账资格的公司，否则不仅服务质量不能保证，还会导致许多意料不到的麻烦。

## 小锦囊

### 应对资金问题的途径

**1. 广开融资渠道**

除了银行贷款、自筹资金、民间借贷等传统方式外，还可以充分利用风险投资、创业基金等融资渠道。

**2. 采取安全创业的模式**

所谓安全创业的模式就是以自己能承受的失败为底线所进行的创业。投资专家建议：最多只拿出手头闲置资金的1/3用来创业，例如有60万存款，只用其中的20万作为创业期初投资与至少三个月的营运周转金，20万花完了而事业还不见曙光，那就快刀一斩到此为止，至少你赚到了难得的经验。也许你会问，这么点小钱成得了事业气候吗？开个小店或网络创业是游刃有余的，而且要看你想赚到什么？除了金钱，创业的收获还有其他。

## 三、个人能力风险的防范

很多大学生认为自己在学校具备了需要的知识和能力，但是在大学学到的知识往往与社会需要有差距。尤其有部分学生可能在创业之前在学校有自己做生意卖东西的经历，更认为有这方面的经验，所以创业也不成问题。但是经历并不等于经验，学生在学校从事的一些活动都是在校园这个相对比较封闭的环境中进行，这本身有一定的特殊性，而学生到社会上创业，不确定的因素非常多，并不是学生能够预料到的，因此学生需要注意在各方面的能力上不断完善自己。

自己尝试创办设计工作室的广东技术师范学院大二学生王冠认为："创业前的社会经历十分重要。"他这样评价自己："我绝对不是最顶尖的学生，就算是在我们系里，也有不少人比我强。我之所以比他们更敢走出这一步，主要是因为朋友较多、经验多些、懂一点法律知识，创业不是有专业能力就可以的，社会阅历、人际交往、客户关系、法律常识更重要。"

大学生积累经验的主要途径有：

### 1. 利用大学社团锻炼组织策划能力

学校社团的任何一项活动，从策划到最后实现是个综合过程。参与全局，体验全局，可锻炼组织、协作、资源利用等能力。这是锻炼综合能力最基本的途径。

### 2. 利用大学课余和寒暑假打工

现在社会留给学生的打工机会很多，利用打工可充分锻炼自己的综合能力。市场调研、销售、组织、人力资源管理、财务管理、物流管理等各方面能力都可以在打工的过程中或多或少地得到锻炼，加上相关书籍的对照学习，积累经验是完全可能的。

### 3. 参与学校的科研项目获取实践经验

参与学校科研项目的同学，有更多接触项目导师的机会。项目导师跟社会的接触往往很紧密，在导师那里能学到很多实践经验。参与科研项目，能通过实验充分锻炼动手能力，找出创业金点子，锻炼策划能力。

### 4. 毕业后在企业实际锻炼

企业就是个实际创业团队。在这个团队里，锻炼能力积累经验都是可取的。但在企业里，要想独立创业，还需要善于发现全新的创业点子，或在所在企业市场空白处找到创业契机，或自己组建的团队高于所在企业的团队，那么独立创业才会有成功的把握。

### 5. 积极参加创业培训

平时要多积累创业知识，接受专业指导，通过学习他人间接的经验，提高创业成功率。

## 四、创业资金风险的防范

资金问题对于学生来说也是创业的一个阻力，因为学生刚毕业自己本身没有多少积累，家庭已经为孩子上大学负担了比较多的学费，如果家庭条件不是很好的话，为创业筹集资金是比较困难的。即使事业已经开始，资金问题也常常成为创业过程中的一大障碍。

融资渠道单一、资金难筹几乎是每一个大学生创业者都会遇到的难题。银行贷款申请难、手续复杂,如果没有更广阔的融资渠道,创业计划只能是一纸空谈。

关于创业资金风险的防范,毕业生一定要做到理性分析市场,可控性资金投入,以资金可回收作为资金投入决策的重要参考依据。

## 五、合伙创业风险的防范

合伙创业是现在大学生比较倾向于采取的方式,合伙是有很多好处的,比如资金来源会多一些,合伙人之间也可以互相取长补短,弥补一个人能力的不足。但是也存在一定的风险,因为学生之间合伙创业一般比较理想化,如果没有一个制度作保证,容易出现一些摩擦和问题。对于经营来说,有时候集体智慧并不一定会高于个人,市场瞬息万变,每个人对这些变化的反应不一样,可能会出现意见不一致的情况,而如果犹豫不决或者采取了错误的策略,容易造成经营上的困难。

应对合伙风险要注意以下两个方面:

### 1. 建设互补型团队

投资人士普遍认为,创业不仅仅是好的创意,更重要的是具备执行创意的能力。"大学生在学校里接触的人是有限的,更多的是同学和朋友。这些人很难在行业里面给你提供更多产业链上的资源。"一位风险投资公司高级分析师说。

大学生可以"借船出海",努力为自己找到一个较可靠的指导老师。创业过程中的商业经验是可以传承的,不少公益性创业机构和成功商业人士十分愿意为务实进取、具有创新潜能的青年创业者提供政策、运作方式、管理等问题上的帮助。如果你的项目和创业态度得到他们的认可,或许还会得到社会资源甚至财力上的帮助。

"一个好的团队应该是互补型的。"美国中经合集团董事经理陈少晖认为,大学生团队要吸收不同背景和专长的人,包括熟悉管理、市场营销、渠道、公关、政府关系等方面的人。

### 2. 制定科学规范的管理制度

要想创业成功,大学生创业者必须技术、经营两手抓,制定科学规范的管理制度。可从合伙创业、家庭创业或低成本的虚拟店铺开始,锻炼创业能力,也可以聘用职业经理人负责企业的日常运作。

## 小锦囊

测一测,你能否承担创业风险

扫码阅读

## 思考题

1. 你会选择创业么？选择的理由是什么？不选择的理由是什么？请和同学交流你的想法。

2. 你认为创业能实现你想要的生活方式吗？你想要的生活方式是什么？

3. 如果你选择创业，你将从哪些方面做准备？

4. 如果选择创业，结合自身情况你认为哪种创业方式最适合你？请分析原因是什么？

5. 请讨论并列举大学生创业有哪些优势？有哪些劣势？